Droit international public

Tome I. Les sources

Collection Logiques Juridiques

dirigée par Gérard MARCOU

Le droit n'est pas seulement un savoir, il est d'abord un ensemble de rapports et pratiques que l'on rencontre dans presque toutes les formes de sociétés. C'est pourquoi il a toujours donné lieu à la fois à une littérature de juristes professionnels, produisant le savoir juridique, et à une littérature sur le droit, produite par des philosophes, des sociologues ou des économistes notamment.
Parce que le domaine du droit s'étend sans cesse et rend de plus en plus souvent nécessaire le recours au savoir juridique spécialisé, même dans des matières où il n'avait jadis qu'une importance secondaire, les ouvrages juridiques à caractère professionnel ou pédagogique dominent l'édition, et ils tendent à réduire la recherche en droit à sa seule dimension positive. A l'inverse de cette tendance, la collection « Logiques juridiques » des Éditions L'Harmattan est ouverte à toutes les approches du droit. Tout en publiant aussi des ouvrages à vocation professionnelle ou pédagogique, elle se fixe avant tout pour but de contribuer à la publication et à la diffusion des recherches en droit, ainsi qu'au dialogue scientifique sur le droit. Comme son nom l'indique, elle se veut plurielle.

Dernières parutions

Sara CARMELI, *La constitution italienne et le droit communautaire : étude de droit comparé*, 2002.
Abdelkhaleq BERRAMDANE, *La hiérarchie des droits – Droits internes et droits européen et* international, 2002.
Simon CHARBONNEAU, *Droit communautaire de l'environnement*, 2002.
José MARTINEZ, *Le recours pour excès de pouvoir en matière fiscale*, 2002.
Serge AZALIER, *La connexité en droit civil*, 2002.
Karine MICHELET, *Les droits sociaux des étrangers*, 2002.
Elise FRELON, *Les pouvoir du conseil souverain de la nouvelle France dans l'édification de la norme (1663-1760)*, 2002.
Karine FOUCHER, *Principe de précaution et risque sanitaire*, 2002.
Fabrice RIEM, *La notion de transparence dans le droit de la concurrence*, 2002.

Delphine EMMANUEL
ADOUKI

Droit international public

Tome I. Les sources

L'Harmattan
5-7, rue de l'École-Polytechnique
75005 Paris
FRANCE

L'Harmattan Hongrie
Hargita u. 3
1026 Budapest
HONGRIE

L'Harmattan Italia
Via Bava, 37
10214 Torino
ITALIE

ISBN : 2-7475-3307-7

Liste des abréviations et sigles

A.	Arrêt
A.C.	Avis Consultatif
A.F.D.I.	Annuaire Français de Droit International
A.I.E.A.	Agence Internationale pour l'Energie Atomique
B.E.A.C.	Banque des Etats de l'Afrique Centrale
C.D.I.	Commission du Droit International
C.E.C.A.	Communauté Economique du Charbon et de l'Acier
C.E.D.	Communauté Européenne de Défense
C.E.E.	Communauté Economique Européenne
C.E.M.A.C.	Communauté Economique et Monétaire de l'Afrique Centrale
C.I.C.R.	Comité International de la Croix Rouge
C.I.J.	Cour Internationale de Justice
C.J.C.E.	Cour de Justice des Communautés Européennes
C.N.U.D.C.I.	Commission des Nations Unies pour le Droit Commercial International
C.O.B.A.C.	Commission Bancaire de l'Afrique Centrale
C.P.A.	Cour Permanente d'Arbitrage
C.P.J.I.	Cour Permanente de Justice Internationale
C.S.C.E.	Conférence sur la Sécurité et la Coopération en Europe
D.I.P.	Droit international public
E.U.R.A.T.O.N.	Communauté européenne de l'Energie Atomique
F.A.O.	Organisation des Nations Unies pour l'Alimentation et l'Agriculture
F.N.L.A.	Front National de Libération de l'Angola
I.D.I.	Institut de Droit International
I.H.E.I.	Institut des Hautes Etudes Internationales
J.D.I.	Journal de Droit International
L.G.D.J.	Librairie Générale de Droit et de Jurisprudence
M.P.L.A.	Mouvement Populaire de Libération de l'Angola
N.Y.	New York
O.A.C.I.	Organisation de l'Aviation Civile Internationale
O.M.C.	Organisation Mondiale du Commerce
O.M.S.	Organisation Mondiale de la Santé

O.N.G.	Organisation non Gouvernementale
O.N.U.	Organisation des Nations Unies
O.T.A.N.	Organisation du Traité de l'Atlantique Nord
O.U.A.	Organisation de l'Unité Africaine
P.G.D.T.	Principes Généraux de Droit
P.N.U.E.	Programme des Nations Unies pour l'Environnement
P.U.F.	Presses Universitaires de France
R.C.A.	République Centrafricaine
R.C.A.D.I.	Recueil des Cours de l'Académie de Droit International
REC.	Recueil
R.F.A.	République Fédérale d'Allemagne
R.G.D.I.P.	Revue Générale de Droit international public
R.S.A.	Recueil des Sentences Arbitrales
R.S.A.	République Sud Africaine
S.A.	Sentence Arbitrale
S.D.N.	Société Des Nations
S.F.D.I.	Société Française pour le Droit International
T.A.N.U.	Tribunal Administratif des Nations Unies
T.A.	Tribunal Arbitral
U.E.AC.	Union Economique de l'Afrique Centrale
U.D.E.A.C.	Union Douanière des Etats de l'Afrique Centrale
U.M.A.C.	Union Monétaire de l'Afrique Centrale
U.N.I. T.A.	Union Nationale pour l'Indépendance Totale de l'Angola
U.R.S.S.	Union des Républiques Socialistes Soviétiques

Introduction Générale

- *R. AGO, « Droit positif et Droit International », AFDI 1957, p. 14-62 ;*
- *J. COMBACAU, « Le Droit International, bric à brac ou système ? », archives de philosophie du droit, 1986, p. 88-105,*
- *S. SUR, « Système juridique international et utopie », archives de philosophie du droit, 1987, p. 35-45 ;*
- *A. PELLET, « Art du droit et « science » des relations internationales », Mélanges Merle, Paris, Economica, 1993, p. 353-369.*

Le Droit international public (D.I.P.) est un ensemble de normes dont l'objet consiste à régir la société internationale. Cette définition est, cependant, loin de faire l'unanimité. Ce droit entretient des relations particulières avec les différents systèmes nationaux.

I- Le Droit international public : le droit de la société internationale.

II- Les relations entre le Droit international public et les droits internes.

I - Le Droit international public : le droit de la société internationale

La majorité de la doctrine admet que le XVIe siècle constitue une période déterminante pour la formation du Droit international public. La période qui précède permet, certes, d'observer l'apparition progressive d'institutions fondamentales à l'instar de l'arbitrage, du droit des privilèges et des immunités diplomatiques. Cependant, c'est avec l'apparition des grands ensembles européens (Espagne, Angleterre, France, Russie, etc...) que les contours actuels du Droit international public se précisent. Ce droit, voulu par des Etats souverains, est de caractère interétatique.

A - L'évolution du Droit international public

- *S. KORFF, « Introduction à l'histoire du Droit international public », RCADI, 1923-I, Vol 41, p 501-601 ;*
- *A. TRUYOL Y SERRA, Histoire du Droit international public, Paris, Economica, 1995, 188 p.*

Le Droit international public trouve son origine dans les relations établies entre les diverses communautés humaines avant l'apparition des Etats modernes au XVIè siècle. Ces rapports portent, à l'origine, l'empreinte de leurs droits nationaux. Puis, on observe l'apparition de règles nouvelles distinctes des normes internes. Elles sont destinées à régir les relations particulières de ces entités. Elles traduisent la permanence de l'adage *« Ubi societas ibi jus »* selon lequel, le droit apparaît là où il y a une société organisée. Le Droit international public apparaît à la suite d'accumulations successives. Les sociétés les plus anciennes forgent des institutions qui, bien que rudimentaires, auront une pérennité inattendue.

1 - La formation du Droit international public

La formation du Droit international public s'est faite progressivement depuis l'Antiquité et le Moyen Âge.

a - Le Droit International de l'Antiquité :

- *M De TAUBE, « Les origines de l'arbitrage international. Antiquité et Moyen Age. », RCADI, 1932- IV, Vol. 42, p. 5-115 ;*
- *G. TENEKIDES, « Droit International et communautés fédérales dans la Grèce des Cités », RCADI 1956- II, Vol. 90, p. 469-652.*

Pendant l'Antiquité, on observe un Droit International rudimentaire qui organise les rapports entre les diverses sociétés. C'est à cette époque que l'on situe l'apparition de l'arbitrage international, du traité et de la règle pacta sunt servanda. Ces institutions vont être développées par les Cités Grecques. Celles-ci entretiennent d'intenses relations diplomatiques et commerciales qui conduisent à l'apparition de normes particulières. Les guerres qui sont « *justes* » ou « *injustes* » s'achèvent traditionnellement par la conclusion de traités de paix. L'Empire Romain renforce la conviction que les normes juridiques destinées à régir la vie des citoyens romains, « jus civile », doivent être distinctes de celles qui concernent les non romains. Ceux-ci sont soumis au « *jus gentium* » ou droit des gens, droit privé destiné à réglementer les relations d'affaires qui les caractérisent. Tandis que le « *jus fetiale* », droit d'essence religieuse, a pour objet les relations internationales. Ce droit est appliqué et interprété par des religieux qui exercent les prérogatives d'ambassadeurs. Le statut des missions diplomatiques trouve son origine dans l'inviolabilité reconnue aux frères fetiaux.

b - Le Droit International du Moyen Age

- *M. ZIMMERMANN, « La crise de l'organisation internationale à la fin du Moyen Age », RCADI, 1933- II, Vol. 44, p. 319-437 ;*
- *L. WECKMANN, « Les origines des missions diplomatiques permanentes », RGDIP 1962, p. 161-188.*

Le Moyen Age se caractérise par l'éclatement du pouvoir entre plusieurs entités (empires, monarchies, vassalités) reliées par l'appartenance à une culture, à une civilisation et à des valeurs identiques. Aux prétentions de l'Eglise de détenir et d'exercer le pouvoir temporel et spirituel s'oppose le refus des Empereurs et des monarques. La bataille des deux glaives s'achève par l'affirmation du pouvoir temporel des monarques « *le roi est empereur en son royaume* » et, par la reconnaissance du pouvoir spirituel de l'Eglise. Les institutions précédentes à savoir les traités, l'arbitrage, les relations diplomatiques s'améliorent. Et, l'on note l'apparition de l'institution consulaire. Ainsi, l'Antiquité et le Moyen Age auront contribué à l'apparition des institutions fondamentales du Droit international public. La période qui suit permettra d'en observer la stabilisation.

2 - La stabilisation du Droit international public

- *G. BERLIA, « Remarques sur la paix de Westphalie », Mélanges Basdevant, 1960, p. 35-42 ;*
- *P. GUGGENHEIM, « Contribution à l'histoire des sources du droit des gens », RCADI 1958- III. Vol. 94, p. 1-84 ;*
- *P. HAGGENMACHER, « l'Etat souverain comme sujet du Droit International de Vitoria à Vattel », Droit 1992, p 11-20.*

La période qui suit permet d'observer la consolidation des institutions fondamentales du Droit international public. La redistribution des cartes en Europe contribue à l'apparition des Etats modernes au XVIè siècle dont l'action volontariste contribue au réel développement du Droit international public. A compter de cette date, le Droit international public dit classique sera un droit interétatique. Ce caractère marquera par la suite le Droit international public malgré les nombreuses mutations qu'il subira. Les Etats européens impriment par leur pratique le contenu du Droit international public qui est, par conséquent, à ses origines, européocentriste. Le nouvel ordre public européen, qui s'organise à partir de 1648, s'érige sur les principes de la souveraineté et de l'égalité. Les traités de Westphalie sont conclus les 14-24 octobre 1648 à Osnabrück et à Munster à l'issue de la guerre de trente ans qui a opposé la France et ses alliés à l'Allemagne. Ces traités consacrent le nouvel ordre public européen ainsi que l'accession à l'indépendance de nouveaux Etats. Ces Etats sont souverains parce qu'ils ne reconnaissent aucune autorité qui leur soit supérieure. Et en cas de divergence, ils n'hésitent pas à recourir à la force. Le principe de l'égalité assure l'uniformité des droits et des obligations.

3 - Le développement du Droit international public :

- *A. TRUYOL Y SERRA, « L'expansion de la société internationale aux XIXè et XXè siècles », RCADI. 1965- III, Vol. 116, p. 89-179 ;*
- *R. ARON, Paix et guerre entre les nations, Paris, Calman – Levy, 1984, XXVII, 794 p ;*
- *R.J. DUPUY, La clôture du système international – la cité terrestre, Paris, PUF, 1989, 160 p ;*
- *J. Y. CALVEZ, Droit International et souveraineté en URSS, Paris, Armand Colin, 1953, 299 p ;*
- *I. LAPENNA, Conceptions soviétiques du Droit international public, Paris, Pedone, 327 p ;*
- *TCHIEN TCHE – HAO, « Conception et pratique du Droit International en République populaire de Chine », JDI, 1976, p 863-897 ;*
- *M. SAHOVIC, « Influence des Etats nouveaux sur la conception du Droit International », AFDI, 1966, p. 30-49 ;*
- *A.P. SERENI, « Les nouveaux Etats et le Droit International », RGDIP, 1968, p. 305-322 ;*
- *M. BEDJAOUI, « Non alignement et Droit International », RCADI, 1976-III, Vol 151, p 339-456 ;*
- *Ch. ROUSSEAU, « Les conceptions nationales du droit des gens », Mélanges Reuter, Pedone, 1981, p. 441-446 ;*
- *G. De Lacharrière, La politique juridique extérieure, Paris, Economica, 1983, 236 p.*

A la fin du Moyen Age, le morcellement des grands ensembles se poursuit et il contribue à l'apparition de nouveaux Etats souverains. Ces démembrements résultent notamment de la mise en œuvre du principe des nationalités en vertu duquel toute nation a le droit de se constituer en Etat. Toutefois, ce principe (Un Etat, une nation) a aussi favorisé la réunification de certains Etats. Cette évolution quantitative est aussi qualitative, c'est ainsi que d'homogène, la société internationale devient hétérogène.

a - La constitution de l'URSS et le Droit international public

La Révolution Socialiste d'octobre de 1917 conduit à l'apparition d'un Etat de type nouveau : l'Etat socialiste animé par la volonté de rupture avec l'ordre classique impérialiste. L 'URSS exprime une nouvelle vision du Droit International. Celle-ci est volontariste. Et, la critique sélective du Droit International classique qui en découle conduit à l'affirmation selon laquelle les normes de Droit international public ne peuvent lier les Etats sans leur consentement. Ce qui explique une nette prédilection pour le traité international au détriment de la coutume internationale. L'URSS revendique le pluralisme des normes qui doit permettre de prendre en compte la spécificité des pays socialistes. Cette approche sera partagée par la Chine et par les Pays du Tiers Monde.

b - La Chine et le Droit international public

La révolution qui, en 1949, aboutit à la création de la République Populaire de Chine, participe à l'évolution qualitative de la société internationale. La condamnation de l'impérialisme par la Chine suscite l'hostilité des pays occidentaux. Cependant, en dépit d'une critique virulente du Droit international public, la Chine ne rejete pas l'intégralité du Droit international public. Sur de nombreux points, la thèse chinoise rejoint le point de vue de l'URSS avec qui cet Etat partage la même idéologie.

c - Les pays du tiers monde et le Droit international public

La décolonisation des Etats latino-américains au XIXè siècle précède la grande vague de décolonisation de l'Afrique au XXè siècle. Ces Etats nouveaux expriment une volonté de rupture avec le Droit International classique. Tout en acceptant certaines institutions du Droit international public (la souveraineté, l'égalité, etc...) ils refusent l'application de certaines règles à l'élaboration desquelles ils n'ont pas participé. Majoritaires au sein de la société internationale, ils expriment leur désir de réformer le Droit International. Cette « *politique juridique extérieure* », déployée notamment aux Nations Unies, suscite la vive réaction des Pays dits développés.

L'apparition des pays socialistes et des pays du tiers monde modifie considérablement la composition de la société internationale. Elle exerce un impact direct sur le contenu du Droit international public. Le leadership du camp occidental conduit par les USA sera équilibré par le camp socialiste avec l'URSS comme leader et, le tiers monde servira d'appoint. Cette situation marquera les relations internationales jusqu'à la fin de la décennie 90.

4 - Les années 90 et la fin des certitudes

Plusieurs événements survenus dans les années 90 modifient la composition de la société internationale. Ils produisent des conséquences directes sur le contenu du Droit international public. L'implosion de l'URSS, suite à la Perestroïka et à la Glasnost, la disparition des démocraties populaires, la réunification allemande, les difficultés croissantes des Etats du tiers monde permettent d'observer une société unipolaire caractérisée par le leadership américain. Les anciens pays socialistes intègrent progressivement les institutions les plus représentatives du bloc occidental capitaliste (Fonds Monétaire International, Banque Mondiale, Conseil de l'Europe, etc). Les guerres civiles, les difficultés économiques des pays du tiers monde les fragilisent et ne leur permettent pas de peser de tout leur poids sur la société internationale. Certains auteurs affirment que « *la dégradation de la souveraineté interne* » aurait pour conséquence de leur retirer leur qualité d'Etat et que « *Les réflexions (...) sur la structure du pouvoir dans ces Etats (...) amènent à se demander, ce qui est plus grave encore, si ces Etats méritent encore ce qualificatif, ou tout au moins s'ils méritent encore la protection que le Droit International attache à la qualité d'Etat.* », Jean Charpentier, « le phénomène étatique à travers les grandes mutations politiques contemporaines », in l'Etat souverain à l'aube du XXIè, colloque de la SFDI Nancy, Paris, Pedone, 1994. p. 25. La « *défaillance* » ou « *la déshérence de la souveraineté* », concepts utilisés pour exprimer les réalités propres à certains Etats, ne peuvent justifier la remise en cause des fondements même du Droit international public. Les enjeux nouveaux qui se présentent aux Etats, l'environnement actuel, le besoin de solidarité internationale, suite aux limites de l'action étatique, suscitent la recherche de nouvelles réponses apportées par le Droit International qui se trouve en pleine mutation. Il est, toutefois, difficile de déterminer, à l'heure actuelle, les réponses qui y seront apportées durant le troisième millénaire.

L'évolution du Droit international public met en évidence le caractère sui generis de ce droit.

B - Un système juridique sui generis.

Les ordres juridiques nationaux sont "*intégrés*" et organisés autour de la notion d'ordre public. Ils se caractérisent par le monopole en matière d'édiction et d'exécution des normes et en matière de sanction. Le Droit international public est, par contre, "*un système éclaté*" au sein duquel existent plusieurs acteurs et dans lequel le consentement des Etats constitue la règle. Ce principe a été notamment affirmé par la Cour Permanente de Justice Internationale.

C.P.J.I, A, 7 septembre 1927, Lotus, Rec. 1927, p.18
«Le Droit international régit les rapports entre les Etats indépendants.
Les règles de droit liant les Etats procèdent de la volonté de ceux-ci.»

La volonté librement exprimée par l'Etat est déterminante. En l'absence de consentement, l'Etat ne peut être engagé. L'Etat est, en effet, l'auteur et le destinataire de la norme dont il apprécie la signification et la portée. Son accord peut être express ou tacite car, le Droit international public n'est pas formaliste. Et, faute de réaction face à une situation déterminée, l'Etat peut être considéré comme ayant exprimé sa volonté d'être lié. La norme lui est, par conséquent, opposable. L'exécution du Droit international public est subordonnée au consentement de l'Etat. En cas d'inexécution, il n'existe pas, à l'instar du droit interne, de mécanisme intégré de sanction. Chaque Etat reste libre d'apprécier les conséquences qu'il entend donner aux violations résultant de son action ; le recours au juge ou à l'arbitre international n'est pas automatique ; il est fonction du consentement des Etats concernés par le différend. En d'autres termes, le Droit International n'est que ce que les Etats ont décidé qu'il soit en fonction de leurs intérêts. Il est, par conséquent, essentiellement un droit de coopération. Ce n'est qu'à partir de 1951, avec le démarrage du processus d'intégration européenne que les Etats vont accepter de transférer leurs compétences à une entité supranationale, la Communauté Economique Européenne (C.E.E.) qui deviendra par la suite le marché commun et l'Union Européenne. Le Droit international public devient alors un droit d'intégration. Le Droit International résulte donc d'une pratique séculaire suivie par les Etats et il est à l'origine essentiellement coutumier. Aujourd'hui, on enregistre un développement important de l'instrument conventionnel qui ne remet pas, toutefois, en question le caractère coutumier de ce droit.

Le Droit international public comporte des règles qui exercent une portée variable.

C - Une portée variable

Les normes de Droit International produisent des effets à l'égard de plusieurs destinataires. Elles peuvent être bilatérales, régionales et universelles. Elles portent sur des domaines variés. On constate, depuis l'origine du Droit international public, l'élargissement progressif de son champ d'application. Au départ, le Droit international public organise les relations pacifiques et bellicistes des Etats (Droit de la paix et Droit de la guerre), il est aussi un droit des communications maritimes et fluviales; puis apparaissent, entre autres, le droit aérien, le droit de l'environnement et le droit de l'espace extra- atmosphérique. Cette extension s'effectue au détriment des compétences nationales. Ce droit homogène va se diversifier suite d'une part, à la multiplication du nombre d'Etats et, à l'apparition de nouveaux sujets, d'autre part.

D - Du monopole étatique à la multiplication des acteurs.

Jusqu'au XIXe siècle, le monopole étatique constitue la règle au sein de la société internationale. Par la suite, le développement des relations internationales, du fait notamment de la révolution industrielle, contribue à l'adaptation des mécanismes classiques de coopération interétatique. C'est dans ce contexte qu'apparaissent les premières organisations internationales. Il s'agit d'administrations internationales qui sont chargées d'organiser la navigation sur des fleuves européens et la coopération technique entre les Etats. Elles détiennent des pouvoirs de contrôle et d'exécution. On peut citer notamment :

- la commission fluviale pour le Rhin et le Danube;
- l'union postale universelle;
- l'union pour la propriété intellectuelle.

Minoritaires, ces institutions vont par la suite se multiplier et aujourd'hui, l'Organisation des Nations-Unies (O.N.U) constitue l'un des modèles les plus représentatifs de l'organisation internationale. Les organisations internationales sont créées par traité par les Etats, elles détiennent la personnalité juridique qui les permet d'être titulaires de droits et d'obligations et elles possèdent une structure permanente. Cependant, à la différence des Etats, elles sont des sujets dérivés soumis au principe de spécialité. Les organisations internationales ébranlent le monopole jusque-là détenu par les Etats et, aux organisations intergouvernementales s'ajoutent les Organisations Non Gouvernementales (O.N.G) qui sont des institutions privées dont l'action se déroule au-delà des frontières nationales. La Cour Internationale de Justice consacre l'hétérogénéité de la société internationale qui résulte de l'apparition des organisations internationales.

C.I.J, AC, 11 avril 1949, Avis sur les réparations des dommages subis au service des Nations- Unies.
« Les sujets de droit dans un système juridique ne sont pas nécessairement identiques quant à leur nature ou à l'étendue de leurs droits et leur nature dépend des besoins de la communauté »

La société internationale est aujourd'hui composée de deux catégories de sujets de droit. D'une part, les Etats, sujets originaires qui détiennent une compétence générale et, les organisations internationales, sujets dérivés, à la compétence spécialisée, d'autre part. Enfin, le Droit international public comporte des dispositions applicables aux individus détenteurs de droits fondamentaux reconnus par le Droit International et pour lesquels des mécanismes de garantie sont organisés aux niveaux international et étatique. Ces droits fondamentaux sont, entre autres, affirmés par la convention sur la prévention et la répression du crime de génocide du 9 décembre 1948, le pacte sur les droits civils et politiques du 16 décembre 1966 et le pacte sur les droits économiques et sociaux du 16 décembre 1966. L'hétérogénéité de la société internationale conduit au pluralisme et à la divergence d'intérêts.

II - Les relations entre le Droit international public et les Droits Internes

Le Droit international public a pour vocation de s'appliquer entre les sujets de la société internationale. Il produit aussi des effets dans les ordres juridiques internes.

A - Les principes généraux de l'application du droit international en droit interne.

La souveraineté de l'Etat faisant écran, les normes internationales ne sont pas d'application directe. Elles produisent un effet médiat. Ce principe est consacré par le juge international qui l'assortit de certaines dérogations.

C.P.J.I, AC, 3 mars 1928, compétence des tribunaux de Dantzig.
La Cour admet dans cette affaire qu'un traité conclu entre la Pologne et la Ville libre de Dantzig, portant sur le statut des fonctionnaires du chemin de fer de Dantzig, crée à leur profit des droits car telle était l'intention des parties à la convention.

Cependant, la norme élaborée doit être suffisamment précise et ne pas nécessiter d'autres mesures d'application. La doctrine, qui s'est penchée sur la question de l'application du Droit International en droit interne, se divise en deux principaux camps : les tenants du monisme et les partisans du dualisme.

1- La thèse dualiste.

Le dualisme propose une explication selon laquelle il n'existe aucune relation entre le système international et les ordres internes. Chaque ordre juridique est indépendant et, il fonctionne selon ses règles et ses exigences. La norme internationale ne produit des effets en droit interne que s'il existe une procédure de réception interne. Cette démarche est partagée par des auteurs comme l'allemand Jellineck et l'italien Anzilotti. Elle présente, cependant, le principal inconvénient d'accorder une importance excessive à la souveraineté et à la théorie volontariste.

2 - La thèse moniste

A l'inverse de la précédente, la doctrine moniste affirme l'unité du système juridique. Selon les approches, les auteurs font prévaloir la primauté du Droit International ou du droit interne. Georges Scelle et Hans Kelsen sont les partisans du monisme avec primauté du Droit International qui implique la supériorité des normes de Droit International sur le droit interne. Tandis que, Decencierre-Ferrandiere soutient la primauté du droit interne sur le Droit International. Pour ces auteurs, la souveraineté constitue un frein à l'efficacité du Droit International. Dans la pratique, les limites de chaque démarche justifient très souvent le recours à des solutions transactionnelles qui allient leurs avantages spécifiques.

La République du Congo participe au courant moniste. Le Droit International est inséré dans le droit interne au moyen d'un mécanisme particulier prévu par l'article 184 de la constitution.

Article 184 de la constitution : *« les traités ou les accords, régulièrement ratifiés ou approuvés ont, dès leur publication, une autorité supérieure à celle des lois sous réserve, pour chaque accord ou traité, de son application par l'autre partie. »*.

Ainsi les traités sous réserve de publication et de réciprocité ont en droit interne congolais, une valeur juridique supérieure à celle des lois. Autres sont les effets produits par le droit communautaire.

B - La spécificité du droit communautaire.

La création des Etats-Unis d'Europe constitue un rêve fort ancien. Cette préoccupation a conduit notamment à la théorie de l'intégration formulée par divers auteurs. La construction européenne démarre avec l'institutionnalisation de la Communauté Européenne du charbon et de l'Acier (C.E.C.A) le 18 avril 1951, de la Communauté Economique Européenne (C.E.E.) le 25 mars 1957 et, de la Communauté Européenne de l'Energie Atomique (E.U.R.A.T.O.N) en 1958. Le Droit Communautaire implique le transfert progressif de compétences des Etats en faveur de la Communauté. Il se caractérise par deux principes fondamentaux, à savoir: le principe de l'applicabilité directe et le principe de la primauté.

1 - Le principe de l'applicabilité directe.

Le principe de l'applicabilité directe assure l'application immédiate du droit communautaire dans les Etats membres. Dès leur adoption, les normes communautaires sont créatrices de droits et d'obligations au profit des individus. La souveraineté ne fait plus écran. Le principe de l'applicabilité directe a pour fondements les articles 189 du traité de la C.E.E. et 161 de la C.E.C.A. Il a été consacré par la Cour de Justice des Communautés Européennes (C.J.C.E).

C.J.C.E, Af. 26/22, VAN GEND en LOOS, 05 février 1963.
La cour se réfère à une argumentation particulière après avoir rappelé que le principe de l'applicabilité directe est consacré pour les normes communautaires autres que le règlement et que :
- *le marché commun est une institution qui concerne les Etats membres mais aussi leurs ressortissants ;*
- *le droit communautaire crée des droits et des obligations dans le chef des particuliers ;*
- *les juridictions nationales ont l'obligation d'en assurer le respect.*

2 - Le principe de la primauté du droit communautaire.

Le Droit Communautaire est d'applicabilité directe, c'est-à-dire, qu'aucune mesure de réception n'est requise pour qu'il produise des effets en droit interne. En cas de conflit entre les normes de Droit Communautaire et les règles de droit interne, les règles de Droit communautaire priment. La primauté du Droit Communautaire assure l'unité d'application du Droit Communautaire dans les Etats membres.

C.J.C.E, 15 juillet 1964, Af. 6/64 COSTA ENEL, p.1161.
Dans cette affaire, la C.J.C.E affirme qu'à la différence des traités internationaux ordinaires, le traité de la C.E.E a institué un ordre juridique propre intégré au système juridique des Etats membres, lors de l'entrée en vigueur du traité et, qui s'impose à leurs seules juridictions.

C - La spécificité du droit de la communauté économique et monétaire de l'Afrique Centrale

Le processus d'intégration en Afrique Centrale démarre le 8 décembre 1964 avec la création de l'Union Douanière des Etats de l'Afrique Centrale (UDEAC). La Communauté Economique et Monétaire de l'Afrique Centrale (CEMAC) se substitue à l'Union Douanière et Economique des Etats de l'Afrique Centrale en 1994. Le traité instituant la CEMAC est adopté à Djamena le 16 mars 1994 par le Cameroun, la République Centrafricaine, le Congo, le Gabon, la Guinée Equatoriale et le Tchad. Il est suivi le 05 juillet 1996, par l'adoption de l'additif au traité de la CEMAC relatif au système institutionnel et juridique de la communauté. La CEMAC organise les conditions du passage de la coopération interétatique à l'union qui préfigure l'intégration économique et monétaire. Elle constitue une étape décisive du processus d'intégration en Afrique Centrale. Elle vise l'harmonisation des politiques économiques et monétaires des Etats membres. Deux unions sont créées afin d'atteindre cet objectif : il s'agit d'une part, de l'Union Economique de l'Afrique Centrale (UEAC) et de l'Union Monétaire de l'Afrique Centrale (UMAC), d'autre part. A ces deux institutions s'ajoutent le Parlement communautaire et la Cour de Justice de la CEMAC.

L'Union Economique de l'Afrique Centrale (UEAC) vise :

- l'harmonisation de la législation économique et financière ;
- la coordination des politiques budgétaires ;
- la création d'un marché commun ainsi que la libre circulation des biens, des services, des capitaux et des personnes ;
- la coordination des politiques sectorielles et l'adoption de politiques communes (article 2 de la convention régissant l'Union Economique de l'Afrique Centrale (UEAC)).

L'Union Monétaire de l'Afrique Centrale (UMAC) consiste en l'adoption d'une unité monétaire commune dont l'émission est confiée à un institut d'émission commun à savoir la Banque des Etats de l'Afrique Centrale (BEAC). Elle contribue à l'harmonisation des politiques nationales avec la politique monétaire commune (articles 3 et 4 de la convention régissant l'Union Monétaire de l'Afrique Centrale (UMAC)).

La Cour de Justice Communautaire comporte deux chambres : une chambre judiciaire et une chambre des comptes. La chambre judiciaire assure l'interprétation des conventions ainsi que leur respect. Tandis que la chambre des comptes veille au contrôle des comptes de l'Union.

Le Parlement Communautaire légifère par voie de directives. En attendant sa création, une commission interparlementaire composée de cinq membres par Etat est instituée (article 44 de l'additif au traité de la CEMAC).

Les principaux organes de la Communauté sont : la Conférence des Chefs d'Etat, le Conseil des Ministres, le Comité Ministériel, le Secrétariat Exécutif, le Comité inter-Etats, la Banque des Etats de l'Afrique Centrale (BEAC), la Commission Bancaire de l'Afrique Centrale (COBAC) et l'Institution de financement du développement.

Les organes de la CEMAC adoptent plusieurs textes juridiques. Il s'agit des actes additionnels, des règlements, des directives, des décisions, des recommandations et des avis. Les règlements adoptés par le Conseil des Ministres et le Comité Ministériel sont d'applicabilité directe dans tous leurs éléments dans tous les Etats membres. Tandis que les règlements cadres ne sont applicables que pour certains de leurs éléments (article 21 de l'additif au traité de la CEMAC relatif au système institutionnel et juridique de la Communauté).

Tableau n° 1 : Ratification des traités de la CEMAC par le Congo

Convention	Signature	Avis consultatif Cour Suprême	Autorisation législative de ratification	Ratification
Traité instituant la communauté économique et monétaire de l'Afrique Centrale	16 mars 1994	Cour Suprême, avis n° 31du 15 septembre 1998	Loi n° 2-99 du 8 janvier 1999	D n° 99-41 du 11 mars 1999
Additif au traité de la CEMAC relatif au système institutionnel et juridique de la communauté	05 juillet 1996	Cour Suprême, avis n° 40 du 14 octobre 1998	Loi n° 3-99 du 8 janvier 1999	D n° 99-42 du 11 mars 1999
Convention régissant l'Union Economique de l'Afrique Centrale	05 juillet 1996	Cour Suprême, avis n° 34 du 16 septembre 1998	Loi n° 13-99 du 3 mars 1999	D n° 99-45 du 11 mars 1999
Convention régissant l'Union Monétaire de l'Afrique Centrale	05 juillet 1996	Cour Suprême, avis n° 35 du 16 septembre 1998	Loi n° 4-99 du 8 janvier 1999	D n° 99-43 du 11 mars 1999

Convention régissant la Cour de Justice de la Communauté Economique et Monétaire de l'Afrique Centrale	05 juillet 1996	Cour Suprême, avis n° 31 du 15 septembre 1998	Loi n° 5-99 du 8 janvier 1999	D n° 99-44 du 11 mars 1999

Article 20 de l'additif au traité de la CEMAC relatif au système institutionnel et juridique de la communauté :

« *Pour l'application du Traité et du présent Additif, et sauf dérogations prévues par ceux-ci ou dispositions particulières contenues dans les Conventions de l'UEAC et de l'UMAC :*

- *la Conférence des Chefs d'Etat adopte des actes additionnels du Traité ;*
- *le Conseil des Ministres et le Comité Ministériel adoptent des règlements, des directives, prennent des décisions et formulent des recommandations ou des avis ;*
- *le Secrétaire Exécutif et le Gouverneur de la BEAC arrêtent des règlements d'application, prennent des décisions et formulent des recommandations ou des avis* ».

Article 21 de l'additif au traité de la CEMAC relatif au système institutionnel et juridique de la communauté :

« *Les actes additionnels sont annexés au Traité de la CEMAC et complètent celui-ci sans le modifier. Leur respect s'impose aux Institutions de la Communauté ainsi qu'aux autorités des Etats membres.*

Les règlements et les règlements cadres ont une portée générale.

Les règlements sont obligatoires dans tous leurs éléments et directement applicables dans tout Etat membre. Les règlements cadres ne sont directement applicables que pour certains de leurs éléments.

Les directives lient tout Etat membre destinataire quant au résultat à atteindre, tout en laissant aux instances nationales leur compétence en ce qui concerne la forme et les moyens.

Les décisions sont obligatoires dans tous les éléments pour les destinataires qu'elles désignent.

Les recommandations et les avis ne lient pas ».

Cette convention modifie profondément les conditions d'application des textes internationaux jusque là caractérisés par la médiateté. Conformément au Droit International général, la norme internationale ne s'applique pas directement dans les Etats parties. Une mesure de réception dans l'ordre juridique interne s'impose. Avec les traités de la CEMAC, on assiste à une évolution de taille et l'on est en droit de s'interroger si les Etats parties ont bien apprécié l'évolution juridique qui en découle à l'instar de ce qui s'est produit en Europe avec l'institutionnalisation de la communauté économique européenne (CEE) en 1957.

D. La spécificité du droit de l'organisation pour l'harmonisation du droit des affaires (OHADA) en Afrique :

- *P. K AGBOYIBOR, « Récents développements du projet d'harmoniation du droit des affaires en Afrique (OHADA) », Revue de droit des affaires internationales, 1996, n°3, p.301 ;*
- *M .BOLMIN, Gh. BOUILLET-CORDONNIER, K .MEDJAI, « Harmonisation du droit des affaires dans la zone franc », Journal de Droit International,1994, p.377 ;*
- *T.GERVAIS DE LAFOND, « Le Traité relatif à l'harmonisation du droit des affaires en Afrique », Gazette du Palais, 1995, 20-21 septembre 1995, D, p.2 ;*
- *J.R.GOMEZ, « Réflexions d'un commercialiste sur le projet d'harmonisation du droit des affaires dans la zone franc », Penant, 1994, p.3 ;*

- *J. ISSA-SAYEGH, « L'intégration juridique des Etats africains de la zone franc »,Penant, 1997, n° 823, p.5, n° 824, p.125 ;*
- *J.ISSA-SAYEGH,P.G.POUGOUE,F.M.SAWADOGO, OHADA. Traité et Actes uniformes commentés et annotés, Juriscope, 1999, 1036 p ;*
- *M.KIRSCH, « Historique de l'OHADA », Penant, 1998, n° 827, p.129 ;*
- *G.A.LIKILLIMBA, « Ou en est-on avec le Traité relatif à l'harmonisation du droit des affaires », Dalloz Affaires, 1997, n° 27, p.844 ;*
- *K.MBAYE, « Avant propos », Penant 1998, n°827, spécial OHADA ;*
- *P.G.POUGOUE , Présentation générale et procédure en OHADA, Presses universitaires d'Afrique, Yaoundé, 1998 ;*
- *D.TAPIN, « Un nouveau droit des affaires en Afrique noire francophone », Dalloz Affaires, n° 107, 5 mars 1995.*

Le traité relatif à l'harmonisation du droit des affaires en Afrique est adopté à Port Louis (Ile Maurice) le 17 octobre 1993 par le Bénin, le Burkina Faso, le Centrafrique, le Cameroun, les Comores, le Congo, la Côte d'Ivoire, le Gabon, la Guinée Equatoriale, le Mali, le Niger, le Sénégal, le Tchad et le Togo. Il vise l'assainissement de l'environnement juridique afin de restaurer la confiance des investisseurs. A cet effet, l'OHADA procède à l'harmonisation du droit des affaires et des sociétés au moyen des actes uniformes, règles de droit dérivé, élaborés suivant une procédure particulière. Ils produisent des effets précis.

1 - <u>L'élaboration et l'adoption des actes uniformes</u> :

Les actes uniformes sont des règles communes adoptées afin d'harmoniser les législations nationales. Les projets d'actes uniformes sont préparés, en concertation avec les Gouvernements, par le Sécretaire Permanent, coordonnateur de l'activité de l'OHADA , nommé par le Conseil des Ministres de l'OHADA, dont le siège se trouve à Yaoundé (article 6 du Traité OHADA) Ces projets sont ensuite soumis à l'examen des Etats par le biais des commissions nationales instituées qui formulent leurs observations dans un délai de quatre-vingt dix (90) jours (article 7 du Traité OHADA). L'intervention des commissions nationales, à ce stade, est déterminante. Elle permet, en effet, à l'Etat de participer à la procédure d'adoption des actes uniformes. En dehors de cette institution nationale dont les membres sont désignés par les pouvoirs publics, l'Etat n'intervient pas dans la procédure d'élaboration des actes uniformes. Son point de vue n'est ensuite requis que dans le cadre du Conseil des Ministres, c'est-à-dire au moment de l'adoption.

L'avis de la Cour Commune de Justice et d'Arbitrage est ensuite sollicité dans un délai de trente (30) jours à compter de la réception de la demande de consultation. A l'expiration de ce délai, le Sécretaire Permanent prépare un projet définitif soumis à l'approbation du Conseil des Ministres de l'OHADA (article 5 du Traité OHADA). L'adoption de l'acte uniforme se fait à l'unanimité des Etats présents et votants. Toute délibération ne peut se dérouler valablement que si les 2/3 au moins des Etats parties sont présents (article 8 du Traité OHADA). La modification des actes uniformes se déroule dans les mêmes conditions (article 12 du Traité OHADA).

2 - L'applicabilité directe et la primauté des actes uniformes :

Les conditions d'entrée en vigeur des actes uniformes sont particulières. Elles ne nécessitent pas, après l'adoption au niveau international, l'intervention des organes nationaux par le biais de la procédure de ratification. Certes, c'est en toute souveraineté que le Congo participe à cette communauté conventionnelle et institutionnelle (C.P.J.I, 1923, Winbledon), cependant, on ne peut que relever les conditions particulières d'entrée en vigueur des normes de droit dérivé qui ne permettent pas aux parlements nationaux d'opérer le contrôle de l'action gouvernementale et au chef de l'exécutif de souscrire à des engagements internationaux conformément à ses attributions constitutionnelles.

Les actes uniformes entrent en vigueur quatre-vingt-dix (90) jours après leur adoption sauf modalité particulière prévue par l'acte lui-même. Certains actes uniformes envisagent une période transitoire pendant laquelle l'ancienne législation nationale continue de produire ses effets.

Exemple *: L'acte uniforme relatif au droit des sociétés prévoit une période transitoire de deux ans.*

Ils sont opposables trente (30) jours après leur publication au journal officiel de l'OHADA, au journal officiel des Etats ou par tout autre moyen approprié (article 9 du Traité OHADA). A ce jour, plusieurs actes uniformes sont en vigueur, il s'agit de :
- l'acte uniforme portant sur le droit commercial général du 17 avril 1997 ;
- l'acte uniforme des sociétés commerciales et du groupement d'intérêt économique du 17 avril 1997 ;
- l'acte uniforme portant organisation des sûretés du 17 avril 1997 ;
- l'acte uniforme portant organisation des procédures simplifiées de recouvrement et des voies d'exécution du 10 avril 1998 ;
- l'acte uniforme portant organisation des procédures collectives d'apurement du passif du 10 avril 1998 et ;
- l'acte uniforme relatif au droit de l'arbitrage du 11 mars 1999.

Les actes uniformes sont directement applicables et obligatoires dans les Etats parties. Ils priment sur la législation nationale qu'elle soit antérieure ou postérieure (article 10 du Traité

OHADA). L'applicabilité directe et la primauté des actes uniformes se justifient par la volonté des initiateurs du traité OHADA d'assurer effectivement l'harmonisation des législations nationales. Ce système est analogue à celui institué dans le cadre de l'Union Européenne et qui a donné lieu à une jurisprudence constante et nourrie de la Cour de Justice des Communautés Européennes (C.J.C.E).

E - La primauté du Droit International de la nationalité sur le droit interne

Le code de la nationalité (loi n° 35-61 du 20 juin 1961) détermine les conditions d'attribution de la nationalité congolaise qui peut être d'origine ou acquise à la suite d'une naturalisation. Cette loi consacre le principe de la primauté des traités et accords internationaux. Ainsi, en cas de conflit entre les normes internationales et la législation congolaise, les premières s'imposent. Cette primauté constitue la règle aussi bien pour les normes antérieures que postérieures.

Article 5 de la loi n° 35-61 portant code de la nationalité :
« *Les dispositions relatives à la nationalité contenues dans les traités ou accords internationaux dûment ratifiés et publiés s'appliquent même si elles sont contraires aux dispositions de la législation interne congolaise* ».

Ainsi, conformément à l'adage « *ubi sociétas ibi jus* », la société internationale est caractérisée par un droit sui generis, il s'agit du Droit International. Le Droit International se compose de deux branches : d'une part, le Droit international public qui fera l'objet de cet ouvrage et, le Droit International privé, dont l'objet consiste à réglementer les activités privées qui comportent un élément d'extranéité.

Le manuel de Droit international public comportera deux tomes. Le tome I portera sur les sources du Droit international public et le tome II sur les sujets du Droit international public

Tome I :
les sources

L'étude des sources du Droit international public suppose au préalable la définition de certains concepts.

1 - Le concept de source

Le concept de source est loin d'être univoque. Il renvoie à des sources matérielles et à des sources formelles. Les sources matérielles comportent : « *l'ensemble des données, non juridiques en elles-mêmes, qui influent sur le contenu et l'évolution des règles, relations de puissance, idéologies, systèmes culturels.* ». J.Combacau, S.Sur, Ch. Vallée ; H. Thierry, Droit international public, Paris, Montchrestien,1986, p.33-34. Les sources formelles sont « *les procédés extérieurs (organes, procédures, actes) par l'intermédiaire desquels les règles prennent corps dans la société internationale* ». P. Reuter, Principes de Droit international public, RCADI 1961, II, Vol. 103, p. 461. Ces deux types de sources entretiennent des rapports étroits dans la mesure où, les sources matérielles constituent le fondement sociologique des sources formelles qui expriment l'aboutissement du processus d'élaboration de la norme. La source formelle traduit l'état du droit positif et elle présente un caractère de stabilité.

Aujourd'hui, toute étude des sources du Droit international public passe par l'article 38 du Statut de la Cour Internationale de Justice qui fournit l'énumération des sources formelles du Droit international public.

Article 38 du Statut de la Cour Internationale de Justice :
"

1. La Cour, dont la mission est de régler conformément au Droit International les différends qui lui sont soumis, applique :

a) Les conventions internationales, soit générales, soit spéciales, établissant des règles expressément reconnues par les Etats en litige ;

b) La coutume internationale comme preuve d'une pratique générale acceptée comme étant de droit ;
c) Les principes généraux de droit reconnus par les nations civilisées ;
d) Sous réserve de la disposition de l'article 59, les décisions judiciaires et la doctrine des publicistes les plus qualifiés des différentes nations, comme moyen auxiliaire de détermination des règles de droit.

2. *La présente disposition ne porte pas atteinte à la faculté pour la Cour, si les parties sont d'accord de statuer ex aequo et bono.* "

Ce texte reprend le Statut de la Cour Permanente de Justice Internationale élaboré en 1920. Il est précédé par l'article 7 de la Convention de La Haye du 18 Octobre 1907.

a - La Convention de la Haye de 1907 relative au règlement pacifique des conflits internationaux.

Ce texte recense comme sources les conventions, les règles du Droit International c'est -à-dire la coutume, les principes généraux de droit (P.G.D.T) et l'équité. Il ne modifie pas le droit positif dans la mesure où il n'entrera jamais en vigueur.

b - L'article 38 du Statut de la Cour Internationale de Justice.

L'article 38 du Statut de la Cour Internationale de Justice énumère cinq (5) sources différentes du Droit international public. Il s'agit des conventions internationales, de la coutume, des principes généraux de droit, des décisions judiciaires et de la doctrine.Cette disposition pose, aujourd'hui, un certain nombre de difficultés pratiques compte tenu du fait qu'elle consacre des institutions anachroniques (référence aux principes généraux de droit reconnus par les nations civilisées) et qu'elle ne mentionne pas des sources importantes du Droit international public à savoir les actes unilatéraux des Etats et des organisations internationales.

2 - Le concept d'acte juridique.

- *J. P. JACQUE, Eléments pour une théorie de l'Acte Juridique en Droit International Public, Paris, LGDJ, 1972, 511p.*

L'on peut sommairement définir l'acte juridique en Droit International comme une manifestation de volonté imputable à un sujet de Droit International faite en vue de produire des effets de Droit International. Deux éléments apparaissent à la lecture de cette définition. Il s'agit d'une part, de la manifestation de volonté et, d'autre part, du résultat obtenu c'est-à-dire de la norme.

a - La manifestation de volonté.

Cette manifestation de volonté peut être le fait des Etats, des organisations internationales, ou parfois même d'une institution (décisions judiciaires, sentences arbitrales). Le nombre de sujets qui participent à son élaboration peut être variable. S'il s'agit des Etats, l'acte peut être unilatéral c'est-à-dire n'émaner que d'une partie. Il peut être bilatéral ou plurilatéral. Les actes bilatéraux ou plurilatéraux sont qualifiés d'actes conventionnels dans la mesure où ils sont fondés sur l'accord de volonté des parties.

b - Les effets de droit.

L'acte peut être élaboré afin de produire des droits et des obligations c'est-à-dire modifier l'ordonnancement juridique. Il peut aussi, dans certains cas produire des effets extrajuridiques.

Exemple : *Les accords politiques des Etats, les recommandations des organisations internationales.*

Les actes juridiques sont adoptés suivant une procédure déterminée. Ils répondent, sous peine de nullité, à des conditions de validité.

3 - La question de la hiérarchie des sources.

- *P. WEIL, "Vers une normativité relative du Droit International", RGDIP, 1982, p.5 ;*
- *D. CARREAU, Droit international public, Paris, Pedone, 1997, p. 64-96.*

a - L'égalité des sources: un principe contesté

Face à l'énumération de l'article 38 du Statut de la Cour Internationale de Justice, la doctrine s'est prononcée de manière unanime pour l'égalité des sources du Droit international public. Le fondement volontariste du Droit international public explique, pour partie, cette prise de position. Le Droit International est créé par la volonté des sujets de droit, et cette volonté peut être exprimée au moyen d'un traité, d'une coutume ou d'un principe général de droit. Ainsi, la coutume peut-elle modifier un traité et inversement. Il faut, toutefois, relever que l'article 7 de la convention de la Haye de 1907, à la différence de l'article 38 du Statut de la Cour Internationale de Justice, établissait une hiérarchie entre les sources du Droit international public. Au sommet de la hiérarchie, il y avait les traités, ensuite la coutume et enfin, les principes généraux de droit et l'équité. Mais, comme il a été mentionné ci-dessus, son absence d'entrée en vigueur en a limité la portée. Aujourd'hui, une partie de la doctrine propose, à l'instar du professeur Dominique Carreau une nouvelle interprétation de l'article 38 du Statut de la Cour Internationale de

Justice. Cet auteur arrive à la conclusion selon laquelle la doctrine classique a opéré une interprétation partielle de l'article 38 du statut de la Cour Internationale de Justice. Car, elle a omis de tenir compte de la qualification opérée par cette disposition des décisions judiciaires et de la doctrine « *de moyens auxiliaires* ». Et, si l'article 38 n'établit pas une hiérarchie des sources, il ne l'interdit pas. Enfin, le principe de l'égalité des sources du Droit international public doit être apprécié dans le contexte des années 20, qui aujourd'hui a largement évolué.

b - La hiérarchie des normes : une exception.

La question de la hiérarchie des sources du Droit international public suppose que des précisions soient apportées sur les notions de norme et de source. Par norme, on entend le contenu, la substance d'une règle juridique qui peut avoir plusieurs supports formels ou sources. Ces supports formels peuvent être conventionnels ou coutumiers.

Exemples : *Le principe de la souveraineté des Etats constitue la norme juridique. Le support formel ou la source sont la coutume et la convention (Charte de l'O.N.U. article 2 paragraphe 1).*

La règle Pacta Sunt Servanda est une norme juridique, les supports formels ou la source sont : la coutume et la Convention de Vienne sur le droit des traités conclus par les Etats (article 24).

L'histoire récente du Droit international public permet d'observer l'existence de normes de droit qui ont la prétention d'établir une certaine hiérarchie en Droit international public. Ce qui permet à Dominique Carreau de prétendre en l'existence d'une supra-légalité internationale. Cette supra-légalité résulterait de l'existence d'un droit régional, de l'article 103 de la Charte de l'O.N.U et du jus cogens.

c - La supériorité du droit universel sur le droit régional

La supériorité du droit universel sur le droit régional varie selon les circonstances dans la mesure où les Etats font généralement valoir le principe de l'autonomie de leur volonté, qui leur permet d'élaborer le Droit international public désiré dans le cadre de leur choix. Cependant, on ne peut que noter que, dans de nombreux cas, on a fait prévaloir le principe de la supériorité du droit universel sur le droit régional.

Exemple *: L'article 82 de la Convention de Chicago du 7 décembre 1944 relative à l'aviation civile internationale abroge les conventions contenant des stipulations contraires.*

d - L'article 103 de la Charte des Nations Unies

- *Th. FLORY : « Commentaire de l'article 103, » in la Charte des Nations-Unies, p.1371-1378 ;*
- *Ch. CADOUX, « La supériorité du droit des Nations-Unies sur le Droit des Etats membres » RGDIP, 1959, p. 649-680.*

L'article 103 de la Charte des Nations-Unies tente de combler les limites de l'article 20 du Pacte de la S.D.N qui abroge automatiquement tout accord contraire conclu antérieurement ou postérieurement par tout membre du Pacte de la S.D.N et qui n'a pas généré une pratique étendue. Cette disposition affirme la primauté des obligations contractées en vertu de la Charte des Nations –Unies sur celles issues des accords conclus par les Etats. Cette primauté ne débouche pas, cependant, sur l'abrogation ou sur l'annulation de l'accord. En cas de conflit, la disposition incompatible est en quelque sorte frappée de paralysie. Le traité devient inapplicable et inopposable bien qu'il demeure valide. L'article 103 a reçu pour la première fois une application jurisprudentielle dans l'affaire des Activités militaires et paramilitaires des Etats-Unis au Nicaragua et contre celui-ci, Cour Internationale de Justice, arrêt du 16 novembre 1984 et, dans l'arrêt de la Cour Internationale de Justice du 14 avril 1992, Question d'interprétation et d'application de la Convention de Montréal de 1971 résultant de l'accident aérien de Lockerbie, mesures conservatoires, ordonnance.

e - Le jus cogens

La Convention de Vienne du 23 mai 1969 consacre à l'article 53 l'existence de normes de jus cogens qui frappent de nullité absolue toute norme contraire de Droit International. Le jus cogens est l'une des dispositions la plus controversée de la Convention de Vienne sur le droit des traités. Cette institution établit, en effet, une hiérarchie entre les « *super-normes* » de Droit International et les autres.

La norme de jus cogens est une norme impérative acceptée et reconnue par la Communauté Internationale des Etats et à laquelle aucune dérogation n'est permise. La sanction de ce conflit est la nullité absolue de la disposition. Ainsi, avec l'institutionnalisation du jus cogens par la Convention de Vienne, la normativité devient « *graduée* » (P. Weil), on distingue désormais plusieurs niveaux, il y a au-dessus de la hiérarchie, les « *super-normes* », le label de qualité et, en dessous, les « *normes ordinaires* », quelconques. Malgré l'innovation introduite dans le droit positif par la Convention de Vienne, il faut reconnaître que la notion de jus cogens a connu une application des plus limitées et des plus contestées. Et, dans l'affaire du Personnel Diplomatique et Consulaire Américain à Téhéran (Cour Internationale de Justice, arrêt du 24 mai 1980), la Cour n'a pas été jusqu'à qualifier le droit des relations diplomatiques et consulaires comme constitutif d'une norme de jus cogens, bien qu'elle en ait relevé le caractère fondamental. Cette institution vient remettre en cause certains principes essentiels du Droit international public, ce qui explique l'hostilité des pays développés à son égard (voir supra.).

L'analyse des sources du Droit international public permettra d'aborder successivement :

- les conventions internationales (Titre I) ;
- la coutume internationale (Titre II) ;
- les principes généraux du droit (Titre III) ;
- les actes unilatéraux (Titre IV) ;
- la jurisprudence et la doctrine (Titre V).

TITRE I :
LES CONVENTIONS INTERNATIONALES.

Les conventions internationales sont des accords qui résultent de la rencontre de volontés entre des sujets de Droit International. Ces engagements peuvent poursuivent plusieurs objectifs. Ils peuvent, d'une part, être destinés à produire des effets de droit et être obligatoires. Ils peuvent aussi avoir des effets non contraignants, d'autre part. Selon les hypothèses, ils consisteront en la confirmation ou la consolidation d'une situation juridique, en l'attribution d'un statut juridique ou en une habilitation.

Les engagements non contraignants des Etats seront examinés avant les traités.

Chapitre I – Les engagements non contraignants des Etats
Chapitre II – Les traités internationaux

Chapitre I. Les Engagements non contraignants des Etats.

- *Ph. GAUTIER, « Accord et engagement politique en droit des gens. A propos de l'acte fondateur sur les relations, la coopération et la sécurité mutuelles entre l'OTAN et la Fédération de Russie signé à Paris le 27 mai 1997 », AFDI 1997, p. 82-92 ;*
- *J. F. PREVOST, « Observations sur la nature juridique de l'acte d'Helsinki », AFDI, 1975, p. 129-154 ;*
- *M. VIRALLY, Rapport provisoire et définitif à l'Institut de Droit International, AIDI, Vol. 60, Tome I, session de Cambridge, 1983 ;*
- *G. ABI. SAAB, « Eloge de la soft law en Droit International contemporain», Mélanges Rigaux, p.59-68 ;*
- *E. DECAUX, « La forme et la force obligatoire des codes de bonne conduite », A.F.D.I., 1983, p 81-97 ;*
- *R. IDA, « Formation des normes internationales dans un monde en mutation. Critique de la notion de soft law », Mélanges Virally, p 333-340 ;*
- *Ph. MANIN, « L'incertitude de la règle internationale », Mélanges Charlier, 1981, 223-236 ;*
- *A. PELLET, « Le bon droit et l'ivraie, plaidoyer pour l'ivraie », Mélanges Chaumont, 1984, p 465-493 ;*
- *W. WENGLER, « Les conventions non juridiques comme nouvelle voie à côté des conventions en droit », Mélanges Rigaux, p. 637-656.*

La pratique internationale témoigne d'accords internationaux qui ressemblent à s'y méprendre à des traités internationaux mais qui ne sont pas des traités internationaux. Ces conventions internationales ne sont pas destinées à produire des effets obligatoires, elles ne sont pas, cependant, dénuées de certains effets. Elles constituent des accords politiques. Ces conventions relèvent du *« droit flexible »* encore appelé *« soft law »*. Le doyen

Carbonnier qui s'est penché sur cette pratique en droit français a eu l'occasion d'affirmer qu'avec ces conventions, on observe « *une baisse plus ou moins considérable de la pression juridique».* Il existe deux grandes catégories d'accords non contraignants entre Etats. Ceux-ci présentent des caractéristiques particulières.

Section 1 – Classification des engagements non contraignants des Etats
Section 2 – Caractéristiques des engagements non contraignants des Etats

Section 1 - Classification des engagements non contraignants des Etats.

Les accords informels et les actes juridiques concertés sont les deux principaux groupes de conventions non obligatoires des Etats.

I - Les accords informels
II- Les actes juridiques concertés

I - Les accords informels.

Les accords informels renvoient à une diversité d'actes juridiques. On peut citer notamment les accords informels politiques, les accords interprétatifs et les accords destinés à déterminer un cadre normatif particulier.

Les acords informels politiques sont adoptés par les Etats afin de fixer les principes destiné à gouverner leurs relations.

Exemples *:- La Charte de l'Atlantique du 14 août 1941 signée par Winston Churchill et Franklin Roosevelt qui fixe les règles devant régir le monde d'après-guerre.*

- L'acte fondateur sur les relations, la coopération et la sécurité mutuelles entre l'OTAN et la Fédération de Russie, signé à Paris le 27 mai 1997.

Les accords informels interprétatifs sont des conventions destinées à compléter et à préciser des textes en vigueur. Ils interviennent généralement sur un point de détail qu'ils précisent.

Exemples *:-l'accord de Londres de 1946 entre les membres permanents du Conseil de Sécurité des Nations-Unies détermine une clé de répartition pour l'élection des membres non permanents du Conseil de Sécurité qui se réfère au critère de la représentation géographique*

- Un autre accord informel survenu en 1955 prévoit que quand deux Etats obtiennent le même nombre de voix lors de leur élection en qualité de membre non permanent du Conseil de Sécurité, chacun des deux Etats occupera le siège au Conseil de Sécurité pendant un an. Puis, il démissionnera afin de permettre à l'autre Etat de lui succéder.

Enfin, une troisième catégorie d'accords informels est constituée par des accords destinés à déterminer un cadre normatif particulier ou à influencer la conduite des Etats membres de la communauté internationale.

Exemple *: La conférence d'Helsinki réunit les chefs d'Etats et de Gouvernement des pays de l'Ouest et de l'Est européen, les Etats-Unis et le Canada en 1975. L'acte final élaboré à l'issue de cette conférence fixe un certain nombre de principes relatifs aux domaines sensibles des relations Est-Ouest à savoir la sécurité, la coopération économique, scientifique et culturelle et les droits de l'homme.*

Malgré la présence de clauses traditionnellement utilisées dans les traités, l'Acte Final n'est pas un traité dans la mesure où il ne modifie pas l'ordonnancement international.

II . Les actes juridiques concertés

Les actes Juridiques concertés sont des actes juridiques qui, d'un point de vue formel, sont beaucoup plus proches des traités. Ils sont signés par les Chefs d'Etats, de Gouvernement ou des Ministres, mais ils ne sont ni ratifiés ni approuvés.

Exemples : *- les procès-verbaux élaborés à l'issue d'une conférence et qui font la synthèse des travaux.*
- les communiqués publiés à la fin de toute réunion internationale et qui marquent les points d'accord et de désaccord communément qualifiés de communiqués conjoints.

Section 2. Caractéristiques des engagements non contraignants des Etats.

La pratique déconcertante des engagements non contraignants des Etats s'étend dans les relations internationales compte tenu des avantages qu'elle présente. Il s'agit d'une technique souple qui permet aux Etats de moduler leur engagement en fonction de leurs intérêts nationaux et des sensibilités politiques du moment. Dominique Carreau les qualifie de « *traité à l'essai* » et ils constituent la première phase éventuelle d'un traité. Ils permettent aussi de se passer du contrôle parlementaire. Cette souplesse permet à ces accords de porter sur des objets variés. Ils ne font pas toujours l'objet de mesures de publicité car ils ne sont pas enregistrés auprès de l'Organisation des Nations-Unies conformément à l'article 102 de la Charte des Nations-Unies.

Exemple *: L'acte final d'Helsinki du 1er août 1975 comporte des clauses habituelles dans le droit des traités : mention des langues officielles, des exemplaires authentiques et de la signature. Toutefois, il n'est pas enregistré auprès du Secrétaire Général de l'ONU.*

Ils ne conduisent pas généralement à des sanctions et, les juridictions ne peuvent en connaître, sauf volonté expresse des parties.

C.I.J., A, 19 décembre 1978, Plateau continental en mer Egée.

La cour est invitée par la Grèce à se prononcer sur la nature juridique d'un communiqué conjoint publié par la Grèce et la Turquie à l'issue d'une rencontre organisée entre les Premiers Ministres des deux Etats. Elle affirme dans son dictum que :

« la question de savoir si un tel texte constitue ou non un accord dépend essentiellement de la nature de l'accord ou de la transaction dont il est fait état. (...) il convient de tenir compte avant tout des termes employés et des circonstances dans lesquelles le communiqué a été élaboré ».

La pratique internationale met en évidence plusieurs types d'engagements non contraignants des Etats. Certains constituent matériellement de véritables traités, d'autres, par contre, ne produisent pas d'effets obligatoires.

Exemple *: le communiqué conjoint du 29 décembre 1998 entre la République du Congo et la République Démocratique du Congo.*

Les deux délégations se retrouvent, sur initiative de la République du Congo alors que ce pays est en proie à un conflit interne. Au terme de leurs discussions, le communiqué conjoint est élaboré et signé par les deux parties. Après un rappel de la composition des deux délégations nationales, le communiqué conjoint mentionne l'adoption d'un Pacte de non-agression et la mise en place d'une force mixte chargée de la sécurité des frontières communes. Il déplore les conflits armés qui embrasent l'Afrique et réaffirme l'appui des deux Etats à tous les efforts entrepris pour ramener la paix en Afrique Centrale. En dépit des clauses qui ne contribuent pas à modifier l'ordonnancement juridique, le communiqué conjoint contient des clauses qui vont produire des effets obligatoires. La création de la force mixte chargée de la sécurité des frontières communes résulte de ce texte qui constitue indéniablement un instrument juridique obligatoire pour les deux Etats. La volonté des deux parties de se lier se traduit notamment par :« A cet égard, elles ont examiné et adopté un accord dénommé « pacte de non-agression » entre la République du Congo et la République Démocratique du Congo. Les deux parties ont décidé de mettre en place une force mixte chargée de la sécurité des frontières communes », in A A, « un Pacte de non-agression entre les deux Congo signé à Brazzaville », les dépêches de Brazzaville, décembre 1998,p.21.

La doctrine n'a pas manqué de relever la complexité de ces actes juridiques. C'est ainsi qu'au-delà de l'aspect formel, ce qui est déterminant c'est la volonté des Etats. Sera un accord politique, l'acte que les Etats auront décidé qu'il ait ce caractère. Ce qui fait dire à Ph. Gautier, « *la règle d'or qu'il convient d'observer lorsque l'on entend déterminer la nature juridique ou politique d'un instrument diplomatique est sans contexte la recherche de la volonté des auteurs de l'Acte* » In « Accord et engagement politique en droit des gens ». op. cit. p. 85.

Exemple *: L'acte fondateur sur les relations, la coopération et la sécurité mutuelles entre l'OTAN et la Fédération de Russie signé le 27 mai 1997, par les deux parties, comprend un préambule, des paragraphes non numérotés divisés en quatre parties et des clauses. Il comporte des engagements limités et* *prévoit notamment la création d'un organe de suivi. Mais, en vertu de la volonté de ses auteurs, il est un engagement politique.*

Bien que déterminante, cette volonté pose de nombreux problèmes aux juristes. Car il n'est pas exclu que certains accords politiques produisent des effets juridiques. Cette réalité traduit les limites du critère formel de la volonté des Etats.

Chapitre II. Les traités internationaux.

Les traités internationaux constituent la principale source du Droit international public. Le régime actuel résulte d'une pratique séculaire faite d'accumulations progressives. Il se caractérise notamment par des règles en matière de conclusion, de validité, d'application, d'interprétation et de terminaison des traités.

Section 1- l'évolution du droit conventionnel ;
Section 2 - la définition et la classification des traités ;
Section 3 - la conclusion des traités internationaux ;
Section 4 - la validité des traités ;
Section 5 – l'application des traités ;
Section 6 - l'interprétation des traités ;
Section 7 - la modification et la terminaison des traités.

Section 1. L'évolution du droit conventionnel.

- *P. REUTER, Introduction au droit des traités, Paris, PUF, 1985,211 p., 3° édition par PH. CAHIER, Paris, 1995 ;*
- *S. BASTID, Les traités dans la vie internationale. Conclusions et effets, Paris, Economica, 1985, 303 p.*

L'on relève dans les civilisations les plus anciennes, la présence d'accords qui constituent une forme rudimentaire des traités internationaux actuels. La genèse du droit des traités permet d'observer quatre (4) périodes principales : des origines à 1815, de 1815 à la première guerre mondiale, l'entre deux guerres et depuis 1945.

I - Des origines à 1815 ;
II - De 1815 à la première guerre mondiale ;
III - L'entre deux guerres ;
IV - Depuis 1945.

I - Des origines à 1815.

Déjà Sous l'Antiquité, on constate déjà l'existence de traités conclus entre les princes. Ces accords marquent l'alternance des guerres et des paix. Et, très souvent le retour à la paix est lié à la conclusion de ces conventions. Certains auteurs soutiennent que le premier traité aurait été conclu 2500 ans avant Jésus Christ entre le royaume d'Ebla (Syrie du nord) et celui d'Abousal (Euphrate Centrale). Pendant cette période, le roi détient le monopole de la représentation externe de l'Etat. Et, tous les acteurs de la vie internationale (Ministres, Ambassadeurs) ne sont que ses délégués.

II - De 1815 à la première guerre mondiale.

Le XIXe siècle enregistre une évolution notable du droit des traités avec l'apparition du traité multilatéral qui s'ajoute aux accords bilatéraux. Le passage s'opère de manière progressive. Les traités bilatéraux conclus entre les Etats parties au Congrès de Vienne sont répertoriés dans l'Acte Final du 9 juin 1815. Ainsi, dans un document unique, l'Acte Final, tente t-on de regrouper les différents documents élaborés. Cependant, il y a toujours autant d'exemplaires originaux signés par les parties. Le premier traité multilatéral est le traité de paix du 30 mars 1856 signé entre les belligérants, la Prusse et l'Autriche, puissances neutres. Cette pratique se généralise, et par la suite un exemplaire unique du traité est élaboré et remis à un Etat. Celui-ci en a la garde matérielle et est chargé de sa gestion (pleins pouvoirs, ratifications, dénonciation ...). Cet Etat n'agit pas pour son propre compte mais dans l'intérêt de tous et on l'appelle le dépositaire.

III - L'entre deux guerres.

On assiste au développement et à la simplification du phénomène conventionnel. L'enregistrement des traités auprès de la S.D.N est prévu par le pacte de la S.D.N dont le Secrétaire Général devient, en outre, le dépositaire de nombreuses conventions multilatérales. De plus en plus, les conventions internationales sont préparées et élaborées sous les auspices des organisations internationales c'est-à-dire que les mesures préparatoires, l'envoi des convocations et tous les actes matériels sont arrêtés par l'organisation internationale. Parfois, ces conventions sont préparées, discutées et adoptées au sein de l'organisation internationale.

Exemple: *l'Acte général d'arbitrage adopté au sein de l'Assemblée de la S.D.N le 26 septembre 1928.*

Enfin, les organisations internationales deviennent parties à des accords internationaux. Il s'agit notamment des accords de siège et des accords relatifs aux prestations ou aux ressources financières.

IV - Depuis 1945

Depuis 1945, on assiste à la multiplication du nombre de traités et à la complexité de la pratique conventionnelle. Les traités sont en majorité conclus entre les Etats, entre les organisations internationales et les Etats. On constate l'accroissement du rôle des organisations internationales dans l'élaboration des traités internationaux. De nouvelles formes d'accords apparaissent notamment les accords verbaux qui donnent lieu à l'élaboration d'un Procès Verbal, les accords résultant d'un assentiment implicite, et différentes formes d'accords informels. Les efforts de codification se poursuivent avec la création de la Commission du Droit International (CDI) en 1947 (résolution 174 (II) de l'Assemblée Générale) de l'ONU et l'élaboration des conventions de codification notamment les quatre conventions de Genève sur le droit de la mer de 1958, la convention sur les relations diplomatiques de 1961 et sur les relations consulaires de 1963.

Section 2- Définition et classification des traités.

La définition du traité international est loin d'être aisée de même que toute tentative de classification.

I - Définition ;
II – Classification.

I – Définition

- *J. A. BARBERIS, « Nouvelle question concernant la personnalité juridique internationale », RCADI, 1983, I, p. 168 ;*
- *J. A . BARBERIS, "Le concept de "traité" international" et ses limites ", AFDI ,1984, p. 239-270 ;*
- *Ph. GAUTHIER, Essai sur la définition des traités entre Etats, Bruylant, Bruxelles ;*
- *M. VIRALLY, « Sur la notion d'accord », Mélanges Bindschedler, 1980, p. 159-172 ;*
- *P. REUTER, « Traités et transactions – réflexions sur l'identification de certains engagements conventionnels », Mélanges Ago, I, p. 399-415.*

La Convention de Vienne sur le droit des traités conclus par les Etats définit restrictivement le traité international.

Article 2 paragraphe 1a de la Convention de Vienne sur le droit des traités conclus par les Etats :

"L'expression " traité " s'entend d'un accord international conclu par écrit entre Etats et régi par le Droit International, qu'il soit consigné dans un instrument unique ou dans deux ou plusieurs

instruments connexes, et quelle que soit sa dénomination particulière".

A. Le traité: un accord conclu par écrit.

Le traité est un accord conclu par écrit par les Etats.

1 - Le traité : un accord.

Le traité est un acte juridique élaboré à la suite d'un échange de volontés survenu entre des sujets de droit. Le consentement de chacune des parties est la condition fondamentale sans laquelle il n'y a pas de traité. Ce principe est constamment affirmé par la jurisprudence internationale.

C. I. J, A.C, 28 mai 1951, les réserves à la convention sur la prévention et la répression du crime de génocide.
«Un Etat ne peut, dans ses rapports conventionnels, être lié sans son consentement ».

La Convention de Vienne retient une définition restrictive qui n'exclut nullement l'existence d'accords verbaux ou de conventions résultant de la convergence d'actes unilatéraux.

2 - les accords verbaux

Bien que prévus par l'article 3 de la Convention de Vienne, les accords internationaux non conclus par écrits ne sont pas réglementés. La pratique révèle que cette catégorie est loin d'être homogène. Certains sont parfois consignés dans des procès verbaux.

Article 3 : de la Convention de Vienne sur le droit des traités conclus par les Etats :

« Le fait que la présente convention ne s'applique ni aux accords internationaux conclus entre des Etats et d'autres sujets du Droit international ou entre ces autres sujets du Droit International, ni aux accords internationaux qui n'ont pas été conclus par écrit, ne porte pas atteinte :
a) à la valeur juridique de tels accords ;
b) à l'application à ces accords de toutes règles énoncées dans la présente Convention auxquelles ils seraient soumis en vertu du Droit International indépendamment de ladite convention. (...) »

3 - Le silence face aux prétentions d'un Etat .

- *Ph. CAHIER, « Le comportement des Etats comme source de droits et d'obligations », in Recueil d'Etudes de Droit International en Hommage à Paul Guggenheim, Paris, p. 237-265.*

La pratique internationale témoigne aussi de la présence de certaines situations particulières constitutives d'un accord international qui ne résulte ni d'un accord écrit ni d'un accord verbal. En effet, le silence observé pendant une certaine période face à la prétention unilatérale d'un Etat peut être à l'origine d'un accord. L'accord international résulte donc de la rencontre d'une manifestation de volonté émanant d'un sujet de Droit international public et de la passivité d'un autre sujet de Droit international public.

C.I.J., A, 18 décembre 1951, Pêcheries Anglo-Norvégiennes, Rec. 1951.
La Cour Internationale de Justice relève que le silence de la Grande-Bretagne, puissance maritime de la mer du Nord, pendant plus de 60 ans peut être considéré comme un acquiescement à la délimitation opérée par la Norvège qui peut donc opposer le système de ses lignes de base. Un accord serait né de la rencontre

de volontés entre la législation unilatérale norvégienne et le silence observé par la Grande Bretagne.

Face à cette diversité de situations, la Convention de Vienne a pris position pour la forme écrite. Ainsi, seuls sont concernés par ses dispositions, les traités conclus par écrit entre Etats.

B - Une manifestation de volonté imputable à deux ou plusieurs sujets de droit.

- *S. SUR, « Vers une Cour Pénale Internationale : la convention de Rome entre les ONG et le Conseil de Sécurité », RGDIP 1999, n° 1, p. 29-45.*

Le traité résulte de l'accord scellé entre deux ou plusieurs sujets de Droit International ou par des entités détenant des compétences particulières (Saint siège ou Comité International de la Croix Rouge). Le Comité International de la Croix Rouge (C.I.C.R.) est une Organisation Non Gouvernementale de droit Suisse qui a joué un rôle important et continue d'influencer le processus d'élaboration et d'application du Droit International humanitaire. Sa contribution a été fondamentale lors de la négociation de la Convention d'Ottawa sur les mines antipersonnelles. Le rôle des ONG a été aussi essentiel lors des travaux préparatoires de la Convention de Rome portant création de la Cour Pénale Internationale. Serge Sur affirme sur ce point que : « *La conférence de Rome a été marquée par l'influence de nombreuses ONG, qui ont été de véritables partenaires de la négociation, soit directement, soit indirectement* », S.Sur, « Vers une Cour Pénale Internationale : la convention de Rome », op.cit, p. 36. En outre, l'article 15 du Traité de Rome permet au Procureur d'ouvrir une enquête. Il peut obtenir des informations supplémentaires auprès des Etats, des Organisations Internationales et aussi des ONG. Ainsi, « *les ONG se voient d'abord mettre sur le même plan que les Etats ou les organisations interétatiques, alors que leurs modalités d'organisation et de fonctionnement n'offrent pas de garanties sérieuses, que leur transparence est très limitée* ». Sur, « Vers une Cour Pénale Internationale : la convention de Rome », op. cit. p. 38. De plus en plus, la négociation des conventions internationales permet d'observer la participation d'acteurs non étatiques qui jouent un rôle déterminant.

Le consentement de l'Etat à être lié est exprimé par les organes constitutionnellement habilités. Cependant, la pratique atteste de l'existence d'accords conclus entre des entités non étatiques. Le régime juridique de ces accords n'est pas fixé, il faut, à chaque fois, tenir compte des circonstances qui ont présidé à leur conclusion ainsi que de leur objet.

On peut citer notamment :

- les accords conclus avec les mouvements de libération nationale ;
- les accords scellés avec les populations aborigènes ;
- les accords entre partis politiques.

1 - les accords entre les Etats et les mouvements de libération nationale.

Les traités conclus par les Etats avec les mouvements de libération nationale portent généralement sur la fin de la guerre de libération, sur les conditions d'obtention de l'indépendance, et sur la question de la présence des forces armées.

Exemples : *- Le traité d'Alvor du 15 janvier 1975, entre, d'une part, le Front National de Libération de l'Angola (FNLA), le Mouvement Populaire de Libération de l'Angola (MPLA), l'Union Nationale pour l'Indépendance Totale de l'Angola (UNITA),et le Portugal, d'autre part.*

Cet accord reconnaît les trois mouvements comme les uniques et légitimes représentants du peuple angolais. Il fixe la date de l'indépendance, forme un gouvernement pour la période de transition et établit les bases de la coopération entre le Portugal et le nouvel Etat.

- Les accords de Lancaster House du 21 décembre 1979 entre le Royaume-Uni de Grande-Bretagne et l'Evêque Muzorewa se prononcent pour le cessez-le feu, organisent la période de transition et établissent les bases de la constitution du nouvel Etat.

Certains accords sont élaborés avec les mouvements de libération nationale par les Etats qui apportent un appui à leur lutte de libération.

Exemple : *L'accord de coopération culturelle entre la République Populaire du Congo et le Mouvement Populaire de Libération de l'Angola (MPLA) du 18 décembre 1972 sur la construction de l'institut angolais d'éducation à Dolisie.*

2 - Les accords conclus par les populations aborigènes.

La question de la nature juridique de ces accords a été examinée par la Cour Internationale de Justice dans un avis consultatif. La Cour Internationale de Justice relève que les territoires habités par les tribus ou les peuplades ayant une organisation sociale et politique ne pouvaient être considérés comme terra nullius. Et, elle reconnaît que les accords de cession de territoires signés par les Chefs de ces populations avaient des effets de Droit International.

C.I.J. AC, Sahara Occidental, 16 octobre 1975.

3 - Les accords entre partis politiques.

De nombreux accords sont intervenus entre les partis politiques des pays socialistes. On peut citer notamment l'accord du 3 août 1968, signé entre les partis Communistes de l'URSS, de la Bulgarie, de la Pologne, de la Hongrie, de la RDA, et de la Tchécoslovaquie. Du point de vue du Droit international public, les partis politiques n'ont pas la personnalité juridique et n'ont pas la capacité de conclure des traités, sauf à considérer qu'ils sont des organes étatiques dont la manifestation de volonté engage l'Etat.

C - <u>Des effets de droit.</u>

- *M. VIRALLY, « Panorama du Droit International Contemporain », R.C.A.D.I., 1983 –V, Vol. 183, p. 191 ;*
- *J.F. PREVOST, « Observations sur la nature juridique de l'Acte Final de la CSCE », AFDI, 1975 p. 129-154.*

La conclusion des traités permet aux Etats de réaliser un objectif déterminé. Et, de ce point de vue, on peut affirmer que tous les traités présentent un aspect politique. Cependant, au - delà de ces motivations, les traités sont des actes juridiques destinés à créer des droits et des obligations internationaux. Ces effets juridiques permettent notamment, de distinguer les traités des accords purement politiques, dépourvus d'effets juridiques directs. Les accords politiques sont des engagements qui lient leurs auteurs mais qui ne créent pas d'obligations juridiques. Ils doivent être exécutés de bonne foi et leur inapplication peut justifier certaines réactions d'ordre politique et non juridiques. Il n'existe pas, à l'heure actuelle, de critères nets permettant de distinguer un traité d'un accord politique. Il est nécessaire, dans chaque cas, de se livrer à un examen concret afin de déterminer l'intention des parties au moment de l'élaboration de l'instrument (voir supra)

La Cour Internationale de Justice recommande de tenir compte des conditions d'adoption du texte et de la pratique suivie par les parties.

J. A. Barberis, déclare à ce propos: *« lorsqu'une convention contient des clauses simplement potestatives c'est-à-dire, dont l'application dépend exclusivement de la volonté de l'obligé, l'on ne peut parler de traité international (...). Les clauses d'un traité international n'ont de sens que dans la mesure où elles appartiennent au domaine normatif. Il convient donc d'examiner en quoi consiste ce domaine. En premier lieu,s'il s'agit de normes juridiques, c'est-à-dire, de normes établissant juridiquement une conduite comme permise, interdite, ou obligatoire »* (J. A. Barbéris, « le concept de traité ... », o.p. cit., p. 253).

D - <u>Le traité : un instrument juridique.</u>

- *R. MAISON, « La situation internationale de Hong Kong : quelques questions d'actualités », A.F.D.I 2000, p.111-130 ;*

- *R. PINTO, « la sentence Ambatielos », J.D. I, vol 54, 1957, p. 540-615.*

Le traité est un acte juridique c'est-à-dire une manifestation de volonté portant sur un objet déterminé et produisant des effets de droit. La norme créée par le traité peut être consignée dans un ou plusieurs instruments. Cette pluralité d'instruments juridiques ne remet pas en cause l'unicité de la norme. Ces principes sont consacrés par la pratique et la jurisprudence internationales.

1 - la pratique internationale.

Les accords d'Alger du 19 janvier 1981 se composent de deux déclarations du Gouvernement Algérien sur la libération des otages américains à Téhéran et sur le règlement des réclamations, et d'un document annexe énonçant les obligations réciproques des USA et de l'Iran. Ces documents ont été signés par l'Algérie, l'Iran et les Etats-Unis d'Amérique.

L'accord du 26 septembre 1984 conclu entre la Chine et le Royaume Uni de Grande Bretagne porte sur la rétrocession de

Hong Kong à la Chine. Cet accord comporte plusieurs instruments, il s'agit de : la déclaration commune, de la présentation de la politique qu'adoptera la Chine à l'égard de Hong Kong pendant les cinquante années suivant la rétrocession (Annexe I), de l'engagement des deux Etats d'instituer un comité de liaison sino-britannique qui fonctionnera jusqu'au 1°janvier 2000 (Annexe II), des principes relatifs à la question des baux fonciers et des deux memoranda exprimant la politique de chaque Etat au regard du statut des individus qui sont à la date de la rétrocession établis à Hong Kong. La déclaration commune précise que son texte et les annexes possèdent la même force juridique.

2 - La jurisprudence internationale.

La jurisprudence admet l'unicité de la norme en dépit de la pluralité d'instruments.

C.I.J., A, 1 juillet 1952 exceptions préliminaires. Ambatielos,Rec. 1952, p. 42.
La Cour Internationale de Justice affirme l'unicité de la norme créée d'une part, par un traité conclu par la Grèce et le Royaume-Uni en 1929 et par une déclaration connexe, d'autre part. La Cour Internationale de Justice relève que le caractère conventionnel de la déclaration dérive du comportement des Etats et de sa nature intrinsèque. En outre, les autorités Britanniques ne firent aucune distinction entre le traité et la déclaration lors des procédures de ratification interne, d'enregistrement à la SDN et d'échange des ratifications.

E - Le traité : une diversité terminologique.

La Convention de Vienne consacre la diversité terminologique qui caractérise le droit des traités : « *quelle que soit sa dénomination* » (article 2 parag. 1a). Il existe à ce sujet une véritable profusion : traité, convention, protocole, déclaration, charte, pacte, statuts, accord, etc... Ces concepts sont en général équivalents. Toutefois, leur utilisation peut, dans certains cas, revêtir une signification particulière.

Exemple *: le Concordat est un traité conclu par le Saint Siège.*

Les accords de Latran sont adoptés le 11 février 1929 par le Saint Siège et l'Italie. Plusieurs fois amendés, ils réglementent l'exercice du culte catholique en Italie et établissent le régime financier du Saint Siège.

La Cour Internationale de Justice a eu plusieurs fois l'occasion de se prononcer sur les conséquences de la diversité terminologique.

C.I.J, A, 26 décembre 1962, Exceptions préliminaires. Affaire du Sud-Ouest Africain, Rec. 1962, p. 331-332.
« La terminologie n'est pas un élément déterminant quant au caractère d'un accord ou d'un engagement international ».

C.I.J, A, 1er juillet 1994, Affaire de la délimitation maritime entre Quatar et Bahrein, exceptions préliminaires, Rec. 1994, p. 120 :
« un accord international peut prendre des formes variées et se présenter sous des dénominations diverses ». Par conséquent, le procès-verbal signé par les Ministres des Affaires Etrangères des deux (2) pays et énumérant les engagements auxquels les parties avaient consenti constitue un traité.

F - La soumission au Droit international public.

Il s'agit d'une exigence qui permet de différencier le traité international d'autres formes d'accords. Il existe, en effet, nombre d'accords conclus par les Etats qui ne relèvent pas de l'ordre juridique international.

Exemple : *Le traité conclu le 01 août 1996 entre le Danemark et le Malawi est soumis expréssement au droit Danois* in J. Verhoeven, « Traité ou contrat entre Etat ? Sur les conflits de lois en droit des Gens », Clunet, 1984, p.5.

Les Etats peuvent décider de recourir à un contrat qui sera soumis au droit interne d'un pays déterminé. Cette pratique est courante en matière d'emprunt international. Elle exprime l'interventionnisme des Etats. Elle justifie la limitation par les juridictions des immunités de juridiction et d'exécution des Etats.

Les Etats peuvent conclure des accords avec des personnes privées physiques ou morales. Ces accords ne sont pas juridiquement des traités, même si certaines règles de Droit International s'appliquent. Généralement, ces accords sont fondés sur le droit interne, car les personnes privées concernées n'ont pas la personnalité juridique internationale. Cependant, ces contrats comportent des éléments d'extranéité.

C. P.J.I, A, 12 juillet 1929, Emprunts serbes et brésiliens.

La cour fonde ces contrats sur le droit interne. Elle ne tient pas compte de leurs éléments d'extranéité.
Avec la multiplication de ce type de contrats, on note la reconnaissance d'un régime particulier et l'émergence du Droit International Economique.

II- Classification.

Bien que les travaux préparatoires se soient penchés sur la question de la classification des traités internationaux, la Convention de Vienne ne consacre pas les traités-lois et ne fixe pas le régime juridique des actes constitutifs d'organisation internationale ou conclus en leur sein (article 5), des traités conclus entre d'autres sujets du Droit International (article 3b), des traités adoptés par une Conférence Internationale (article 9-2), des traités établissant une frontière (article 62-2) et des traités plurilatéraux (article 20-2). Tenant compte du phénomène conventionnel, la doctrine propose diverses classifications. Celles-ci prennent en considération: le nombre des parties, la qualité des parties, les procédures suivies ou les aspects matériels de l'acte.

A - Le critère formel.

Le critère formel renvoie au nombre de parties, à leur qualité ainsi qu'à la procédure suivie. Le nombre de parties à un traité permet d'identifier les traités bilatéraux, plurilatéraux, multilatéraux ou universels. La qualité des parties permet de distinguer les traités conclus entre les Etats, d'une part, entre les Etats et les Organisations Internationales et entre les organisations internationales, d'autre part. La procédure suivie permet d'observer les traités conclus conformément à une procédure solennelle et lourde (ratification), les traités ou accords en forme simplifiée (entrée en vigueur à partir de la simple signature) et les traités élaborés au sein ou sous les auspices des Organisations Internationales. La doctrine se réfère de plus en plus aux traités universels qui sont ratifiés par la quasi-totalité des Etats membres de la société internationale.

Exemple : *La convention relative aux droits de l' enfant du 05 décembre 1989 est l'un des traités qui a le plus suscité l'adhésion des Etats ; 191 Etats l'ont ratifiée au 31 décembre 1999.*

B - Le critère matériel.

- *Ch. KISS, «Les traités-cadres : une technique juridique caractéristique du Droit International de l'environnement », AFDI, 1993, p. 792-797.*

En recourant au critère matériel, la doctrine opère une distinction entre les traités-lois et les traités-contrats. Les accords-cadres résultent d'une proposition récente. Les traités-lois seraient des conventions de caractère général fixant des règles communes pour l'ensemble de la communauté internationale. Abstraites, ces règles seraient représentatives des intérêts généraux de l'humanité. Leur caractère général présenterait une certaine analogie avec la loi au niveau interne. Tandis que les traités-contrats, équivalents des contrats de droit interne, seraient conclus en vue de réaliser les intérêts particuliers de quelques Etats. Un traité n'est conclu que si les Etats ont exprimé leur consentement à être définitivement liés. Bien que présentant un certain nombre d'attraits, la distinction proposée par la doctrine entre les traités-lois et les traités-contrats n'a pas reçu la consécration du droit positif. Les traités cadres constituent une nouvelle classification formulée dans le domaine de l'environnement. Ils sont définis par Alexandre Kiss comme *« un instrument conventionnel qui énonce les principes devant servir de fondement à la coopération entre les Etats parties dans un domaine déterminé, tout en leur laissant le soin de définir, par des accords séparés, les modalités et les détails de la coopération, en prévoyant, s'il y a lieu, une ou des institutions adéquates à cet effet »,* in Alexandre Kiss « Les traités cadres : une technique juridique caractéristique du Droit International de l'environnement », op. cit., p. 793.

Ces accords organisent une négociation permanente au niveau international, ils sont perçus comme des « *nouvelles formes de la législation internationale se rapprochant de ce qui se fait à l'intérieur des Etats* » in A. Kiss, op. cit, p.797. Seul l'avenir nous permettra d'apprécier la solidité de cette proposition doctrinale.

Section 3. La conclusion des traités.

- *G. BALLADORE-PALLIERI, « La formation des traités dans la pratique internationale contemporaine », RCADI, 1949-I, Vol. 74, p. 65-545 ;*
- *J. BASDEVANT, « La conclusion et la rédaction des traités et des instruments diplomatiques autres que les traités », RCADI, 1926-V, Vol. 15, p. 534-642 ;*
- *P. de VISSCHER, De la conclusion des traités internationaux, Bruxelles, Bruylant, 1943, 249 p.*

La conclusion des traités peut être entendue, de manière restrictive, comme l'expression de l'engagement définitif d'un Etat à être lié. D'un point de vue extensif, elle signifie l'ensemble des procédures suivies en vue de l'élaboration d'un traité. La conclusion est un procédé complexe car les Etats répugnent à s'engager à la légère. Ils sont constamment préoccupés par la nécessité de préserver leur consentement. La conclusion des traités internationaux pose plusieurs problèmes notamment la détermination des entités conviées à participer à l'élaboration de l'instrument et la procédure suivie. La question spécifique des réserves s'inscrit aussi dans ce cadre.

I – La participation à la conclusion des traités
II – La procédure de conclusion des traités
III – Les réserves.

I - La participation à la conclusion des traités.

Il s'agit ici en fait d'aborder le problème spécifique de la capacité juridique à conclure un traité. Cette question peut être perçue sous deux angles. Il s'agit de déterminer, d'une part, l'aptitude d'une entité à participer à l'élaboration des traités et, d'autre part, son droit subjectif à participer à la conclusion d'un traité particulier.

A - Le problème de la participation en général.

D'un point de vue strictement juridique, la capacité dépend de la personnalité juridique de l'entité concernée. Cependant, la personnalité juridique internationale ne confère pas automatiquement le droit de participer à l'élaboration d'un traité. La combinaison de plusieurs facteurs peut avoir pour effet de priver l'entité de cette aptitude. C'est notamment le cas pour le protectorat, la confédération et la fédération.

1 - Le protectorat

Le protectorat est une institution qui ne présente aujourd'hui qu'un intérêt historique. Il met en rapport deux acteurs à savoir l'Etat protégé et l'Etat protecteur. Dans cette relation, l'Etat protégé perd son aptitude à conclure des traités tandis que l'Etat protecteur exerce cette compétence et assure la fonction de représentation externe.

Exemple: *Le Protectorat Français sur la Tunisie et le Maroc. La Cour Permanente de Justice International (CPJI) et la Cour Internationale de Justice (CIJ) ont eu à connaître d'un contentieux relatif au protectorat. Les deux cours ont relevé la diversité de cette institution.*

CPJI, A, 7 février 1923, Sére B, n° 4, P.27, décrets de nationalité en Tunisie et au Maroc.

CIJ, A, 27 août 1952, Rec. 1952, P.176, Ressortissants américains au Maroc.

2 - L'Etat confédéré.

La Confédération est une association dans laquelle les Etats conservent leur souveraineté ainsi que leur capacité de conclure des traités internationaux. Cependant, en vertu du principe de la bonne foi, l'Etat membre de la confédération doit s'abstenir de conclure des traités incompatibles avec l'objet et le but du traité confédéral.

3 - L'Etat fédéral.

Les entités membres d'un Etat Fédéral ne disposent pas, en principe, du droit de conclure des traités internationaux. Ce principe a été confirmé par les travaux préparatoires à la Convention de Vienne sur le droit des traités conclus par les Etats. Il doit être, cependant, apprécié à la lumière de la pratique des Etats fédérés qui peuvent dans leurs constitutions reconnaître aux collectivités participantes une certaine compétence en matière de conclusion des traités internationaux.

Exemples *: - Le Canada a conféré au Québec, membre de la fédération, la capacité de souscrire directement à certains engagements internationaux ainsi que d'exercer le droit de légation.*
- L'ex URSS avait reconnu un statut particulier à l'Ukraine et à la Biélorussie qui ont participé à l'Organisation des Nations-Unies en qualité de membre à part entière.

4 - Les Organisations Internationales.

La Convention de Vienne du 21 mai 1986 sur le droit des traités conclus entre les Etats et les Organisations Internationales précise que la capacité de chaque Organisation Internationale est déterminée par les règles propres à chacune d'elle.

B - La question du droit subjectif.

Au-delà des considérations générales, il s'agit de déterminer si chaque Etat dispose d'un droit subjectif qui lui permet de participer à l'élaboration d'un traité international particulier. Loin de consacrer l'existence d'un tel droit, la Convention de Vienne ne mentionne que « *la capacité des Etats de conclure des traités* » (article 6). Il n'existe donc pas, dans le droit positif actuel, une "*clause tout Etat*" qui conférerait à tout Etat le droit de participer à l'élaboration ou de devenir partie à tout traité qui l'intéresse. Ce qui fait dire à P. Reuter *« l'article 6 précité pose moins une règle qu'il ne décrit un des caractères essentiels de l'Etat, à savoir son aptitude à conclure des traités. Même si les Etats ne sont plus les seuls sujets de Droit International, ils en restent les sujets originaires ; à ce titre, ils ont la plénitude de la personnalité juridique et la manifestation essentielle de celle-ci sur le plan du Droit International est leur aptitude à conclure des traités ».*In P. Reuter, Introduction au Droit des Traités, o.p cit, p. 68.

Le débat sur la participation des Etats a atteint son paroxysme au cours des travaux préparatoires de la Convention de Vienne sur le droit des traités conclus par les Etats. Deux projets furent présentés l'un, concernant la capacité des Etats et celle des membres d'une union fédérale et des organisations internationales et l'autre, consacré aux parties à un traité multilatéral général c'est-à-dire, consacrant des normes d'intérêt général. Ce dernier projet reconnaît le droit de tout Etat à en devenir partie. Les travaux préparatoires permettent d'observer deux camps en présence à savoir, les partisans de la formule « *tout Etat* » et ceux de « *la formule de Vienne* ». Le dernier groupe réserve la participation des Etats à ceux qui auront reçu une invitation formelle. La solution transactionnelle adoptée lors de la Conférence de Vienne conduit à l'adoption des articles 6, 81, 83 et d'une déclaration sur la participation universelle à la Convention de Vienne sur le droit des traités. L'article 6 de la Convention de Vienne ne consacre que la capacité des Etats et non la clause tout Etat. Or, les deux concepts ne produisent pas les mêmes effets. Le droit est une prérogative objective reconnue à une entité déterminée. Alors que la capacité est une aptitude qui n'existe que virtuellement et qui suppose pour sa mise en œuvre un certain comportement. A défaut de celle-ci, la capacité demeure virtuelle. La reconnaissance de la capacité des Etats ne débouche donc pas sur la consécration du droit des Etats de participer à l'élaboration de tout traité. Cette capacité suppose l'adoption de mesures d'exécution à savoir une invitation de l'Etat par les organes chargés de préparer l'adoption de l'instrument international. Les articles 81 et 83 de la Convention de Vienne visent la signature et l'adhésion de tous les Etats membres de l'O.N.U, des institutions spécialisées, de l'A.I.E.A, ainsi que de tout Etat partie au Statut de la Cour Internationale de Justice et de tout Etat invité par l'Assemblée Générale de l'O.N.U. La déclaration sur la participation recommande la participation universelle comme un idéal à atteindre. A cet effet, l'Assemblée Générale a expédié 119 invitations lors de la Conférence diplomatique de Vienne.

La question de la participation des Etats à l'élaboration des traités a été fort sensible durant une certaine période (indépendances des colonies Africaines et conflit Est-Ouest). Aujourd'hui, les débats se sont relativement stabilisés. Il existe une tendance à l'universalisme qui contribue, surtout au sein des Nations Unies, à assurer la participation de tous les Etats à l'élaboration des traités internationaux. Il faut mentionner, en outre, que la participation au même instrument juridique ne signifie pas la reconnaissance des différentes entités parties

Dans le cadre de la rétrocession de Hong Kong par la Grande Bretagne à la Chine, on observe des développements récents. En vertu du principe de la succession d'Etats en matière de traité, le territoire transféré est soustrait à l'application des traités de l'Etat prédecesseur pour être soumis à celle de l'Etat successeur. Cependant, le Royaume Uni de Grande Bretagne et la Chine ont décidé que les traités multilatéraux qui lient la Chine ne s'appliquent pas automatiquement au territoire de Hong Kong (Annexe I, point XI de la déclaration commune) et que les traités multilatéraux liant le Royaume Uni, applicables à Hong Kong, devraient continuer à produire leurs effets après la rétrocession, sans que la Chine ne soit liée (Annexe I, point XI). Cependant, le Gouvernement chinois a notifié au Sécrétaire Général de l'ONU et aux autres dépositaires de ces conventions sa volonté de les voir continuer à s'appliquer à Hong Kong à partir de la rétrocession. De même que, le Gouvernement britannique a exprimé sa décision de ne plus être responsable de leur application. Toutefois, les traités bilatéraux liant la Grande Bretagne cessent de s'appliquer à la date de la rétrocession.

II - La procédure de conclusion des traités.

« Dans un sens plus général (...) la conclusion désigne l'ensemble des procédures, mettant en jeu des "instruments variés", par lesquelles sont appelés à l'existence les traités internationaux"
In P. Reuter, Introduction au Droit des Traités, op. cit, p. 53.

Cette procédure dont la complexité varie selon les traités comporte plusieurs phases à savoir : l'élaboration de l'acte, l'engagement des Etats, l'entrée en vigueur, l'enregistrement et la publication.

A - L'élaboration de l'acte.

La procédure d'élaboration des traités démarre avec la négociation et elle s'achève avec l'adoption.

1 - La négociation.

La négociation est une opération matérielle au cours de laquelle les participants discutent en vue de l'élaboration d'un instrument international. Elle revêt des modalités diverses relatives notamment à l'objet et à la nature du traité et au nombre des parties. La négociation se déroule suivant des principes généraux. Cependant, des spécificités existent et qui sont fonction du caractère bilatéral ou multilatéral du traité.

a. Principes généraux de la négociation des traités internationaux

De manière générale, il revient au pouvoir exécutif de négocier et de délivrer les instruments juridiques appelés "*les pleins pouvoirs*" qui habilitent un organe à négocier au nom et pour le compte de l'Etat. Dans son avis n° 2 du 14 octobre 1999, la Cour Suprême congolaise précise que le plein pouvoir est un *« titre écrit qui s'analyse en une autorisation à lui conférer [au représentant de l'Etat] pour représenter la République du Congo ; que c'est dans ce document que le Président promet d'accomplir et d'exécuter ce qui est signé et stipulé en son nom »*. La Convention de Vienne consacre cette institution de nature coutumière, héritée de la période monarchique occidentale, dans l'article 7. Elle dispense de la production des pleins pouvoirs, en raison de leurs fonctions :

- les Chefs d'Etats, les Chefs de Gouvernement et les Ministres des Affaires Etrangères, pour tous les actes relatifs à la conclusion des traités;
- les Chefs de mission diplomatique, pour les traités conclus entre l'Etat accréditant et l'Etat accréditaire ;
- les représentants des Etats à une conférence internationale ou auprès d'une organisation ou d'un organe.

La Cour Internationale de Justice a eu l'occasion de

rappeler que *« conformément au Droit International, il ne fait pas de doute que tout chef d'Etat est présumé pouvoir agir au nom de l'Etat dans ses relations internationales », CIJ, A, 11 juillet 1996, application de la Convention sur le Génocide, Rec. 1996, p. 622.*

En dehors des "*représentants privilégiés*" de l'Etat, tout autre organe est tenu de présenter au cours d'une négociation, une lettre de pleins pouvoirs, document qui atteste de sa qualité de représentant à une négociation déterminée (article 7 - 1 a de la Convention de Vienne). Cependant, il en est dispensé " *s'il ressort de la pratique des Etats intéressés ou d'autres circonstances qu'ils avaient l'intention de considérer cette personne comme représentant l'Etat à ces fins et de ne pas requérir la présentation des pleins pouvoirs*" (article 7 - 1- b de la Convention de Vienne).
Il faut, toutefois, relever que certains engagements internationaux sont souscrits par des organes qui ne sont pas mandatés par les Etats et qui ne sont pas munis de pleins pouvoirs.

CIJ, A, 15 juin 1962, Temple de Preah Vihear.
Les actes pris en compte par la Cour pour décider à quel Etat appartient le temple sont posés par des topographes français, des fonctionnaires du service géographique royal siamois et du président de l'institut royal siamois.

SA, 22 décembre 1963, interprétation de l'accord aérien du 27 mars 1946.
Le tribunal arbitral relève que la desserte de Téhéran par la Société Pan American n'est pas prévue par l'accord. En communiquant ses nouveaux horaires, la compagnie américaine avait exprimé son intention de desservir Téhéran. Le secrétaire général français à l'aviation civile avait formulé des objections puis après concertation avait accordé une autorisation temporaire. Pendant plusieurs années, la desserte de Téhéran a été assurée sur cette base sans que la France ne présente d'objection. Ainsi, le comportement d'une autorité administrative est – il admis comme modifiant un traité.

CS. AC, n° 2. 12 octobre 1999, projet de loi autorisant la ratification de la convention portant création d'un fonds de garantie des dépôts en Afrique Centrale. La Cour Suprême, dans le cadre de l'exercice de sa compétence consultative, procède au rappel, sans en tirer de réelles conséquences, des règles relatives à la représentation de l'Etat dans les négociations internationales. En vertu de l'article 80 de l'Acte Fondamental, la négociation et la signature des traités relèvent de la compétence exclusive du Président de la République. Les négociations en vue de l'adoption de la convention portant création d'un fonds de garantie des dépôts en Afrique Centrale ont été menées par le Ministre de l'Economie, des Finances et du Budget (MEFB) qui a apposé sa signature au bas de la convention. Toutefois, après les vérifications faites au Ministère des Affaires Etrangères, il n'apparaît pas que les pleins pouvoirs aient été donnés au Ministre de l'Economie, des Finances et du Budget. La Haute Juridiction aurait dû tirer, comme conséquence de l'absence de pleins pouvoirs, la non-conformité de la procédure d'adoption dudit accord à l'article 80 de l'Acte Fondamental. Elle préfère plutôt se référer au contenu de l'accord lui-même qui ne comporte aucune disposition contraire au droit interne. Son contrôle porte par conséquent,sur le fond et non sur la forme. Ainsi, la Cour a-t-elle conclu à la conformité de la convention sous réserve de la production des pleins pouvoirs. La Cour confirme le précédent constitué par l'avis n°021-98 relatif au projet de loi portant approbation de l'accord de prêt de refinancement des arriérés consentis par le fonds OPEP dans lequel elle approuve la ratifiction sous réserve de la production des pleins pouvoirs. La Cour Suprême relève en effet que « Monsieur NGONO, Direteur Général de la Caisse Congolaise d'Amortissement disposait des pleins pouvoirs dûments délivrés par le Président pour négocier et signer les accords de réechelonnement de la dette multilatérale et bilatérale que sans ces pleins pouvoirs aucun organisme multilatéral ou bilatéral n'aurait accepté de contracter avec lui.
Que dans ces conditions l'accord de prêt signé le 23 décembre 1996 entre la République du Congo et le Fonds OPEP est régulier

et peut être approuvé par le CNT sous réserve de la production des pleins pouvoirs ou de la preuve de leur établissement au moment de la signature de l'accord ».

Enfin, la Convention de Vienne prévoit la possibilité pour un Etat de confirmer ultérieurement l'acte accompli par une personne non autorisée à le représenter (article 8 de la Convention de Vienne). L'absence de confirmation a pour conséquence de priver un tel acte d'effet juridique.

Dans les conférences diplomatiques, une commission de vérification des pouvoirs est généralement chargée de procéder à la vérification des mandats des délégués. Il s'agit d'une formalité qui peut se trouver confrontée à des difficultés d'ordre pratique ainsi qu'à des exigences politiques. Durant la politique de l'Apartheid, la République Sud africaine s'est trouvée heurtée au refus de la commission de vérification des pouvoirs de l'ONU de valider le mandat de ses représentants.

L'évolution politique interne d'un Etat peut conduire à l'existence de plusieurs autorités prétendant le représenter au niveau international. La pratique démontre que la représentativité est généralement assurée par l'autorité qui assure le contrôle effectif du territoire.

b - Le système constitutionnel Congolais

- *J.M. BRETTON et ALIN, Droit Public Congolais, Paris, Economica, 1987, p.633-688.*

Conformément à une coutume constitutionnelle congolaise, le domaine des négociations internationales est une compétence exclusive du Chef de l'Etat qui engage l'Etat intiutu personae. Cette compétence peut, cependant, être déléguée à des représentants (Constitution du 02 Mars 1961, article 54, Constitution du 8 Décembre 1963, article 61, Constitution du 15 mars 1992, article 172). L'Acte Fondamental du 24 octobre 1997, élaboré dans des circonstances exceptionnelles au lendemain du conflit armé qui a secoué le Congo pendant plus de cinq mois, organise un titre XI relatif aux traités et aux accords internationaux. Il y est affirmé que le Président de la République est compétent en matière d'engagements internationaux. Il «*négocie, signe et ratifie les traités* » (article 80 de l'Acte Fondamental du 24 octobre 1997). Ils ont force de loi, sous réserve de réciprocité (article 81). L'Acte Fondamental consacre la validité des traités et des accords internationaux précédemment conclus et régulièrement ratifiés (article 82). Par cette disposition, le régime transitoire déclare succéder aux conventions internationales précédemment conclues.

La constitution soumise au référendum constitutionnel le 20 janvier 2002 dans son titre XVII relatif aux traités et accords internationaux fixe de nouvelles règles. Le Président de la République négocie, signe et ratifie les traités et les accords qui ont dès leur publication une autorité supérieure à la loi sous réserve de réciprocité (article 184 de la constitution). D'autres institutions peuvent négocier des accords internationaux qui sont dispensés de la procédure de ratification. Toutefois, le Président de la République et le Parlement en sont tenus informés (article 179 de la constitution).

c - La négociation des traités bilatéraux et multilatéraux.

Au-delà des principes généraux qui gouvernent toute négociation, les traités bilatéraux et multilatéraux sont soumis à des règles particulières.

- *La négociation des traités bilatéraux*

Le traité bilatéral est élaboré par deux Etats parties à une négociation déterminée. Le caractère synallagmatique de l'engagement permet aux parties de s'entendre sur un objet identique. Le traité bilatéral peut être conclu à l'issue d'une procédure longue, courte ou par échange de lettres.

- La procédure longue suppose la rédaction du projet de convention par les représentants habilités et à la fin des discussions, la signature vaut authentification du texte. Elle exprime leur volonté de poursuivre la négociation. Dans l'hypothèse où les parties à la négociation désirent distinguer l'authentification de la signature, elles recourent au paraphe c'est-à-dire qu'elles procèdent à l'apposition des initiales des négociateurs sur les documents. Les procédures internes d'engagement définitif de l'Etat sont alors mises en œuvre. Puis, les deux parties procèdent à l'échange ou à la notification des instruments de ratification.

- La procédure courte permet aux deux Etats de s'engager définitivement au moment de la signature ou du paraphe.

- L'échange de lettres se distingue de la procédure courte par le fait que les signatures des représentants des deux Etats ne se retrouvent pas sur le même document. Elles sont apposées sur un document et ensuite, chacun des documents est remis à l'autre. Ainsi, chaque partie conserve-t-elle le document portant la signature de l'autre. Généralement, les deux lettres comportent le même texte.

- La négociation des traités multilatéraux

- *J. P. LEVY, La conférence des Nations-Unies sur le droit de la mer. Histoire d'une négociation singulière, Paris, Pedone, 1983, 159 p.*

Les traités multilatéraux sont de nos jours élaborés au sein des Organisations Internationales, et, tous les mécanismes sont à ce propos utilisés. Ils le sont aussi par des réunions spécialement convoquées à cet effet et qualifiées conférences diplomatiques.

Autrefois, le consentement des Etats à être lié était exprimé à l'unanimité, aujourd'hui, la règle générale est celle de la majorité des 2/3. (article 9-2 de la Convention de Vienne). Les Etats recourent aussi à la pratique du consensus qui est une procédure au terme de laquelle on constate l'absence d'opposition formelle. Le texte est alors adopté sans que l'on ne procède au vote. La pratique du consensus suppose la volonté réelle des Etats parties à la négociation de faire des compromis et d'aboutir à un accord équilibré. L'absence d'accord et l'échec de la tentative de consensus se traduisent par le recours au vote.

Exemple *:Les travaux préparatoires de la Convention de Montego Bay sur le droit de la Mer du 10 décembre 1982. Alors que tous les travaux ont été marqués par la pratique du consensus, l'opposition irréductible des pays occidentaux et l'absence d'accord qui en a découlé, ont conduit à l'adoption du projet de convention au moyen du vote.*

2 - L'adoption du texte

L'adoption du projet de convention met un terme à la procédure de négociation.

a - Le projet de convention :

Le projet de convention comporte généralement un préambule, un dispositif, des clauses finales et des annexes.

- Le préambule

Le préambule procède à l'énumération des parties et à la présentation de l'exposé des motifs c'est-à-dire, à une présentation de l'objet et du but du traité. De façon générale, la doctrine considère que le préambule d'un traité ne possède pas de force obligatoire. Il n'est pas, toutefois, dépourvu d'effet dans la mesure où, l'interprète du traité peut s'y référer pour déterminer l'intention des parties.

C.I.J., A, 18 juillet 1966, Sud-ouest Africain, Rec. 1966, p.5.

La Cour se prononce sur la nature juridique du préambule de la Charte de l'Organisation des Nations-Unies et elle affirme que :

« *Le préambule de la Charte des Nations Unies constitue la base morale et politique des dispositions juridiques qui sont énoncées ensuite. De telles considérations ne sont pas cependant en elles-mêmes des règles de droit* ».

- Le dispositif :

Le dispositif est composé du corps du traité. Il comprend les différents articles et précise, les droits et obligations des parties. Il se termine par les clauses finales.

- Les clauses finales :

Les clauses finales présentent la caractéristique d'être d'application immédiate c'est-à-dire d'entrer en vigueur dès l'adoption de la convention et avant son entrée en vigueur (article 24-4 de la Convention de Vienne).Elles déterminent notamment les conditions d'authentification du texte, d'entrée en vigueur, les réserves et les dépositaires.

- Les annexes :

Les annexes sont des dispositions d'ordre technique ou complémentaire qui ont la même valeur juridique que le dispositif. La doctrine s'est préoccupée de la question de savoir quelle en était la nature juridique. Sont-elles obligatoires au même titre que l'ensemble du dispositif ? Il existe des divergences sur ce point. Certains auteurs concluent à leur caractère obligatoire, d'autres à l'absence d'effet juridique. La Cour Internationale de Justice a eu l'occasion de préciser que les annexes sont une partie intégrante du traité dont elles possèdent la nature juridique. Elles permettent de déterminer l'intention des parties.

CIJ, A, 27 août 1952 Droit des ressortissants des Etats-Unis d'Amérique au Maroc, Rec. 1952, p.196-197.

b - L'authentification

«L'authentification est une procédure qui consiste à déclarer que le texte rédigé correspond à l'intention des négociateurs et qu'ils le tiennent pour définitif. En principe, un texte authentifié n'est plus susceptible de modification » in Nguyen Quoc Dinh, Droit international public, Paris, A. LGDJ, 1986, p.124.

L'authentification se fait par la signature ou par le paraphe qui consiste en l'apposition des initiales.

Les traités bilatéraux sont généralement adoptés et authentifiés par la signature. Tandis que pour les traités multilatéraux, bien que les deux phases soient parfois confondues, elles sont souvent distinctes car l'adoption précède l'authentification.

c - L'obligation de bonne foi

L'adoption du traité exerce une portée particulière. Généralement, à ce stade, le traité n'est pas obligatoire pour les parties à la négociation, dans la mesure où il n'est pas encore entré en vigueur. Cependant, les Etats qui ont signé en faveur de l'adoption de l'acte sont soumis à une obligation de comportement. En vertu du principe de la bonne foi consacré par l'article 18 de la Convention de Vienne, les Etats ne doivent pas prendre des actes qui auraient pour objectif de priver le traité de son objet et de son but. Le principe de la bonne foi a été consacré par le Juge International.

C.P.J.I., A., 25 mai 1926, Les intérêts Allemands en Haute Silésie.

Il en résulte une conséquence juridique importante. Car, le traité sans être en vigueur commence à produire certains effets dès sa conclusion. La pratique permet, cependant, de relever que l'adoption du texte n'empêche pas les Etats de le remettre en cause avant son entrée en vigueur en recourant à plusieurs moyens. Les Etats peuvent élaborer des protocoles additionnels.

Exemple *: La Convention de Montego Bay sur le Droit de la mer adoptée le 10 décembre 1982 est entrée en vigueur en 1994. Elle a été contestée par les pays occidentaux qui ont entrepris une offensive au sein de l'Assemblée Générale de l'O.N.U. qui a abouti à l'adoption d'un accord relatif à l'application de la partie XI (Résolution 48/263 du 28 juillet 1994). Ce second accord modifie fondamentalement les dispositions de la partie XI. Il se justifie par « les changements politiques et économiques, y compris les orientations fondées sur l'économie de marché qui affectent l'application de la partie XI ». Cet accord est appliqué à titre provisoire en vertu de son article 7. Il prime sur la Convention des Nations Unies sur le droit de la mer.*

Article 1 : 1 « Les Etats parties au présent Accord s'engagent à appliquer la partie XI conformément au présent accord ».

Article 2 : 1 « Les dispositions du présent Accord et de la partie XI doivent être interprétées et appliquées ensemble comme un seul et même instrument. En cas d'incompatibilité entre le présent Accord et la partie XI, les dispositions du présent Accord l'emportent ». In J.P. Queneudec : « le nouveau Droit de la mer est arrivé », RGDIP 1999, p. 865-870.

B - L'engagement des Etats

L'adoption du projet de convention clôt les négociations et précède l'engagement définitif des Etats. La manifestation de la volonté d'un Etat à être lié par un traité présente des formes variables caractérisées ou non par un certain formalisme.

« Dans les cas des formes dites "solennelles" d'accord, l'expression du consentement à être lié ne peut résulter que d'un acte postérieur et distinct de l'authentification », in Ph. Manin, Droit international public, Paris, Masson, 1979, p.86.

1 - l'engagement solennel

La volonté de l'Etat d'être lié définitivement (Article 14 de la Convention de Vienne) s'exprime au moyen de la ratification, de l'acceptation et de l'approbation. Ces trois concepts semblent avoir une valeur équivalente. Et, il faut se référer à la pratique générale afin de tenter de cerner la signification particulière qu'ils peuvent revêtir. C'est ainsi que la ratification serait la confirmation de la négociation conduite par un représentant de l'Etat, opérée par le Chef de l'Etat, tandis que l'acceptation et l'approbation relèveraient de la compétence du Ministre des Affaires Etrangères ou d'autres autorités internes. Toutefois, il faut noter que ces différentes procédures produisent, du point de vue du Droit international public, les mêmes effets juridiques.

Le juge international a eu plusieurs fois l'occasion d'affirmer que la ratification des conventions constitue une règle ordinaire du Droit international public.

C.P.J.I., A., 10 septembre 1929, Juridiction territoriale de la Commission internationale de l'Oder,Rec.1929, p. 102.
La Cour s'interroge sur l'opposabilité à la Pologne de la Convention de Barcelone, prévue par l'article 338 du traité de Versailles auquel la Pologne est partie, mais qui n'a pas été

ratifiée par la Pologne.« A moins que le contraire ne résulte du texte même de l'article 388, il faut penser que l'on a envisagé une convention destinée à être rendue opérante conformément aux règles ordinaires du Droit international public parmi lesquelles des Conventions, sauf quelques exceptions particulières, ne deviennent obligatoires qu'en vertu de leur ratification ».

Ce principe a été confirmé quelques années plus tard par la Cour Internationale de Justice.

C.I.J., A, 1 juillet 1952, Ambatielos,
« La ratification d'un traité, lorsqu'elle est prévue comme dans le traité de 1926 est une condition indispensable de l'entrée en vigueur du traité : elle n'est donc pas une simple formalité, mais un acte d'importance essentielle ».

La détermination de l'autorité compétente pour engager l'Organisation Internationale relève de l'acte constitutif de l'Organisation Internationale. Aux Nations-Unies, les compétences en matière d'engagement sont réparties entre le Secrétaire Général, l'Assemblée Générale et le Conseil de Sécurité. Les traités en forme solennelle font l'objet d'un acte de confirmation du Secrétaire Général après approbation de l'accord par l'Assemblée Générale tandis que les accords relatifs aux forces de maintien de la paix sont approuvés par le Conseil de Sécurité.

Le caractère solennel de ces trois procédures résulte du fait qu'elles comportent plusieurs phases qui se déroulent aux niveaux externe et interne. Ce qui permet à la doctrine de parler de procédure à "*double degré*". La première phase est constituée par la signature qui vaut authentification et qui clôt les négociations. Lors de la seconde phase, les négociateurs soumettent le résultat de leurs discussions aux organes internes en vue de la mise en œuvre des procédures constitutionnelles qui permettent d'engager définitivement l'Etat. L'engagement définitif de l'Etat résulte de la ratification.

a . Les origines de la ratification.

Le caractère discrétionnaire de la ratification résulte de l'époque moderne. Jusqu'au XVIIIe siècle, la ratification apparaît comme la confirmation du mandat confié par le souverain à son plénipotentiaire. Et, sous réserve de l'excès de pouvoir commis par le représentant, le Prince est tenu de ratifier. Et, le refus de ratifier est considéré comme la méconnaissance du principe de la bonne foi.

Aujourd'hui, la ratification présente un caractère discrétionnaire. Toutefois, elle constitue toujours un moyen pour le chef de l'exécutif d'exprimer le consentement définitif de l'Etat après un certain délai de réflexion. Avec, l'évolution des idées démocratiques, elle permet aux parlements nationaux de contrôler l'action du Gouvernement en matière de politique étrangère et d'engagements internationaux. Conformément à cette approche, le Sénat américain a refusé en 1919 la ratification du Traité de Versailles et le Parlement Français, la ratification du Traité créant la Communauté Européenne de Défense, (C.E.D) en 1954. Enfin, elle permet aux autorités de l'Etat de disposer d'un délai de réflexion avant de s'engager définitivement.

La ratification et les procédures équivalentes sont soumises à un régime particulier. En effet, elle n'est pas obligatoire, aucun délai n'est prescrit, elle produit des effets contraignants.

b - Les organes compétents en matière de ratification.

La procédure de ratification varie selon les ordres juridiques. Elle peut être l'œuvre exclusive de l'exécutif (régime d'exception), du législatif (régime d'Assemblée) ou d'une compétence partagée entre l'exécutif et le législatif. Dans ce dernier cas, le législatif accorde l'autorisation de ratifier au moyen d'une loi. Et, l'exécutif ratifie au moyen d'un décret. C'est cette troisième modalité qui est consacrée par le droit positif congolais.

c - Le caractère non obligatoire de la ratification

La ratification, expression de son engagement définitif, relève de la compétence discrétionnaire de l'Etat. Il n'existe pas en l'état actuel du Droit international public, une obligation qui pèserait sur l'Etat et qui l'obligerait à ratifier un instrument international à l'élaboration duquel il a participé. Le principe s'applique malgré quelques tentatives faites en vue d'imposer le caractère obligatoire et inéluctable de la ratification.

- C.P.J.I, AC, 10 septembre 1929, relatif à la compétence de la commission internationale de l'Oder.
- C.P.J.I, AC, 15 octobre 1931, sur le trafic ferroviaire entre la Lituanie et la Pologne.

Prenant acte de la ratification quasi systématique des conventions élaborées à une période donnée, la Cour Permanente de Justice Internationale a voulu en tirer la règle générale du caractère obligatoire de la ratification pour les traités les plus importants. Cette tentative n'a pas contribué à la remise en cause du principe du caractère non obligatoire de la ratification.

d - L'absence de délai requis

Le Droit international public n'impose aucun délai. La ratification peut intervenir à plus ou moins brève échéance, à moins que le traité n'en dispose autrement. Au Congo, la pratique est loin d'être établie. Certaines conventions sont ratifiées très rapidement.

Exemples : *- La Charte de l'Organisation de l'Unité Africaine (O.U.A.) a été signée par le Congo le 25 mai 1963, la loi n° 28/63 du 24 juin 1963 autorise la ratification et le décret n° 63/219 du 8 juillet 1963, procède à la ratification.*
- Le traité d'amitié entre la Chine et le Congo est adopté le 02 octobre 1964, la loi n° 32/64 du 21

novembre 1964 autorise la ratification et le décret n° 6/16 du 21 janvier 1965 le ratifie.

D'autres conventions sont ratifiées plus tardivement.

Exemples : *- L'accord relatif aux transports aériens entre le gouvernement de la République Populaire du Congo et le gouvernement de la République Gabonaise est conclu le 8 octobre 1976. Le décret de ratification n° 81/034 n'intervient que le 16 juin 1981.*

- la Convention de Vienne sur le droit des traités conclus par les Etats du 23 mai 1969. La loi n° 035/81 du 27 août 1981 autorise la ratification et le décret n° 81/55 du 27 août 1981 le ratifie.

Il arrive, cependant, que le traité prévoit la date de la ratification. Il s'agit d'une clause exceptionnelle qui se justifie notamment par la préoccupation d'obtenir l'exécution rapide de l'accord.

Exemple : *La déclaration sino-britannique sur la question de Hong-Kong dispose que l'échange des instruments de ratification doit intervenir à Pékin avant le 30 juin 1985.*

e - L'absence de formes requises.

Le Droit International n'impose aucune forme particulière en matière de ratification. Tout est laissé à la discrétion des Etats. Il s'agit pour l'Etat de transmettre aux autres Etats les éléments qui permettent d'établir l'existence de son consentement. Toutefois, la ratification peut, exceptionnellement, ne pas être expresse. Elle peut être tacite et résulter de l'exécution du traité par l'Etat.

f - La procédure congolaise de ratification

La procédure congolaise de ratification des traités comporte cinq phases principales. Il s'agit de :

- l'examen par la direction des affaires juridiques ;
- l'adoption du projet de loi par le Gouvernement ;
- l'examen et l'autorisation parlementaire ;
- la ratification par décret présidentiel ;
- l'établissement des instruments de ratification.

Le ministre chargé des affaires étrangères apparaît comme la cheville ouvrière. Le Parlement accorde l'autorisation législative de ratification et le Président ratifie au moyen d'un décret.

- L'examen par la Direction des Affaires Juridiques

La Direction des Affaires Juridiques du ministère des affaires étrangères prépare les actes de ratification ou d'adhésion aux instruments juridiques internationaux ainsi que l'exposé des motifs (article 10 du décret n° 98-130 du 12 mai 1998 portant attribution et organisation du secrétariat général du ministère des affaires étrangères et de la coopération). Dans ce cadre, elle procède à l'étude de la convention et après cette analyse, elle formule, le cas échéant, une demande d'avis de conformité à la constitution à la Cour Constitutionnelle.

- L'adoption du projet de loi par le Gouvernement

Le projet de loi de ratification est élaboré par le Gouvernement. Il est accompagné de la note de présentation signée par le Ministre des Affaires Etrangères. L'ensemble du dossier est transmis au Secrétariat Général du Gouvernement. Il est approuvé par le Conseil des ministres et est transmis au Parlement.

- L'autorisation parlementaire

La Commission des Affaires Etrangères du Parlement examine le projet de loi, convoque et auditionne les techniciens de la direction des affaires juridiques ou le Ministre des Affaires étrangères et, le projet de loi est soumis à l'Assemblée Plénière. Son adoption par le Parlement vaut autorisation de ratification. Le dossier est transmis à la Présidence de la République

- Le décret de ratification

La signature et la promulgation de la loi portant autorisation de ratification par le Président de la République interviennent, suivies du décret de ratification.

- L'établissement des instruments de ratification

Le dossier retourne au ministère des affaires étrangères, où est apposé le contreseing au décret présidentiel de ratification. La direction des Affaires Juridiques établit les instruments de ratification qui sont transmis au dépositaire de la convention.

g - Les effets de la ratification

- J. HOSTERT, « Droit International et droit interne dans la Convention de Vienne sur le droit des traités », AFDI 1969, p 92- 121.

Le dépôt des instruments de ratification auprès du dépositaire (Gouvernement ou Organisation Internationale), pour les traités multilatéraux, ou l'échange des instruments de ratification, pour les traités bilatéraux, exprime la volonté non équivoque de l'Etat d'être lié juridiquement par le traité. La ratification lie l'Etat pour l'intégralité du traité. Car il ne saurait y avoir de ratification conditionnelle ou partielle. Toute condition supplémentaire imposée par l'une des parties peut être considérée comme une nouvelle offre de négociation qui ne se justifie pas dans la mesure où le texte définitif a été arrêté avec la fin de la négociation.

Exemple : *Le Traité Américano-Soviétique de 1972 sur les échanges commerciaux n'entra pas en vigueur suite au refus de l'URSS d'accepter une nouvelle clause relative à l'amélioration de la politique d'immigration du Gouvernement Soviétique proposée par le Sénat Américain.*

h - Le problème des ratifications imparfaites.

- *J.A. MISSAMOU MAMPOUYA, « Le Congo à l'épreuve de l'OHADA », La voix du notaire, n°001 du 1er août 1999, p. 6-7 ;*
- *P. MOUDOUDOU, « La Cour suprême, l'OHADA et la CEMAC : deux poids deux mesures ? », Bulletin OHADA, n°002, p.12-14.*

Les ratifications imparfaites posent le problème de la validité des traités conclus à la suite d'une procédure interne irrégulière ou par une autorité incompétente. Le non-respect des dispositions constitutionnelles peut-il avoir pour effet de causer la nullité des traités ? Face à une pratique divergente, la doctrine fournit plusieurs propositions et, la Convention de Vienne adopte une position médiane.

- Une controverse doctrinale.

La doctrine se divise en deux camps irréductiblement opposés. Seule une troisième approche tente de concilier les différents aspects. Pour le premier groupe d'auteurs, tenants du dualisme, les ratifications imparfaites n'affectent pas la validité du traité. Le traité conclu en violation des normes constitutionnelles demeure valable au regard du Droit International (Anzilotti). Pour le second groupe, moniste, la violation des dispositions constitutionnelles affecte la validité de l'acte juridique. G. Scelle systématise cette approche ; il opère une distinction entre les règles de validité et les règles d'exécution. Seule la violation des premières frappe d'invalidité les traités. Enfin, un troisième groupe d'auteurs tente de concilier les deux (2) camps. Il opère la distinction entre les dispositions constitutionnelles notoirement connues et les règles peu claires. Seule la violation des premières a pour conséquence l'invalidité du traité.

- *Une pratique divergente*

L'observation de la pratique internationale divergente ne permet pas de tirer de conclusion définitive. Dans certains cas, les traités ont été invalidés du fait de l'irrégularité de la ratification.

Exemple *: le traité Franco-Américain du 3 Juillet 1831 sur l'indeminisation par la France des pertes subies par le Commerce Américain du fait de la guerre. Les deux Etats ont affirmé que le respect des normes constitutionnelles constitue la première condition de la validité des traités.*

Dans d'autres hypothèses, l'irrégularité des conditions de ratification n'a pas été retenue comme un motif suffisant pour invalider le traité. Les conditions de ratification du traité sur l'harmonisation du droit des affaires en Afrique (OHADA) ont suscité une vive controverse au Congo. La Cour suprême, saisie sur le projet de loi relatif à l'autorisation de ratification du traité de l'OHADA, rend un avis consultatif le 1er octobre 1998.

Dans sa lettre portant saisine de la Cour, le ministre de la justice constate que dans le cadre du parlement bicaméral institué par la constitution du 15 mars 1992, seule l'Assemblée nationale avait adopté le projet de loi relatif à l'autorisation de ratification du traité de l'OHADA. Le Sénat, par contre, n'a pu, à la veille de la guerre de juin 1997, adopter le projet de loi y relatif. Compte tenu du fait que la loi doit être adoptée par les deux chambres dans les mêmes conditions, deux possibilités s'offrent au Gouvernement congolais : d'une part, considérer la procédure mise en œuvre au niveau de l'Assemblée nationale, le 26 mars 1997 comme achevée. La reprise de la procédure de ratification constitue la seconde option, d'autre part. C'est dans ces conditions que la Cour suprême se prononce sur la régularité de la saisine du CNT et sur la conformité du traité de l'OHADA à l'Acte Fondamental.

- **La régularité de la saisine du CNT**

La Cour suprême considère que le CNT doit être saisi afin d'accorder son autorisation de ratification dans la mesure où la procédure amorcée au niveau de l'Assemblée Nationale et, qui a conduit à l'adoption d'un projet de loi portant autorisation de ratification n'a pas abouti au niveau du Sénat. Bien que la question ait été examinée par la Commission politique, diplomatique, défense et sécurité du Sénat, le projet de loi n'a pas été adopté en plénière. Par conséquent, les Secrétaires généraux des deux chambres n'ont pas pu transmettre au Secrétaire Général du Gouvernement, par une lettre cosignée, le texte adopté par les deux chambres pour la promulgation.

- **La conformité du traité de l'OHADA à l'Acte Fondamental**

En examinant les attributions de la Cour de justice de l'OHADA, la Cour suprême relève qu'elles tendent à dépouiller la Cour suprême et les juridictions nationales de leurs attributions. La Cour relève, en effet, que le traité de l'OHADA « *se traduira en matière de contrôle de la légalité des jugements et arrêts rendus en dernier ressort par les cours et tribunaux nationaux et de cassation des décisions entachées d'une violation de la règle de droit, par la substitution pure et simple d'une juridiction nationale compétente. C'est-à-dire la Cour suprême* ». Ce que la Cour ne peut admettre au nom de la souveraineté et de l'indépendance nationales. Par conséquent, les articles 14 et 25 du traité de l'OHADA ne sont pas conformes à l'Acte Fondamental.

Cet avis consultatif est contradictoire avec l'avis rendu dans le cadre de la procédure de ratification du traité de la CEMAC. Ce qui lui vaut les sévères critiques de Placide Moudoudou, in « la Cour suprême, l'OHADA et la CEMAC : deux poids deux mesures ? », Bulletin OHADA, n° 002, octobre-novembre 2000, p. 12-14, qui le considère comme « *un malheureux accident* » et un moyen pour la Cour Suprême de préserver ses prérogatives. Maître Julie Agathe Missamou Mampouya soutient, par contre, qu'il existe bel et bien une loi portant autorisation de ratification de la convention de l'OHADA (la loi n° 17-97 du 28 mai 1997) et que celle-ci est entrée en vigueur au Congo. In, « Le Congo à l'épreuve de l'OHADA », la Voix du Notaire, op. cit, p. 6-7.

Les conditions de ratification du traité de l'OHADA suscitent une série d'interrogations :

- l'adoption de la loi n° 17-97 du 28 mai 1997 suppose, que les procédures législatives aient été mises en œuvre. Ce qui est loin d'être établi ;

- la loi portant autorisation de ratification ne devait pas stipuler « *est ratifié le traité* « mais « *est autorisée la ratification du traité...* » ;

- Il y a lieu de s'interroger sur l'existence d'un décret de ratification, car en vertu de la constitution, c'est le Président qui ratifie au moyen d'un texte réglementaire.

Dans tous les cas, la pratique suivie par le Congo va dans le sens de l'application du traité de l'OHADA. C'est ainsi que le Congo occupe, depuis 1997, le siège de greffier en chef près de la Cour commune de justice et d'Arbitrage et, la Commission Nationale de l'OHADA a été instituée par le décret n° 99-113 du 02 juillet 1999. L'arrêté n° 3328 du 06 septembre 2000 en fixe la composition à 20 membres.

- *Une Jurisprudence à la portée réduite*

La sentence arbitrale rendue par le Président Cleveland le 27 Mars 1883 dans l'affaire de la délimitation frontalière entre le Costa Rica et le Nicaragua renvoie au droit interne. « *Pour déterminer la validité d'un traité conclu au nom de l'Etat, il convient de s'en rapporter aux lois fondamentales de cet Etat* ».

La Cour Permanente de Justice Internationale dans l'Affaire du statut juridique du Groenland Oriental le 5 avril 1933, a eu à se prononcer sur la validité d'un acte unilatéral au regard des dispositions du droit interne. Mais son analyse ne permet pas de tirer des conclusions pertinentes.

- *La Convention de Vienne : une solution transactionnelle*

La Convention de Vienne édicte dans son article 46 le principe en vertu duquel l'irrégularité de la ratification n'affecte pas la validité internationale de l'acte. Cependant, l'invalidité peut être prononcée en cas de violation manifeste portant sur une règle de droit interne d'importance fondamentale.

2 - Les accords en forme simplifiée.

- *G. BURDEAU, « Les accords conclus entre autorités administratives ou organismes publics de pays différents », Mélanges Reuter, Paris, 1981, p. 103-126 ;*
- *C. CHAYET, « Les accords en forme simplifiée » AFDI, 1957, p. 1-13 ;*
- *P.F.SMETS, la conclusion des accords en forme simplifiée : étude de Droit International et de droit constitutionnel Belge et comparé, Bruylant, Bruxelles, 1963, 284p.*

« Dans le cas des formes simplifiées d'accords,

l'expression du consentement à être lié ne se distingue pas matériellement de l'authentification du texte », Ph. Manin, Droit international public, Paris, p. 85.

Les accords en forme simplifiée permettent de mettre en évidence les multiples significations que peut avoir la signature d'un traité. Dans certains cas, elle clôt les négociations et vaut authentification. Dans d'autres, elle est l'expression du consentement définitif de l'Etat à être lié. La procédure de conclusion des traités est donc courte et elle ne comporte qu'un degré. Elle n'est pas suivie par la mise en œuvre de procédures internes. *«La signature de l'agent peut ainsi remplir deux fonctions à la fois : celle d'authentifier le traité, qui est commune avec la procédure longue, et celle d'engager l'Etat de façon définitive en exprimant son consentement à être lié. Cette dualité, propre à la seule signature, fait d'elle un acte équivoque et implique qu'on ne tire jamais de sa présence au bas d'un texte aucune conclusion quant au statut de l'Etat pour le compte duquel il y a procédé, tant que sa signification légale n'a pas été établie au regard des indices présentés tout à l'heure* " in J. Combacau, Le droit des traités Q.S.J. n° 2613, p. 41.

Les accords en forme simplifiée consacrés par la Convention de Vienne (article 12) trouvent leur origine dans une pratique instaurée par le Président américain d'où leur nom « *d'executive agreement* ». Ils constituaient un moyen aisé de parer au plus pressé. Ainsi, l'engagement était-il pris pour le compte de l'Etat du seul fait de la signature du Président ou de son représentant. Cette institution va, par la suite, se répandre et se généraliser au point de constituer l'une des formes les plus usitées de manifestation de volonté des Etats. D'un point de vue strictement juridique, les accords en forme simplifiée et les traités conclus selon la formule solennelle ont la même valeur juridique et produisent les mêmes effets. Ils peuvent êtres bilatéraux ou multilatéraux.

Le Congo recourt aussi à cette pratique qui trouve son fondement dans l'article 179 de la constitution : *« la loi détermine les accords dispensés de la procédure de ratification. Le Président de la République et le Parlement sont informés de toute négociation tendant à la conclusion d'un accord international non soumis à ratification. »*

Exemples : *- Le protocole d'accord de coopération entre la République Populaire du Congo et la République Gabonaise en matière de pêche maritime du 9 novembre 1982.*
Article 15 :
« Le présent protocole d'accord qui fait partie de la grande commission mixte congolaise entrera en vigueur à partir de la date de signature par les deux parties ».

- Le manifeste du 16 juin 1970 sur la réconciliation entre les deux Congo.
Ce manifeste est un traité qui vient clore le différend qui oppose les deux Etats. Il est signé par les Chefs d'Etat des deux pays en présence des Présidents de la République du Tchad, du Gabon, de la RCA et du représentant de la République Fédérale du Cameroun, qualifiés de chefs d'Etats témoins. Cet accord ne comporte pas de clauses finales déterminant une procédure particulière pour son entrée en vigueur. Cependant, il entre en vigueur à compter de sa date de signature. Il constitue juridiquement un accord en forme simplifiée.

3 - Le contrôle de constitutionnalité des traités et accords internationaux

Le contrôle de constitutionnalité des traités et accords internationaux est une compétence qui, selon les périodes, a été dévolue à la Cour Suprême ou au Conseil Constitutionnel. La constitution du 20 janvier 2002 tranche avec les hésitations en instituant la Cour Constitutionnelle. Cinq périodes peuvent être observées :

- de 1962 à 1984, l'unité du système de juridiction ;
- de 1984 à 1992, l'institutionnalisation d'une justice constitutionnelle indépendante ;
- de 1992 à 1997, les conséquences de l'absence d'installation du Conseil Constitutionnel ;
- de 1997 à 2002, le retour au cumul ;
- à partir de 2002, le plaidoyer pour une véritable justice constitutionnelle.

a- l'unité du système de juridiction

Au lendemain de l'accession du Congo à l'indépendance, le contrôle de constitutionnalité des traités et accords internationaux est organisé par l'article 56 de la constitution du 2 mars 1961 et par la loi n° 4-62 du 20 janvier 1962 portant création de la Cour Suprême.

Article 56 de la constitution du 2 mars 1961 :

" si la Cour Suprême, saisie par le Président de la République ou par le Président de l'Assemblée Nationale, a déclaré qu'un engagement international comporte une clause contraire à la constitution, l'autorisation de le ratifier ne peut intervenir qu'après la révision de la constitution ".

Article 1 de la loi n° 4-62 du 20 janvier 1962 portant création de la Cour Suprême :

" la Cour Suprême se prononce sur la constitutionnalité des lois et des engagements internationaux ".

La compétence de la Cour Suprême est contentieuse; le contrôle est facultatif et à priori.

- un contrôle facultatif

La Cour Suprême exerce un contrôle facultatif (article 35 de la loi n° 4-62 portant création de la Cour Suprême *" les engagements internationaux peuvent être déférés à la Cour Suprême avant leur ratification ").* Il est exercé par le Président de la République (article 32 de la loi n° 4-62 portant création de la Cour Suprême *"les recours tendant à faire constater l'inconstitutionnalité d'une loi ou d'un engagement international sont présentés par le Président de la République ")* ou par le Président de l'Assemblée Nationale.

- **<u>une compétence contentieuse</u>**

La Cour Suprême statue par une décision motivée (article 37 de la loi n° 4-62 portant création de la Cour Suprême) publiée au journal officiel. La décision de conformité à la constitution autorise la ratification de l'engagement international. Tandis que la décision de non-conformité à la constitution, subordonne l'autorisation de ratification à la révision de la constitution (article 42 de la loi n° 4-62 portant création de la Cour Suprême).

Ce schéma initial demeure, malgré les aménagements opérés par la suite et la succession des régimes politiques. Selon les constitutions, la Cour Suprême est saisie par le Président de la République (article 56 de la constitution du 2 mars 1961, article 57 de la constitution du 30 décembre 1969, article 88 de la constitution du 24 juin 1973), par le Président de l'Assemblée Nationale (article 56 de la constitution du 2 mars 1961), le gouvernement et les députés (article 105 de la constitution du 8 juillet 1979).

- **<u>un contrôle à priori ou à posteriori</u>**

Le contrôle de la Cour Suprême est généralement à priori (article 56 de la constitution du 2 mars 1961, article 57 de la constitution du 30 décembre 1969, article 88 de la constitution du 24 juin 1973, article 105 de la constitution du 8 juillet 1979). Il peut être à posteriori (article 105 de la constitution du 8 juillet 1979). Dans cette hypothèse, la décision de non-conformité est prononcée alors que le traité, déjà ratifié, produit ses effets. Elle vise l'annulation du traité compte tenu des divergences qu'il comporte avec la norme suprême. Ainsi, en cas de conflit entre le droit interne et le Droit International, le Droit interne prime. Il est évident que le contrôle à posteriori présente l'inconvénient principal d'intervenir à un moment où l'ordonnancement juridique a été modifié du fait de la ratification du traité. Le contrôle à priori constitue un meilleur système dans la mesure où il permet de constater la non-conformité de l'engagement international avant l'introduction du traité dans le bloc de légalité interne et d'assurer la primauté du droit international sur le droit interne.

L'unité du système de juridiction constitue la règle jusqu'en 1984, période de la création du Conseil Constitutionnel.

b - L'institutionnalisation d'une justice constitutionnelle indépendante

L'amendement constitutionnel réalisé par l'ordonnance du 23 août 1984 (articles 89 et 119 de la constitution) substitue le Conseil Constitutionnel à la Cour Suprême en matière de contrôle de constitutionnalité. Et, de 1984 à 1992, le Congo expérimente une justice constitutionnelle indépendante.

Le Conseil Constitutionnel est un organe politique et juridictionnel chargé de statuer sur la constitutionnalité des lois et des engagements internationaux (article 1 de la loi n° 074/84 du 7 novembre 1984 portant organisation et fonctionnement du Conseil Constitutionnel). Le contrôle de constitutionnalité s'effectue selon deux modalités : la procédure consultative d'une part et, le recours en annulation, d'autre part.

- **une compétence consultative**

Les traités et accords internationaux peuvent être déférés au Conseil Constitutionnel avant leur ratification par le Gouvernement (article 22 de la loi n° 074/84 du 7 novembre 1984 portant organisation et fonctionnement du Conseil Constitutionnel). Si l'engagement international ne comporte pas de clause contraire à la constitution, le Conseil émet un avis de ratification. Dans l'hypothèse contraire, il prononce un avis de non ratification (article 27 de la loi n° 074/84 du 7 novembre 1984 portant organisation et fonctionnement du Conseil Constitutionnel).

- **un recours par voie d'action**

Le recours par voie d'action permet au Conseil d'exercer un contrôle à posteriori sur les traités ratifiés et les accords en forme simplifiés (article 31 de la loi n° 074/84 du 7 novembre 1984 portant organisation et fonctionnement du Conseil Constitutionnel). Ce recours n'est soumis à aucun délai, il est facultatif. Sont requérants : le Président de la République, le Premier Ministre, le Président de l'Assemblée Nationale Populaire et le 1/3 des députés.

Le Conseil Constitutionnel, en cas de conformité du traité à la Constitution, prend une décision de conformité (article 37 de la loi n° 074/84 du 7 novembre 1984). Tandis que la décision de non-conformité vaut décision d'annulation du texte ou de la disposition contestée en cas de contrariété.

Le Conseil Constitutionnel institué en 1984 intervient dans un contexte caractérisé par la suprématie du Parti sur l'Etat. Il se compose de huit membres dont quatre sont nommés par le Président de la République et quatre élus par l'Assemblée Nationale Populaire (article 5 de la loi n° 074/84 du 7 novembre 1984 portant organisation et fonctionnement du Conseil Constitutionnel). L'évolution politique du Congo va conduire à l'organisation d'une Conférence Nationale en 1991 et à l'instauration d'un régime politique pluraliste. Le nouvel ordre est organisé par la constitution du 15 mars 1992.

c - 1992-1997 : les conséquences de l'absence d'installation du Conseil Constitutionnel

La constitution du 15 mars 1992 maintient le contrôle de constitutionnalité des traités et accords internationaux qui demeure assuré par le Conseil Constitutionnel. Toutefois, dans le cadre du nouveau régime politique, le Conseil Constitutionnel enregistre des modifications dans sa composition, tout en conservant les mêmes attributions.

L'article 1 de la loi n° 17-94 du 1 août 1994 dispose que : *" le Conseil Constitutionnel est l'organe régulateur principal des activités des pouvoirs publics. Il est indépendant du pouvoir législatif, du pouvoir exécutif et du pouvoir judiciaire. Le Conseil Constitutionnel assure le contrôle de la constitutionnalité des lois, des traités et des accords internationaux ".*

Il comprend neuf membres dont deux élus par le conseil supérieur de la magistrature, deux enseignants de droit de l'université élus par leurs pairs, deux avocats élus par leurs pairs, un nommé par le Président de la République, un par le Président de l'Assemblée et un par le Président du Sénat (article 4 de la loi n° 17-94 du 1er août 1994 portant organisation et fonctionnement du Conseil Constitutionnel).

Le contrôle de constitutionnalité des traités et accords internationaux s'opère selon les mêmes modalités à savoir, d'une part, le contrôle à priori dans le cadre de la procédure consultative (articles 26 et 32 de la loi n° 17-94 du 1 août 1994) et, d'autre part, le contrôle par voie d'action à posteriori (article 35 de la loi n° 17-94 du 1 août 1994). Toutefois, le législateur élargit la liste des requérants. Seul le gouvernement peut saisir le Conseil Constitutionnel dans le cadre de la procédure consultative tandis que la procédure contentieuse est ouverte au Président de la République, au Premier Ministre, au Président de l'Assemblée, au Président du Sénat, au Président de la Cour Suprême, au Président du Conseil Supérieur de l'information, aux Présidents des conseils locaux et à un tiers des Députés ou Sénateurs.

De 1992, date de sa création à la guerre de juin 1997, le Conseil Constitutionnel, dont les membres ont été élus, ne sera pas installé. L'installation n'interviendra par la suite que dans des circonstances particulières. En l'absence de juge constitutionnel, c'est la Cour Suprême qui émet des avis sur les engagements internationaux dont elle est saisie (article 2 de la loi n° 025-92 du 20 août 1992 portant organisation et fonctionnement de la Cour Suprême). Ainsi le Congo renoue-t-il, une fois de plus, avec le cumul de toutes les compétences juridictionnelles au profit de la Cour Suprême.

d - L'Acte Fondamental du 24 octobre 1997 et le retour à l'unité du système juridictionnel

L'Acte Fondamental du 24 octobre 1997 attribue de nouveau formellement à la Cour Suprême la compétence en matière de contrôle de constitutionnalité. Le contrôle de constitutionnalité des traités et accords internationaux est à priori et, pour la première fois de l'histoire constitutionnelle du Congo, il est obligatoire. Les traités internationaux sont soumis à une procédure interne à deux niveaux qui nécessite l'autorisation parlementaire de ratification suivie du décret présidentiel de ratification. Dans la mesure où, « *les projets et les propositions de loi, avant leur adoption par le Conseil National de Transition, doivent être soumis à la Cour Suprême pour avis* » (article 66 de l'Acte Fondamental), tout projet de loi portant autorisation de ratification est impérativement et systématiquement soumis à la Cour Suprême pour contrôle de constitutionnalité. (article 73 de l'Acte Fondamental du 24 octobre 1997 : « *Pendant la période de transition, la Cour Suprême assure le contrôle de la conformité des lois, des traités et des accords internationaux au présent Acte Fondamental* »).

La chambre administrative et constitutionnelle de la Cour Suprême (articles 19 et 24 de la loi n° 17-99 du 15 avril 1999 modifiant et complétant certaines dispositions de la loi n° 025-92 du 20 août 1992 et de la loi n° 30-94 du 18 octobre 1994 portant organisation et fonctionnement de la Cour Suprême) prépare les avis rendus par la Cour Suprême sur les engagements internationaux (article 2 de la loi n° 17-99 du 15 avril 1999).

Entre 1997 et 2001, la Cour Suprême a émis de nombreux avis dans le cadre du contrôle de constitutionnalité des traités et accords internationaux. Cette pratique consultative permet de tirer quelques conclusions. De manière générale, la Cour Suprême a déclaré la conformité des traités et accords internationaux. Cependant, son argumentation est loin d'être constante. La procédure de ratification des traités de la CEMAC est édifiante à cet effet.

La procédure de ratification des traités de la CEMAC est mise en œuvre dans le cadre de l'Acte Fondamental du 24 octobre 1997, qui prévoit une procédure qui comporte l'avis de la Cour suprême, l'autorisation législative et la ratification par décret présidentiel.

La Cour suprême a rendu plusieurs avis qui ont conclu à la compatibilité des différents traités de la CEMAC, toutefois, à chaque fois, l'argumentation a été assez particulière.

Dans l'avis n° 031 du 15 septembre 1998, la Cour suprême examine la conformité à l'Acte Fondamental du traité instituant la CEMAC. La Cour suprême relève que le traité de la CEMAC a été signé par le Président de la République en fonction conformément à la constitution du 15 mars 1992. Et que sa ratification survient dans le cadre de l'application de l'Acte Fondamental du 24 octobre 1997 qui reprend la même procédure et qui règle le problème de la succession aux traités conclus sous l'empire de la constitution de 1992 en reconnaissant leur validité.

Article 82 de l'Acte Fondamental : « *les traités et les accords internationaux précédemment conclus demeurent en vigueur* ». Après avoir rappelé l'objet du traité de la CEMAC qui vise un développement harmonieux entre les Etats membres, prélude au processus d'intégration économique et monétaire, la Cour suprême relève qu'il n'existe aucune contrariété avec l'Acte Fondamental et que par conséquent, le projet de loi peut être adopté.

Dans l'avis n° 040 du 14 octobre 1998, la Cour suprême examine la constitutionnalité de l'additif au traité de la CEMAC relatif au système institutionnel et juridique de la communauté qui « *a pour but d'assurer le bon fonctionnement des institutions et des organes de la CEMAC* ». Elle en déduit que le projet de loi autorisant la ratification peut être adopté. Ici, la Cour suprême ne déclare pas formellement la constitutionnalité de la convention à l'Acte Fondamental. Celle-ci découle, implicitement, de l'affirmation selon laquelle, le projet de loi autorisant la ratification de l'additif au traité peut être adopté.

Dans l'avis n° 034 du 16 septembre 1998, la Cour suprême affirme que la convention régissant l'UEAC s'inscrit dans le cadre du traité de la CEMAC qui vise l'harmonisation et la coordination des politiques économiques, sociales et financières des Etats membres. La Cour suprême prend, cependant, la peine de préciser « *dans le respect de la souveraineté de chacun d'eux* ». Cette clause pose problème quand on sait que l'UEAC constitue une étape dans le processus d'intégration en Afrique Centrale. Celui-ci suppose le transfert progressif de compétences. C'est-à-dire le déssaisissement progressif des attributions des Etats. Par conséquent, il est difficile d'admettre le respect de la souveraineté de chacun d'eux.

En outre, dans son avis n° 031 du 15 septembre 1998, la Cour suprême avait pourtant bien relevé que l'union économique et l'union monétaire expriment la volonté des «*Etats membres de passer d'une situation, de coopération qui existe déjà entre eux, à une situation d'union susceptible de parachever le processus d'intégration économique et monétaire* ». Il existe par conséquent une contradiction entre les avis n° 31 et 34. Ceci ne peut que laisser augurer de difficultés futures dans la mise en œuvre du processus d'intégration en Afrique Centrale. La Cour suprême déclare la constitutionnalité de la convention portant création de l'UEAC en relevant que « *la convention régissant l'UEAC ne se heurte à aucune disposition de l'Acte Fondamental du 24 octobre 1997* ».

Dans l'avis n° 031 bis du 15 septembre 1998, la Cour suprême examine la constitutionnalité de la convention régissant la Cour de justice de la CEMAC. Elle relève la régularité de la procédure de conclusion du traité relatif à la Cour de justice de la CEMAC signé en 1996 par le Président de la République, dans le cadre de l'application de la convention du 15 mars 1992. La Cour suprême examine les attributions de la Cour de justice de la CEMAC telles que fixées par les articles 1, 2 et 3 et elle conclut que ces attributions «*ne sont en aucun point contraires à la loi suprême de la République* » de même que « *toutes les autres dispositions* » de la convention. Par conséquent, le projet de loi peut être adopté.

Ainsi, dans les quatre (4) avis consultatifs, suivant une démarche qui est loin d'être linéaire, la Cour suprême déclare que les traités de la CEMAC sont conformes à l'Acte Fondamental et peuvent, par conséquent, être ratifiés.

e - <u>Le plaidoyer pour une véritable justice constitutionnelle</u>

L'histoire constitutionnelle congolaise a mis en évidence certaines difficultés à considérer pleinement le Conseil Constitutionnel comme un véritable organe juridictionnel. C'est ainsi que selon les régimes politiques et les textes organiques, le Conseil Constitutionnel a été considéré comme un organe politico-juridictionnel ou un organe régulateur. La création de la Cour Constitutionnelle par la Constitution du 20 janvier 2002 traduit la volonté du pouvoir constituant d'ériger une véritable justice constitutionnelle au Congo.

Le titre IX de la constitution adoptée par référendum le 20 janvier 2002 institue la Cour Constitutionnelle. La terminologie utilisée exprime le souci d'instituer un organe juridictionnel permanent établi sur un statut et dont la fonction est de dire le droit en matière constitutionnelle. La constitution crée la Cour Constitutionnelle dont les caractéristiques sont précisées par une loi organique.

Tableau n° 2 : Le contrôle de constitutionnalité des traités et accords internationaux

Caractéristiques / Constitution	Procédure	Nature du contrôle	Moment du contrôle	Organe	Requérants	Résultat du contrôle
Constitution du 2 mars 1961	contentieuse	facultatif	à priori	Cour Suprême	- Président de la République - Président de l'Assemblée	- décision de conformité - décision de non-conformité
Constitution du 8 décembre 1963	contentieuse	facultatif	à priori	Cour Suprême	- Président de la République	- décision de conformité - décision de non-conformité
Constitution du 30 décembre 1969	contentieuse	facultatif	à priori	Cour Suprême	- Président de la République	- décision de conformité - décision de non-conformité
Constitution du 24 juin 1973	contentieuse	facultatif	à priori	Cour Suprême	- Président de la République	- décision de conformité - décision de non-conformité
Constitution du 8 juillet 1979	consultative	facultatif	à priori	Cour Suprême	- Président de la République	- avis de ratification - avis de non ratification
	contentieuse		à posteriori		- gouvernement - députés	- décision de conformité - décision de non- onformité
Constitution du 8 juillet 1979 amendée en 1984	consultative	facultatif	à priori	Conseil institutionnel	Gouvernement	- avis de ratification - avis de non-ratification
	contentieuse		à posteriori		- Président de la République - Premier Ministre - Président de l'Assemblée - 1/3 députés	- décision de conformité - décision de non-conformité

Tableau n° 2 : Le contrôle de constitutionnalité des traités et accords internationaux (suite)

Caractéristiques / Constitution	Procédure	Nature du contrôle	Moment du contrôle	Organe	Requérants	Résultat du contrôle
Constitution du 15 mars 1992 *	Consultative	facultatif	à priori	Conseil Constitutionnel	- Gouvernement	- avis de ratification - avis de non ratification
	contentieuse		à posteriori		- Président de la République - Premier Ministre - Président de l'Assemblée - Président du Sénat - Président de la Cour Suprême - Président du Conseil supérieur de l'information - Présidents des conseils locaux - 1/3 des députés ou sénateurs	- décision de conformité - décision de non-conformité
Acte Fondamental du 24 octobre 1997	consultative	obligatoire	à priori	Cour Suprême	- Président de la République - Membres du bureau du Conseil National de Transition - Membres du Gouvernement - Secrétaire Général du Gouvernement	- avis de ratification - avis de non-ratification

<u>Tableau n° 2</u> : Le contrôle de constitutionnalité des traités et accords internationaux (suite)

Caractéristiques / Constitution	Procédure	Nature du contrôle	Moment du contrôle	Organe	Requérants	Résultat du contrôle
Constitution du 20 janvier 2002 **	-	-	-	Cour Constitutionnelle	- Président de la République - Président de l'Assemblée Nationale - Président du Sénat - 1/3 députés - 1/3 sénateurs	-

<u>Notes</u>

* A défaut d'installation du Conseil Constitutionnel, c'est la Cour Suprême qui est le juge constitutionnel (cf. loi n° 025/92 du 20 août 1992 portant organisation et fonctionnement de la Cour Suprême).

** En l'absence de texte portant organisation et fonctionnement de la Cour Constitutionnelle, il est difficile de présenter les modalités du contrôle.

4 – L'adhésion

L'Etat qui n'a pas participé à la négociation et à l'adoption d'un traité ou qui l'a signé et qui ne l'a pas ratifié dans les délais peut devenir membre de cette communauté conventionnelle au moyen de l'adhésion. L'adhésion est facultative et est subordonnée à des conditions de fond et de forme.

a - Le caractère facultatif de l'adhésion

L'adhésion ne présente pas un caractère obligatoire. L'absence de « *clause tout Etat* » en Droit international public a pour principale conséquence qu'un Etat qui n'a pas participé à une négociation déterminée n'a pas le droit subjectif d'accéder au traité. Il ne le peut que si les parties l'y invitent par un acte express précédant l'acte d'accession ou si elles ont prévu le principe de l'adhésion dans le traité. En matière de droit des organisations internationales, on ne parle pas d'adhésion mais d'admission.

b - Les conditions de l'adhésion

Selon la volonté exprimée par les Etats parties à la négociation, le traité peut être ouvert, fermé ou semi-fermé. Le traité qui prévoit le principe de l'adhésion ou de l'admission des tiers contient généralement des conditions de fond et de forme y relatives. Celles-ci sont appréciées par le dépositaire et par les Etats parties.

Exemple : *L'article 4 de la Charte de l'O.N.U. détermine les conditions d'admission d'un Etat à l'Organisation Internationale :*
« 1- peuvent devenir membres des Nations-Unies tous les autres Etats pacifiques qui acceptent les obligations de la présente Charte et, au jugement de l'Organisation, sont capables de les remplir et disposés à le faire.

2- L'admission comme membre des Nations-Unies de tout Etat remplissant ces conditions se fait par décision de l'Assemblée Générale sur recommandation du Conseil de Sécurité ».

La Cour Internationale de Justice a eu l'occasion de rappeler ces conditions dans deux affaires qu'elle a eu à connaître.

C.I.J, A.C, 28 mai 1948, Conditions d'admission d'un Etat comme membre des Nations-Unies.

C.I.J, A.C, 3 mars 1950, Compétence de l'Assemblée Générale pour l'admission d'un Etat aux Nations-Unies.

c - L'adhésion : un acte unilatéral

L'adhésion est une manifestation de volonté imputable à un sujet de droit. Elle est soumise au régime juridique des actes unilatéraux.

d - Les effets de l'adhésion

L'adhésion exprime la volonté de l'Etat d'être lié définitivement. Au Congo, la procédure d'adhésion est identique à celle qui est suivie en matière de ratification. Elle nécessite l'autorisation législative suivie du décret de ratification. Avec l'adhésion, l'Etat devient partie au traité.

C - L'entrée en vigueur

« Ce terme se réfère au fait que, pour les Etats ayant exprimé leur consentement à être liés par le traité, le traité en tant que tel a acquis désormais sa pleine efficacité juridique » in P. Reuter, Introduction au Droit des Traités, op. cit, p.62.

L'article 24 de la Convention de Vienne détermine les conditions d'entrée en vigueur des traités. Celles-ci sont soit fixées par le traité, soit par accord des Etats parties à la négociation, soit par un autre moyen. Les Etats peuvent convenir de l'entrée en vigueur provisoire du traité.

Article 24 de la Convention de Vienne :
«
1. *Un traité entre en vigueur suivant les modalités et à la date fixées par ses dispositions ou par accord entre les Etats ayant participé à la négociation.*
2. *A défaut de telles dispositions ou d'un tel accord, un traité entre en vigueur dès que le consentement à être lié par le traité a été établi pour tous les Etats ayant participé à la négociation.* »

Ils ont aussi la possibilité de décider de son entrée en vigueur définitive.

Exemple : *L'accord de coopération culturelle et scientifique entre le Congo et la République Socialiste de Roumanie est signé le 13 novembre 1969, date de son entrée en vigueur provisoire. Il entre en vigueur définitivement, suite aux ratifications intervenues, le 31 octobre 1975 et à l'échange des instruments de ratification.*

1 - L'entrée en vigueur des traités bilatéraux.

L'entrée en vigueur des traités bilatéraux résulte de l'échange des instruments de ratification. En cas de silence des parties sur les conditions d'entrée en vigueur d'un traité bilatéral, la date sera celle de l'échange des instruments de ratification.

C.I.J, A,18 novembre 1960, Sentence arbitrale du Roi d'Espagne.

2 - L'entrée en vigueur des traités multilatéraux.

Les conditions d'entrée en vigueur des traités multilatéraux varient selon les traités. L'unanimité est généralement requise pour les traités fermés, les traités élaborés dans le cadre d'une région déterminée ou les traités communautaires.

Exemple : *Le traité instituant la Communauté Economique et Monétaire de l'Afrique Centrale (C.E.M.A.C.) du 16 mars 1994 prévoit dans son article 6 que toute adhésion ne peut intervenir qu'après accord unanime des membres fondateurs, c'est-à-dire le Cameroun, le Centrafrique, le Congo, le Gabon, la Guinée Equatoriale et le Tchad dont le consentement est exigé pour l'entrée en vigueur de la convention. L'article 7 dispose en effet que : « le présent traité rédigé en un exemplaire unique en langue française, espagnole et anglaise, le texte français faisant foi en cas de divergence d'interprétation, entrera en vigueur dès sa ratification par tous les Etats signataires auprès de la République du Tchad, désignée comme Etat dépositaire de tous les Actes afférents à la Communauté Economique et Monétaire de l'Afrique Centrale ». Ce n'est que le 8 juillet 1999 que le Ministre des Affaires Etrangères tchadien, Etat dépositaire, notifiera le dépôt par tous les membres fondateurs des instruments de ratification.*

D'autres traités exigent au contraire, le consentement de quelques Etats bien identifiés pour leur entrée en vigueur.

Exemple : *Le consentement des Etats-Unis d'Amérique, de l'URSS et du Royaume-Uni de Grande-Bretagne, parties originaires, détermine l'entrée en vigueur du traité interdisant les essais d'armes nucléaires dans l'atmosphère, dans l'espace extra atmosphérique et sous l'eau du 5 août 1963 et du traité de non-prolifération des armes nucléaires du 1° juillet 1968.*
Article 3 de la convention du 5 août 1963 :

« 1. le Présent traité est ouvert à la signature de tous les Etats. Tout Etat qui n'aura pas signé le traité avant son entrée en vigueur conformément au paragraphe 3 du présent article pourra y adhérer à tout moment.

2. Le présent traité sera soumis à la ratification des Etats signataires. Les instruments de ratification et les instruments d'adhésion seront déposés auprès des Gouvernements des parties originaires - les Etats Unis d'Amérique, le Royaume Uni de Grande-Bretagne et d'Irlande du Nord et l'URSS - qui sont, par le présent texte, désignés comme étant les Gouvernements dépositaires.

3. Le présent traité entrera en vigueur lorsqu'il aura été ratifié par toutes les parties originaires et lorsque celles-ci auront déposé leurs instruments de ratification. »

Le traité du 1er juillet 1968 contient des dispositions similaires dans son article 9. Enfin, de plus en plus, seul un certain niveau de ratification est exigé.

Exemple : *La Convention de Vienne sur le droit des traités conclus par les Etats est subordonnée à la ratification d'au moins 35 Etats pour son entrée en vigueur (article 84).*

3 - L'adhésion et l'entrée en vigueur

C'est à la date de son adhésion que le traité entre en vigueur à l'égard de l'Etat qui adhère à un traité déjà en vigueur.

D - L'enregistrement et la publication

- *F. BOUDET, « L'enregistrement des accords internationaux », RGDIP, 1960, p. 596-604 ;*
- *M. DEHOUSSE, L'enregistrement des traités, Paris, Sirey, 1929, 77 p ;*
- *J.P. JACQUE, " Commentaire de l'article 102 de la Charte des*

Nations-Unies",in la Charte des Nations Unies, p.1355-1370.

Les traités ratifiés doivent en principe être enregistrés et publiés. Cependant, l'histoire des relations internationales témoigne de la conclusion d'accords secrets de caractère politique, militaire ou parfois économique. Cette pratique a conduit à de nombreux conflits par le passé, ce qui explique sa condamnation. Le Président Wilson dans le premier de ses 14 points la prohibe. Et, les articles 18 du Pacte de la Société des Nations, 102 de la Charte des Nations-Unies, et 80 de la Convention de Vienne édictent l'obligation d'enregistrer les traités internationaux. L'article 18 du Pacte de la Société des Nations (SDN) fait obligation aux membres de la Société des Nations d'enregistrer immédiatement les traités et les engagements internationaux. La sanction du défaut d'enregistrement est le caractère non obligatoire de la convention. Cette règle n'a pas été exécutée de manière rigoureuse. En effet, la commission franco-mexicaine, en 1928, a appliqué un traité qui n'avait pas été enregistré par la Société des Nations. Et, dans le cadre de la Société des Nations (SDN), le problème s'est posé en terme d'opposabilité et non de validité. Le traité est, par conséquent, considéré comme obligatoire, mais on ne peut s'en prévaloir.

L'article 102 de la Charte des Nations-Unies prescrit une obligation similaire. Toutefois, l'absence d'enregistrement ne produit pas les mêmes effets. Un traité non enregistré ne peut être évoqué devant tout organe de l'ONU, bien qu'il soit obligatoire, cependant, il peut être interprété devant toute autre juridiction que la Cour Internationale de Justice notamment devant une juridiction arbitrale ou un autre juge international. Et il peut être appliqué par les parties.

Article 102 de la charte de l'ONU :
« 1. Tout traité ou accord international conclu par un membre des

Nations Unies après l'entrée en vigueur de la présente charte sera, le plus tôt possible, enregistré au secrétariat et publié par lui.
2. Aucune partie à un traité ou accord international qui n'aura pas été enregistré conformément aux dispositions du paragraphe 1 du présent article ne pourra invoquer ledit traité ou accord devant un organe de l'organisation ».

Le Tribunal Arbitral chargé de se prononcer sur le différend qui oppose la Guinée Bissau au Sénégal a déclaré que le défaut d'enregistrement d'un accord international n'est pas de nature à empêcher les parties à s'en prévaloir devant lui.

T.A., 31 juillet 1989, Détermination de la frontière maritime entre la Guinée-Bissau et le Sénégal.

Les traités ou accords enregistrés sont publiés, dans le recueil des traités et dans les langues de travail des Nations-Unies, par le Secrétaire Général de l'O.N.U. L'article 80 de la Convention de Vienne tente de généraliser la règle de l'enregistrement des traités internationaux. En effet, il édicte le principe de l'enregistrement de tous les traités internationaux, même ceux conclus par les Etats tiers, auprès du Secrétaire Général de l'O.N.U.

Article 80 de la Convention de Vienne :
« 1. Après leur entrée en vigueur, les traités sont transmis au secrétariat de l'organisation des Nations Unies aux fins d'enregistrement ou de classement et inscription au répertoire, selon le cas, ainsi que de publication.
2. La désignation d'un dépositaire constitue autorisation pour celui-ci d'accomplir les actes visés au paragraphe précédent ».

Malgré ces différentes prescriptions, force est de constater que de nombreux traités ne sont pas encore de nos jours enregistrés et publiés.

III - Les réserves.

- *Ph. IMBERT, Les réserves aux traités multilatéraux, Paris, Pedone, 1979, 503 p ;*
- *J.NISOT, « Les réserves aux traités et la Convention de Vienne du 23 mai 1963 », R.G.D.I.P. 1973, p. 200-206 ;*
- *G. TEBOUL, « Remarques sur les réserves aux Conventions de Codification », RGDIP 1982, p. 679-717.*

La réserve est une institution qui permet à un Etat de modifier ou d'exclure certaines dispositions d'un traité et partant de ne pas être soumis au même régime juridique que les autres Etats. L'uniformité de la règle et l'intégrité du traité se trouvent ainsi remis en cause. C'est le souci d'assurer au traité son intégrité qui a justifié le régime initialement consacré en matière de réserve.

A - Evolution du régime juridique des réserves

L'évolution du régime des réserves a permis de passer du système de l'unanimité à celui de la majorité.

1 - Avant 1945: le système de l'unanimité

Avant 1945, les traités multilatéraux sont conclus à l'unanimité. Le système unanimitaire a pour principale conséquence que le consentement de tous les Etats est requis pour l'acceptation de toute réserve. Ainsi, la modification opérée est-elle valable pour toutes les parties au traité. L'intégrité du traité de même que l'uniformité de la règle se trouvent préservées. Le système unanimitaire a pour principal inconvénient d'exclure de la convention tout Etat dont la réserve n'est pas acceptée. En voulant sauvegarder l'intégrité du traité, on sacrifie son universalité du fait de l'impossibilité pour les Etats souhaitant moduler leur participation d'appartenir à l'ordre conventionnel ainsi instauré.

L'adoption des conventions multilatérales à la majorité des voix et non plus à l'unanimité va exercer une influence décisive sur le régime des réserves.

2 - 1945 : la règle de la majorité

Avec l'élargissement de la société internationale, la règle de la majorité va se substituer à celle de l'unanimité. La préoccupation majeure consiste à associer le plus grand nombre d'Etats aux différentes conventions élaborées. Cette vocation à l'universalisme ne pouvait se réaliser dans le système antérieur. Car, il revenait en fait à exclure du traité certains Etats. Elle contribue à l'assouplissement du régime juridique des réserves. Désormais, la réserve n'est plus acceptée à l'unanimité mais à la majorité des Etats. Elle constitue un moyen aisé pour la minorité de moduler sa participation et de se soustraire aux décisions arrêtées par la majorité des Etats. Elle est, cependant, soumise à des conditions. Le traité apparaît, par conséquent, comme l'équilibre réalisé entre l'impératif d'intégrité et d'universalité.

3 - L'avis de la Cour Internationale de Justice et le critère de la compatibilité de la réserve avec l'objet et le but du traité

L'avis consultatif de la Cour Internationale de Justice relatif aux réserves à la convention sur la prévention et la répression du crime de génocide marque un tournant capital dans l'évolution du régime juridique des réserves (Cour Internationale de Justice, A.C, 28 mai 1951). La Cour Internationale de Justice est invitée à se prononcer sur les conditions de formulation et d'admission des réserves à la convention sur la prévention et la répression du crime de génocide. La particularité de cette convention réside dans le fait qu'elle ne contient pas de disposition relative aux réserves. Comment faut-il interpréter ce silence?

Signifie-t-il que les réserves sont interdites ou autorisées et à quelles conditions ? Face aux divergences des différents Etats, la Cour Internationale de Justice énonce un critère. En effet, en cas de silence de la convention, la réserve ne doit pas être considérée comme interdite. Cependant, toute réserve pour être admise doit être compatible avec l'objet et le but du traité.

Ainsi, le principal apport de la Cour Internationale de Justice réside-t-il dans l'énonciation d'un critère matériel qui se substitue au critère qui prévalait jusque-là. Cependant, il faut déjà relever que la Cour Internationale de Justice n'énonce pas les éléments objectifs qui permettront d'apprécier la compatibilité de la réserve avec l'objet et le but du traité. Il revient en fait aux Etats de l'apprécier. Avec l'avis de la Cour Internationale de Justice commence une période caractérisée par le libéralisme en matière de réserve. Ce relatif libéralisme suscite de nombreuses critiques notamment celles de la Commission du Droit International qui refuse de se référer à l'avis de la Cour Internationale de Justice qui présente l'inconvénient de fragmenter le lien conventionnel. Elle préfére, à l'universalité des conventions, leur intégrité.

4 - La Convention de Vienne et le libéralisme en matière de réserve.

La Convention de Vienne achève l'évolution commencée en 1945. Elle instaure un régime de réserve caractérisé par la volonté d'assurer aux traités internationaux le maximum de participation. Le libéralisme constitue donc la règle par excellence.

B - La Convention de Vienne et les réserves aux traités multilatéraux

La Convention de Vienne définit les réserves et les soumet à un régime particulier.

1 - Définition et nature juridique.

L'article 2-1-d de la Convention de Vienne définit la réserve comme :
« une déclaration unilatérale, quel que soit son libellé ou sa désignation, faite par un Etat quand il signe, ratifie, accepte ou approuve un traité ou y adhère, par laquelle il vise à exclure ou à modifier l'effet juridique de certaines dispositions du traité dans leur application à cet Etat».

a - La réserve : un acte unilatéral

La réserve est une manifestation de volonté imputable à un Etat en vue de préciser l'étendue de son engagement. Elle constitue juridiquement un acte unilatéral.

b - L'objet et le libellé de la réserve.

L'objet de la réserve doit être de modifier l'engagement de l'Etat ou d'exclure certaines dispositions du traité. Seul le critère matériel permet de qualifier un acte déterminé de réserve, ou d'opérer une autre qualification juridique.

c - La déclaration interprétative

Les Etats peuvent, en effet, formuler des déclarations qui ont pour but d'interpréter certaines dispositions du traité. Ces déclarations dont l'objet n'est pas de modifier l'engagement de l'Etat ni d'exclure certaines clauses ne sont pas juridiquement des réserves. Elles sont des déclarations interprétatives.

d - Les réserves « déguisées »

Le critère matériel est déterminant. Il permet dans certains cas d'identifier les réserves « *déguisées* ». En effet, il arrive que les

Etats formulent des déclarations qu'ils ne nomment pas réserve. Cependant, matériellement, ces manifestations de volonté ont pour but la modification de l'étendue de l'engagement de l'Etat. Bien que, formellement, ces déclarations ne soient pas des réserves, matériellement, elles le sont. Et, par conséquent, elles ne peuvent être formulées que selon les conditions prévues par le traité.

Commission Européenne des Droits de l'Homme, rapport du 5 mai 1982, TEMELTASCH.
« Si un Etat formule une déclaration et la présente comme une condition de son consentement à être lié par la Convention et comme ayant pour but d'exclure ou de modifier l'effet juridique de certaines dispositions, une telle déclaration, quelle que soit sa désignation, doit être assimilée à une réserve au sens de l'article 64 de la Convention ».

Le Comité des Droits de l'Homme de l'Organisation des Nations-Unies a qualifié de réserve une déclaration faite par la France dans le cadre de l'article 27 du pacte international relatif aux droits civils et politiques.

e - La réserve de compétence nationale

La réserve « *automatique* » ou réserve de compétence nationale a pour objet de soustraire à la compétence de la Cour Internationale de Justice tous les différends relevant de la compétence nationale de l'Etat. La réserve automatique trouve son origine dans la pratique instituée par le Sénat américain pour qui la compétence de la Cour Internationale de Justice ne s'applique pas aux litiges relevant de la compétence nationale des Etats Unis telle qu'elle est définie par le Gouvernement des Etats Unis lui-même. La compétence nationale peut être appréciée à la lumière du Droit International ou du droit interne.

Le juge international a eu l'occasion dans plusieurs affaires de statuer sur la réserve de compétence nationale.

CIJ, A, 21 mars 1959, Interhandel, Rec. 1959, p. 6.
Le Gouvernement américain soulève quatre exceptions préliminaires dont la dernière est relative à la compétence nationale des USA. La Cour se déclare incompétente au motif que la règle de l'épuisement des voies de recours interne n'a pas été respectée.

La réserve automatique a pour effet de limiter la portée réelle de la déclaration d'acceptation de la juridiction de la Cour. En 1970, le président de la Cour Internationale de Justice, Sir Muhammad Zafrulla Khan déclare que les déclarations d'acceptation assorties de réserve automatique « *n'ont que la forme d'une acceptation de juridiction sans en posséder la substance* » in Sir Muhammad Zafrulla Khan, « contribution de l'organe judiciaire principal des Nations Unies à la réalisation des objectifs de l'organisation », chronique mensuelle des Nations Unies, septembre 1970, p.146. Les effets attachés à la réserve de compétence nationale sont tels que : « *la réserve dite automatique apparaît comme étant une transposition moderne de la théorie surannée des intérêts vitaux de l'Etat* », in Elisabeth Zoller, la bonne foi en Droit international public, op. cit. p. 135.

2 - admissibilité de la réserve

- *J. COMBACAU, « Logique de la validité contre logique de l'opposabilité dans la Convention de Vienne sur le droit des Traités », Mélanges Virally, p. 195-203 ;*
- *J.P.LEVY, La conférence des Nations –Unies sur le droit de la mer. Histoire d'une négociation singulière, Paris, Pedone, 1983, 159 p ;*
- *D. VIGNES, « Les déclarations faites par les Etats signataires de la Convention des Nations-Unies sur le droit de la mer, sur la base de l'article 310 de cette convention », AFDI, 1983, p. 715-748.*

La Convention de Vienne achève l'évolution tendant à la libéralisation du régime des réserves. Elle consacre la liberté de l'Etat de formuler une réserve au moment de la signature, de la ratification, de l'acceptation, de l'approbation ou de l'adhésion à un traité. Le régime des réserves est déterminé par le traité lui-même. En cas de silence, on se réfère au critère de la compatibilité de la réserve avec l'objet et le but du traité énoncé par la Cour Internationale de Justice en 1951 et repris par la Convention de Vienne.

a - Les clauses du traité.

Le traité peut autoriser la formulation des réserves :

Article 20-1 de la Convention de Vienne :
« 1. Une réserve expressément autorisée par un traité n'a pas à être ultérieurement acceptée par les autres Etats contractants, à moins que le traité ne le prévoie. ».

Il peut aussi les interdire :

Article 19- a de la Convention de Vienne :
« Un Etat, au moment de signer, de ratifier, d'accepter, d'approuver un traité ou d'y adhérer, peut formuler une réserve, à moins :
a) que la réserve ne soit interdite par le traité. »

Dans ce cas, l'admissibilité des réserves est subordonnée à ces dispositions. Et, le dépositaire assure ses fonctions en acceptant ou en refusant les réserves. Cette fonction technique peut, en cas de désaccord avec les Etats, générer des contestations.

Exemple *: la convention de Montego Bay interdit aux Etats la possibilité de formuler des réserves exceptions faites des réserves autorisées (article 309). Cependant, elle leur laisse la possibilité de faire des déclarations en vue notamment* *d'harmoniser leurs lois et règlements avec la convention (article 310). Il ressort de la pratique, qu'en dépit de l'interdiction de la convention, les Etats, sous couvert de déclarations, entendent rejeter certaines dispositions. Ces réserves ne correspondent nullement à l'esprit et à la lettre du texte et rendent difficile le travail du dépositaire.*

Le traité peut interdire les réserves pour certaines parties de la Convention et les autoriser pour d'autres parties.

Exemple*: le traité d'interdiction complète des essais nucléaires du 24 septembre 1996, pas encore entré en vigueur, dispose dans son article XV relatifs aux Réserves :*

« Les articles et les annexes du présent Traité ne peuvent pas donner lieu à des réserves.
Les dispositions du protocole et les annexes du protocole ne peuvent pas donner lieu à des réserves qui sont incompatibles avec l'objet et le but du traité ».

b - Le silence du traité

Comment peut-on interpréter un traité qui ne contient pas de disposition relative aux réserves ? Cela signifie-t-il que la réserve est interdite ou est-elle permise ? A quelle condition ? La Cour Internationale de Justice propose une démarche entérinée partiellement par la Convention de Vienne.

CIJ, AC, 28 mai 1951, Réserves à la Convention sur la prévention et la répression du crime de génocide, Rec. 1951, p. 22.
« Le caractère d'une convention multilatérale, son objet, ses dispositions, son mode d'élaboration et d'adoption sont autant d'éléments qui doivent être pris en considération pour apprécier, dans le silence de la convention, la possibilité de formuler des réserves ainsi que pour en apprécier la régularité et les effets ».

La Convention de Vienne apporte une réponse en énonçant le critère de la compatibilité de la réserve avec le but et l'objet du traité. La réserve est donc autorisée pour peu qu'elle remplisse cette condition. Or, force est de constater que si la Convention de Vienne énonce un critère, elle ne le définit pas. Qu'est ce que la compatibilité de la réserve avec l'objet et le but du traité ? et qui peut l'apprécier ?
En dernier ressort, il revient aux Etats parties au traité de considérer la réserve comme compatible ou non. C'est ce qui fait dire à la doctrine que l'article 19 alinéa c n'énonce pas un critère objectif de validité des réserves, mais un critère subordonné à l'interprétation des Etats et "*intersubjectif*". La compatibilité de la réserve sera fonction de ce que les Etats auront décidé qu'elle sera. Et, la réserve ne sera pas opposable à l'Etat qui aura soulevé une objection.

3 - L'opposabilité de la réserve

La réserve formulée par un Etat peut être acceptée ou contestée par les autres parties.

a - L'acceptation de la réserve

Un Etat peut accepter la réserve de façon expresse ou tacite. L'acceptation tacite résulte du silence observé 12 mois après la date de notification de la réserve (article 20 paragraphe 5 de la Convention de Vienne).

- L'acceptation unanime de la réserve : une exception

L'acceptation unanime de la réserve constitue une exception et une survivance du système antérieur. Elle est, cependant, exigée pour les accords plurilatéraux qui répondent à des conditions particulières: nombre restreint d'Etats, objet et but particuliers, application du traité dans son intégralité. Dans une telle hypothèse, la réserve doit être acceptée par tous les Etats.

Article 20 paragraphe 2 de la Convention de Vienne :
« 2. Lorsqu'il ressort du nombre restreint des Etats ayant participé à la négociation, ainsi que de l'objet et du but du traité, que l'application du traité dans son intégralité entre toutes les Parties est une condition essentielle du consentement de chacune d'elles à être liée par le traité, une réserve doit être acceptée par toutes les Parties. »

- L'acceptation de l'organe compétent de l'Organisation Internationale

Les réserves formulées à l'endroit d'un traité qui est l'acte constitutif d'une organisation internationale doivent être acceptées par l'organe compétent de l'Organisation Internationale.

Article 20 paragraphe 3 de la Convention de Vienne :
« 3. Lorsqu'un traité est un acte constitutif d'une organisation internationale et à moins qu'il n'en dispose autrement, une réserve exige l'acceptation de l'organe compétent de cette organisation. »

b - L'objection

L'Etat partie au traité qui n'accepte pas la réserve formulée par l'Etat réservataire a la possibilité de faire une objection. Il préserve ainsi sa position. L'objection peut avoir pour effet d'empêcher à la réserve de produire ses effets, ou d'empêcher l'existence du lien conventionnel. Dans cette dernière hypothèse, il s'agit "*d'une objection aggravée* " (Jean Combacau).

4 - Les effets de la réserve.

La réserve modifie les relations des parties selon qu'elle est acceptée ou refusée.

a - Les effets de l'acceptation.

En cas d'acceptation de la réserve, le lien conventionnel entre l'Etat réservataire et ceux qui ont admis la réserve se trouve modifié sur toutes les dispositions sur lesquelles porte la réserve.

Article 20 paragraphe 4 a de la Convention de Vienne :
« 4. Dans les cas autres que ceux visés aux paragraphes précédents et à moins que le traité n'en dispose autrement :
a) l'acceptation d'une réserve par un autre Etat contractant fait de l'Etat auteur de la réserve une Partie au traité par rapport à cet autre Etat si le traité est en vigueur ou lorsqu'il entre en vigueur pour ces Etats. »

La réciprocité joue entre ces Etats qui peuvent ainsi chacun se prévaloir de la réserve (article 21 paragraphe 1 de la Convention de Vienne).

b - Les effets de l'objection simple.

L'objection simple à une réserve n'empêche pas le traité d'être en vigueur entre l'Etat réservataire et l'Etat auteur de l'objection. Cependant, l'ambiguïté de la Convention de Vienne consiste à énoncer le principe selon lequel les dispositions sur lesquelles porte la réserve ne s'appliquent pas aux deux Etats.

Article 20 paragraphe 4 b de la Convention de Vienne :
« 4. Dans les cas autres que ceux visés aux paragraphes précédents et à moins que le traité n'en dispose autrement :
b) l'objection faite à une réserve par un autre Etat contractant n'empêche pas le traité d'entrer en vigueur entre l'Etat qui a formulé l'objection et l'Etat auteur de la réserve, à moins que l'intention contraire n'ait été nettement exprimée par l'Etat qui a formulé l'objection. »

Par conséquent, l'objection simple produit des effets quasiment identiques à ceux que produisent les réserves acceptées.

c - Les effets de l'objection aggravée.

- *G.COHEN JONATHAN, « Les réserves dans les traités relatifs aux Droit de l'homme », R.GDIP, 1996, p. 915 –949.*

L'Etat qui formule une objection aggravée manifeste son désir de ne pas être uni par le lien conventionnel à l'Etat réservataire. Il s'agit ici d'une conséquence grave héritée du système antérieur (article 20 paragraphe 4-b de la Convention de Vienne). Cependant, elle produit des effets limités dans la mesure où, elle suppose que tous les Etats parties au traité adoptent cette attitude et entendent exclure l'Etat réservataire du traité. Or, une telle hypothèse est illusoire, et il faut penser qu'au moins un Etat considérera la réserve comme compatible et par conséquent, le traité entrera en vigueur pour l'Etat réservataire. Les autres parties au traité ne voient pas leurs relations modifiées par la réserve (article 21-2 de la Convention de Vienne). Enfin, les réserves et les objections aux réserves formulées par écrit peuvent être retenues selon la même procédure (article 23 de la Convention de Vienne).

Aujourd'hui, la pratique des réserves s'est généralisée. Cependant, l'on est en droit de s'interroger sur les réserves formulées à l'endroit des grandes conventions de codification de la Coutume internationale. L'objet de ces conventions ne justifie-t-il pas l'application intégrale du traité et, par conséquent, ne conduit-il pas à la limitation des réserves. Le problème s'est notamment posé pour le Pacte sur les droits civils et politiques adopté le 16 décembre 1966 par l'Assemblée Générale des Nations Unies. Les Etats parties ont formulé différentes réserves qui ont suscité la réaction du Comité des droits de l'homme. L'observation générale n° 24 relative aux réserves adoptée par le Comité des droits de l'homme, le 2 Novembre 1994 détermine les conditions de formulation des réserves au Pacte international relatif aux droits civils et politiques par les Etats. Le Comité déclare que, désormais, il lui revient le soin d'apprécier la validité des réserves indépendamment de l'interprétation des Etats parties intéressées. Il juge pour cela, de leur compatibilité avec le Droit International général et avec les dispositions du Pacte lui-même. Car le nombre des réserves, leur teneur et leur portée peuvent compromettre l'application effective du Pacte et tendre à affaiblir le respect de leurs obligations par les Etats parties, par conséquent, *« les dispositions du Pacte qui représentent des règles de Droit International coutumier (à fortiori lorsqu'elles ont le caractère de normes impératives) ne peuvent pas faire l'objet de réserves ».*

Au terme d'une longue pratique, l'on se trouve aujourd'hui, en matière de réserve, face à deux tendances contradictoires. Il s'agit d'une part, de la libéralisation et, du durcissement du régime des réserves, d'autre part. L'évolution consacrée en 1951 va-t'elle se poursuivre ou alors l'intégrité du traité s'imposant, va-t'on revenir à une pratique plus rigoureuse en matière de réserve ? Pour l'heure, il est difficile de préjuger de l'évolution qui suivra. Déjà, l'on note les vives réactions que suscitent au niveau des Etats, les opinions émises par le Comité des Droits de l'Homme, la Commission Européenne et la Cour Européenne des Droits de l'Homme. Alain Pellet, rapporteur spécial désigné par la Commission du Droit International, dans son deuxième rapport sur les réserves aux traités (doc. A/CN.4/477/Add.1 du 13 juin 1996, CDI, 48 session , Genève, 6 mai – 26 juillet 1996, p.87) précise sur ce point : *« les organes de contrôle de la liceité des réserves, quels qu'ils soient, ne peuvent se substituer à l'Etat réservataire dans la détermination de ses intentions quant à l'étendue des obligations conventionnelles qu'il est prêt à assumer ; c'est donc à lui seul qu'il appartient de décider de quelle manière il convient de mettre fin au vice qui affecte l'expression de son consentement du fait de l'illécéité de la réserve »* .

Ces multiples interrogations posent le problème de l'uniformité du régime juridique des réserves. Existe-t'il un seul régime en matière de réserve applicable à tous les traités internationaux « *les règles de Vienne* » et un régime spécifique aux traités multilatéraux normatifs ? Seule la pratique des Etats permettra de le confirmer.

Section 4. La validité des traités.

La problématique de la validité des traités sera abordée en examinant l'objet du traité ainsi que la théorie des vices du consentement.

I – L'objet du traité
II – La régularité du consentement

I - L'objet du traité.

- *J.P. JACQUE, Eléments pour une théorie de l'Acte juridique en Droit international public, Paris, LGDJ, 1972, p. 141-169.*

A - Définition.

L'objet du traité est constitué par l'ensemble des obligations que le traité institue. Les obligations peuvent être «*normatives* » ou «*opératoires* ».

1 - Les obligations «normatives »

Le traité prescrit au destinataire des obligations de faire ou de ne pas faire quelque chose ou l'autorise à faire ou à ne pas faire. Il détermine pour l'avenir le comportement du destinataire et, il impose un modèle auquel il doit se conformer.

2 - Les obligations « opératoires ».

L'objet d'un traité peut aussi consister en la création d'une institution ou en l'attribution à un sujet d'un statut légal.

Exemple*: l'acte constitutif d'une organisation internationale, bien que comportant des dispositions normatives prescrivant un certain comportement aux destinataires de la norme, contient aussi des éléments objectifs qui ne constituent aucune obligation pour un destinataire quelconque et qui se contentent de créer une nouvelle personne juridique. Le traité agit par lui-même et ses effets ne sont pas subordonnés à une exécution proprement dite.*

B - La différence entre l'objet et le but du traité

- *J.P. Jacque, Eléments pour une théorie de l'Acte juridique en Droit international public, op. cit, p. 141-169 ;*
- *Dehaussy, Jurisclasseur de Droit International, fasc, 12-c, p 15.*

Il existe une différence entre l'objet et le but d'un acte juridique en dépit d'une certaine confusion doctrinale. En effet, pour certains auteurs, il n'existe pas de distinction entre l'objet (effet juridique direct et immédiat de l'acte), le but (intention poursuivie, résultat de l'effet juridique) et le motif (mobiles). Toutefois, la Cour Internationale de Justice a eu l'occasion de se prononcer sur la différence qui existe entre l'objet et le but du traité.

C.P.J.I, AC, 6 Avril 1935, A/B/64, Ecoles minoritaires en Albanie,
L'idée qui est à la base des traités pour la protection des minorités est d'assurer à des groupes souvent incorporés dans un Etat dont

la population est d'une race, d'une langue ou d'une religion autre que la leur, la possibilité d'un choix pacifique et d'une collaboration cordiale, en gardant les caractères par lesquels ils se distinguent de la majorité. Pour atteindre ce but, deux choses sont nécessaires : l'égalité des ressortissants et la détention des moyens appropriés en vue d'assurer la protection de la spécificité du groupe. L'objet d'un acte réside, par conséquent, dans les droits et obligations auquel il donne naissance. C'est la normativité qu'il crée. Tandis que le but est le résultat poursuivi par l'auteur d'un acte et, les droits et obligations crées permettent de l'atteindre.

Un acte juridique a pour objet la création de droits et d'obligations. Par conséquent, l'existence de l'acte favorise les possibilités concrètes de réalisation de son objet. Si la réalisation des droits et obligations se révèle matériellement impossible, l'acte n'a aucune existence juridique car il est dépourvu d'objet.

C - <u>L'existence de l'objet</u>

- *G. CONAC., « L'affaire relative à l'incident aérien du 27 juillet 1955 entre Israël et la Bulgarie devant la Cour Internationale de Justice », R.GDIP, 1960, p.711-736.*

L'objet du traité doit être possible et certain dans la mesure où l'acte doit donner effectivement naissance à une norme. La disparition de l'objet peut produire des effets sur la validité du traité. Cette question a été examinée par la Cour Internationale de Justice et elle fait l'objet de dispositions particulières de la Convention de Vienne sur le Droit des Traités conclus par les Etats.

C.I.J., A, 26 mai 1959, exceptions préliminaires, Affaire de l'incident aérien du 27 juillet 1955.

Dans cette affaire, la Cour Internationale de Justice est invitée à se prononcer sur la survivance de la déclaration d'acceptation de la juridiction de la Cour Permanente de Justice Internationale (C.P.J.I). Elle relève que la Bulgarie n'a pas participé à l'élaboration du statut en 1946. Par conséquent, elle est un Etat tiers et l'article 36 ne lui est pas applicable. Avec la disparition de la Cour Permanente de Justice Internationale, la déclaration Bulgare est devenue caduque faute d'objet. L'admission Bulgare aux Nations-Unies en 1955 ne peut faire revivre cette déclaration.

La disparition de l'un des moyens permettant de réaliser l'objet n'affecte pas la validité de l'acte.

C.I.J, A, 24 juillet 1964, exceptions préliminaires, Barcelona traction light and power company limited.
Dans cette affaire, l'article 17 du traité hispano-belge de conciliation et d'arbitrage conclu le 19 juillet 1927 prévoit le recours à deux modes de règlement des différends. Il s'agit de la conciliation et de l'arbitrage. Suite à la disparition de la Cour Permanente de Justice Internationale, l'Espagne soutient que l'objet du traité est devenu caduc. Il n'a pu renaître en 1955 lors de son adhésion au statut de la Cour Internationale de Justice. La Cour constate que l'objet essentiel du traité n'est pas le règlement des différends par la Cour Permanente de Justice Internationale et que la disparition du statut est sans effet sur la Convention qui reste le fondement de l'objet. Ainsi, le traité subsiste de même que la clause juridictionnelle. Par conséquent, la disparition de l'un des moyens nécessaires à l'exécution de l'objet n'affecte pas la validité de l'acte. Et, l'adhésion de l'Espagne au nouveau statut permet de recourir à la juridiction de la Cour Internationale de Justice.

Dans l'affaire du statut international du Sud-Ouest africain, la Cour Internationale de Justice a retenu que la disparition de la Société des Nations n'a pas rendu le mandat sur le Sud-Ouest

Africain caduc. Le transfert des compétences du Conseil de la Société des Nations a été assuré au bénéfice de l'Assemblée Générale de l'O.N.U.

L'article 61 alinéa 1 de la Convention de Vienne dispose que la disparition de l'objet de l'acte a pour conséquence la suspension temporaire de l'exécution de l'obligation ou la fin du traité :

« 1. Une partie peut invoquer l'impossibilité d'exécuter un traité comme motif pour y mettre fin ou pour s'en retirer si cette impossibilité résulte de la disparition ou destruction définitives d'un objet indispensable à l'exécution de ce traité. Si l'impossibilité est temporaire, elle peut être invoquée seulement comme motif pour suspendre l'application du traité ».

D - <u>La licéité de l'objet</u>

La problématique de la licéité de l'objet se pose notamment dans l'hypothèse des traités contradictoires et des accords interse.

1 - Les traités contradictoires

Dans l'hypothèse de traités contradictoires, tous les traités sont placés au même niveau car, il n'existe pas de hiérarchie en Droit International. Les sujets de droit peuvent contracter librement les obligations qu'ils désirent même si celles-ci sont en contradiction avec d'autres obligations contractées antérieurement. Le traité n'est pas nul parce que son objet est incompatible avec l'objet d'un traité antérieur conclu par un même Etat. Le problème se résout en terme de responsabilité en cas d'inexécution de l'un des traités. La jurisprudence a évité de constater la nullité d'un traité au motif qu'il serait incompatible avec l'objet d'un traité antérieur.

C.P.J.I., A, 12 décembre 1934, Oscar Chinn.

La Cour de Justice Centre Américaine reconnaît la validité simultanée des deux traités. Lors des travaux préparatoires à la Convention de Vienne, Sir Hersch Lauterpacht envisage la nullité automatique d'un traité dont l'exécution suppose la violation d'une obligation. Tandis que Sir Gerald Fitzmaurice et Sir Humphrey Waldock admettent la validité simultanée des traités contradictoires. La Convention de Vienne dans son article 30 admet la validité des deux traités. Cependant, en cas de contradiction entre les traités, la responsabilité de l'Etat peut être engagée.

2 - La modification par accord interse des Conventions Internationales

Il n'est pas toujours possible aux Etats parties à un traité multilatéral de conclure entre elles un accord dérogatoire à ce traité. L'article 41 de la Convention de Vienne prescrit qu'un tel accord n'est possible que si :

- le traité le prévoit ;
- une telle modification n'est pas interdite par le traité et ;
- si elle ne porte pas atteinte à la jouissance par les autres parties de leurs droits, ni à l'exécution de leurs obligations, et si elle ne crée pas une incompatibilité avec la réalisation effective de l'objet et du but.

Cette hiérarchie relative n'existe que dans un ordre conventionnel donné. Il s'agit pour les parties à un traité primitif d'élaborer un autre accord dérogatoire.

II - La régularité du consentement

La Convention de Vienne apporte une contribution décisive à la théorie de la nullité des traités internationaux en instituant les vices du consentement. Ceux-çi présentent une certaine ressemblance avec le droit civil interne, ils ont, pour certains, donné lieu à une pratique nourrie (l'erreur), tandis que d'autres constituent une véritable création à l'instar du jus-cogens. Plusieurs conséquences résultent de l'irrégularité d'un acte. L'acte et ses effets peuvent, d'une part, disparaître totalement. L'on procède en quelque sorte à une remise en état et à la reconstitution des conditions qui existent avant son élaboration. Cette disparition peut être totale et concerner tout le traité ou frapper seulement certains de ses éléments dans la mesure où ils sont détachables. C'est la théorie de la divisibilité que l'on retrouve à l'article 44 de la Convention de Vienne. La divisibilité du traité est impossible dans les hypothèses les plus graves (contrainte, contradiction avec une norme de Jus Cogens, article 44-5 de la Convention de Vienne). Elle est par contre possible dans les hypothèses du dol ou de corruption et elle suppose que les clauses divisibles soient détachables du reste du traité ; que leur acceptation n'ait pas constitué pour les parties la base essentielle de leur consentement à être lié et que l'exécution de ce qui subsiste du traité n'occasionne pas d'injustice (article 44-3-b de la Convention de Vienne).

En cas de nullité des traités, il est aussi nécessaire de se préoccuper du sort réservé aux actes qui ont été accomplis suite à son application. Dans certains cas, les actes accomplis de bonne foi avant que la nullité ne soit déclarée subsistent (erreur, méconnaissance des dispositions constitutionnelles, article 69-2-b de la Convention de Vienne). Dans d'autres hypothèses, les parties peuvent demander leur disparition (article 69-2-a de la Convention de Vienne).

A - Les vices du consentement

- *P.GUGGENHEIM, « La validité des actes juridiques internationaux », RCADI, 1949-I, Vol. 74, p. 195-265 ;*
- *Ph. CAHIER, « Les caractéristiques de la nullité en Droit International », RGDIP, 1972, p. 645-697.*

La Convention de Vienne sur le droit des traités conclus par les Etats consacre plusieurs vices du consentement. Il s'agit de l'erreur, du dol, de la corruption, de la contrainte et du jus cogens.

1 - l'erreur : une définition restrictive

- *L. Dubouis, "L'erreur en DIP", AFDI 1963, p. 191-227 ;*
- *A. Oraison , L'erreur dans les traités, Paris, LGDJ, 1972.*

L'article 48 de la Convention de Vienne érige l'erreur en vice du consentement susceptible de conduire à l'invalidité du traité. Il retient, cependant, une définition restrictive. En effet, seule l'erreur substantielle portant sur un fait ou une situation est admise. Sont écartées les erreurs de droit, les erreurs matérielles ou celles résultant du fait de l'errans.

Article 48 de la Convention de Vienne :

« 1. Un Etat peut invoquer une erreur dans un traité comme viciant son consentement à être lié par le traité si l'erreur porte sur un fait ou une situation que cet Etat supposait exister au moment où le traité a été conclu et qui constituait une base essentielle du consentement de cet Etat à être lié par le traité.

2. Le paragraphe 1 ne s'applique pas lorsque ledit Etat a contribué à cette erreur par son comportement ou lorsque les circonstances ont été telles qu'il devait être averti de la possibilité d'une erreur.

3. Une erreur ne concernant que la rédaction du texte d'un traité ne porte pas atteinte à sa validité ; dans ce cas, l'article 79 s'applique. »

a - L'erreur substantielle

L'erreur invoquée par l'Etat victime doit avoir constitué *la "base essentielle du consentement de cet Etat à être lié par le traité"* (article 48 –1 de la Convention de Vienne). La Convention de Vienne s'inspire des principes imposés par la pratique et confirmés par une jurisprudence constante. En effet, seule l'erreur qui affecte la réalité du consentement doit être prise en considération et entraîne la nullité du traité. Lorsque le consentement n'est pas altéré, l'erreur est indifférente et l'acte demeure valable.

Affaire de la Frontière N.E.USA. Possessions britanniques. La frontière devait être tracée par rapport à une ligne de référence les highlands, censée séparer certaines rivières. Or, les highands n'existent pas sur le terrain. Il en résulte, par conséquent, une erreur substantielle qui affecte le consentement.

C.P.J.I., 26 Mars 1925, Mavrommatis, série AB, n° 13, p. 31.
La Cour Permanente de Justice Internationale s'interroge si l'élément sur lequel a été commis l'erreur est considéré comme une condition du contrat de concession. Elle relève que tel n'est pas le cas dans l'affaire qui lui est soumise.

C.I.J., Arrêt du 26 Mai 1961, exceptions préliminaires, Temple de Preah Vihear, Rec. 1961, p.30.

La Thaïlande invoque une erreur commise dans sa déclaration d'acceptation de la juridiction de la cour. La Cour Internationale de Justice rejette cet argument au motif qu'il n'existe pas d'erreur essentielle. Car l'erreur doit affecter la réalité du consentement donné tel n'est pas le cas en l'espèce pour la Thaïlande.

Cette erreur substantielle doit être une erreur de fait.

b - L'erreur de fait ou de situation

Conforme en cela à une jurisprudence et à une pratique bien établies, l'article 48 de la Convention de Vienne exclut de son champ d'application l'erreur de droit. Seule est admise l'erreur portant sur un fait ou sur une situation que l'Etat supposait exister au moment de la conclusion du traité. Jugée grossière et impardonnable pour les services spécialisés des différents Etats, bien qu'invoquée dans plusieurs affaires, l'erreur de droit n'a pas été retenue par la Convention de Vienne. L'Etat ne saurait donc s'en prévaloir.

C.P.J.I., A., 5 Avril 1933, Statut du Groenland Oriental, série AB, n° 53, p.71, 91 et 92.

Cette erreur substantielle ne doit pas, toutefois, être causée par la victime.

c - Le fait de l'errans.

Bien que substantielle, l'erreur ne peut être admise comme vice du consentement, si l' Etat a contribué à cette erreur par son comportement ou s'il a été averti de la possibilité de réalisation d'une erreur.

La Convention de Vienne reprend deux des trois éléments dégagés par la Cour Internationale de Justice dans l'affaire du Temple Preah vihear.

C.I.J., A, 15 juin 1962, Temple Preah vihear, fond. Rec.

1962, p.26.
Dans cette affaire, la Cour affirme qu'une partie ne peut invoquer l'erreur comme vice du consentement si :

- *elle a contribué à cette erreur par sa conduite ;*
- *si elle était en mesure de l'éviter ou ;*
- *si elle en a été avertie.*

d - L'exclusion de l'erreur matérielle

L'erreur portant sur la rédaction du texte du traité n'affecte pas la validité du consentement (article 48-3 de la Convention de Vienne) car seul l'instrument est affecté. Il existe donc une différence entre la volonté déclarée et la volonté réelle. Il faut donc opérer une rectification. La Convention de Vienne prévoit, à cet effet, dans son article 79 une procédure de correction des erreurs dans les textes ou les copies certifiées conformes des traités.

Plusieurs affaires ont permis de constater l'existence d'erreurs matérielles.

Affaire de la Rivière Sainte Croix.
La question soumise à l'arbitre consiste à savoir quelle est la rivière que le traité désigne sous le nom de Sainte-Croix. Les USA se réfèrent à la carte dressée par le géographe Mitchell. Tandis que la Grande Bretagne conteste et rejette cette carte, car la rivière Sainte-Croix visée n'est pas la bonne rivière. Elle obtient gain de cause dans cette affaire dans laquelle l'erreur résulte de l'insuffisante précision du terme rivière Sainte-Croix qui est susceptible de concerner deux rivières.

C.P.A., 25 juin 1914, Affaire de l'île de Timor.
La Hollande et le Portugal ont par erreur donné le nom d'Oe sunan à l'affluent d'une rivière par lequel ils souhaitent faire passer la frontière. Or, ce nom désigne aussi une rivière plus à l'Est de cette ligne, et à laquelle prétend se référer le Portugal.

L'arbitre retient la première ligne en tenant compte de la volonté des parties.

Toutefois, l'erreur matérielle peut parfois produire des conséquences graves et aboutir à une contestation de la validité du consentement.

C.I.J., A, 20 juin 1959, Affaire de la souveraineté sur certaines parcelles frontalières,Rec.1959, p.222 et 225.
Les Pays-Bas soutiennent l'existence d'une erreur de copie dans le procès-verbal de la commission de délimitation annexé au traité. Or, de cette erreur dépend l'attribution des parcelles litigieuses à la Belgique. Ainsi, au-delà de l'erreur matérielle, se pose la question substantielle de l'abandon de souveraineté sur les deux parcelles.

Le juge international accepte rarement de prendre en compte les erreurs commises par les Etats au motif qu'un Etat ne peut arguer de son « *inexpérience diplomatique pour justifier son erreur* », *CIJ, A, du 3 février 1994, différend territorial Libye-Tchad., Rec.1994, p.20.*

Ainsi la Convention de Vienne en consacrant l'erreur de fait présentant un caractère essentiel, n'émanant pas de l'errans et non matérielle retient une conception restrictive de l'erreur. Cette démarche est conforme à l'opinion de L. Dubouis selon laquelle "*l'erreur est proteiforme; les effets que le droit lui attache varient nécessairement selon le genre de méprise commise*".

2 - Le dol

- *A.ORAISON, « Le dol dans la conclusion des traités », RGDIP 1971, p.617-673*

A la différence de l'erreur, le dol est une institution qui a donné lieu à une pratique peu répandue en Droit international public. Les auteurs se sont, cependant, interrogés sur la nécessité d'instituer un vice du consentement autonome de l'erreur avec lequel il présente quelques similitudes. Le dol s'inspire de l'adage selon lequel « *la fraude corrompt tout* ». La Convention de Vienne est allée au-delà de ces conjectures et a retenu le dol comme la conduite frauduleuse d'un Etat ayant participé à la négociation et qui détermine le comportement d'un autre Etat. Si erreur il y a dans la représentation de la réalité, celle-ci résulte de la manipulation, de la tromperie à laquelle a eu recours l'une des parties.

Article 49 de la Convention de Vienne :
« Si un Etat a été amené à conclure un traité par la conduite frauduleuse d'un autre Etat ayant participé à la négociation, il peut invoquer le dol comme viciant son consentement à être lié par le traité. »

La doctrine avance comme unique précédent dans la pratique internationale, les accords de Munich de 1938 qui ont été conclus par le gouvernement hitlérien avec l'intention frauduleuse d'annexer la Tchécoslovaquie.
Seule la victime du dol peut l'invoquer. Elle peut, cependant, couvrir le vice par son consentement express ou par son comportement. L'Etat possède donc une option. Il peut accepter la divisibilité de l'accord et maintenir en vigueur une partie du traité ou alors exiger la nullité complète. Enfin, il peut demander la disparition de tous les actes accomplis sur la base du traité nul (article 69-3 de la Convention de Vienne).

3 - La corruption

La corruption du représentant de l'Etat n'est pas aisée à définir : *« la corruption comprend deux éléments essentiels : d'une part, l'existence d'offres, promesses ou dons préalables à l'expression d'un consentement et, d'autre part, l'existence d'un rapport entre ces offres, promesses ou dons et l'effet recherché qui est d'infléchir la volonté du représentant dans un sens favorable à l'auteur de la corruption »* in Déclaration de M. Martinez Garo, représentant de l'Espagne à la 46e séance de la commission plénière, A/conf. 39/11, Add. 2, conférence, p.2.82.

Article 50 de la Convention de Vienne :
« Si l'expression du consentement d'un Etat à être lié par un traité a été obtenue au moyen de la corruption de son représentant par l'action directe ou indirecte d'un autre Etat ayant participé à la négociation, l'Etat peut invoquer cette corruption comme viciant son consentement à être lié par le traité. »

Les participants à la conférence diplomatique de Vienne se sont interrogés sur la nécessite d'instaurer un vice du consentement distinct du dol ou de la contrainte. L'admission tardive de ce vice du consentement par la Commission du Droit International atteste du triomphe de la thèse relative à la spécificité de ce vice. Aux termes de l'article 50 de la Convention de Vienne, la corruption du représentant de l'Etat est constituée par l'action directe ou indirecte d'un Etat ayant participé à la négociation à l'endroit du représentant d'un autre Etat. La corruption est un vice du consentement qui pose des difficultés de preuve. Et, elle met souvent en relief un réseau opaque de relations. Bien que l'article 50 de la Convention de Vienne exige qu'elle soit le fait d'un Etat et à l'encontre d'un autre Etat, il faut, toutefois, souligner qu'au-delà des relations interétatiques, des rapports particuliers existent entre l'Etat et des sociétés privées.

La corruption est une pratique fort répandue dans les transactions économiques, dans lesquelles les intérêts privés sont prédominants. Ce qui explique une interprétation relativement souple. L'acte de corruption doit être imputable à un Etat déterminé, il suffit qu'il émane d'une personne agissant pour le compte ou sous le contrôle de l'Etat, peu importe qu'il soit son représentant ou non. Les effets de la corruption sont identiques au dol. L'Etat victime peut invoquer la divisibilité du traité (article 44-4 de la Convention de Vienne) ou obtenir l'annulation de l'ensemble du traité. L'acte de corruption peut être couvert par l'Etat victime (article 45 de la Convention de Vienne).

4 - La contrainte sur le représentant d'un Etat.

La contrainte exercée sur le représentant d'un Etat (article 51 de la Convention de Vienne) est souvent difficile à distinguer de celle qui est faite sur l'Etat lui-même. Il s'agit ici des actes qui mettent en cause la personnalité du représentant de l'Etat et qui visent notamment son intégrité physique, sa réputation, sa carrière et celle des personnes qui lui sont proches.

Exemple *: la doctrine évoque la contrainte exercée sur le Président de la Tchécoslovaquie Hacha en 1939 et qui a conduit au traité du 15 Mars 1939 établissant le protectorat Allemand sur la Bohême Moravie.*

La contrainte constitue un vice grave qui a pour conséquence d'invalider le traité. Tout se déroule comme si le traité n'avait jamais existé à l'origine. Il s'agit d'une nullité ab initio.

5 - La contrainte contre l'Etat.

- *G. TENEKIDES, « Les effets de la contrainte sur les traités à la lumière de la Convention de Vienne du 23 mai 1963 », AFDI 1974, p.79- 102 ;*
- *J. P. RITTER, « Remarques sur les modifications de l'ordre international imposées par la force », AFDI 1961, p. 67-105.*

La contrainte exercée contre l'Etat doit être distinguée de l'hypothèse précédente. L'Etat est ici directement visé par un acte particulier et l'on peut citer à titre d'exemple, un traité élaboré sous la menace d'une invasion armée ou sous l'emprise d'une occupation militaire. Les conceptions juridiques concernant les effets de la contrainte ont évolué dans le temps. Les débats ont été houleux au moment de l'élaboration de la Convention de Vienne compte tenu des oppositions observées. Celles-ci portent notamment sur la signification que peut revêtir le terme contrainte et le sort réservé à certains traités.

a - Les effets de la contrainte dans le temps

La légalité du recours à la force dans les relations internationales a conduit à la légalité des traités conclus sous la contrainte notamment les traités de paix ou les traités inégaux. Par la suite, le problème de la validité des traités conclus sous la contrainte va se trouver posé. Cette évolution se traduit notamment par l'élaboration de différents instruments diplomatiques. Le Pacte de la Société des Nations et le Pacte Briand-Kellogg apportent une contribution notable à l'interdiction du recours à la force dans les relations internationales. Progressive et relative, cette obligation sera affirmée sans équivoque par la Charte des Nations Unies qui interdit le recours à la force dans les relations internationales (article 2 paragraphe 4 de la Charte de l'O.N.U). La pratique internationale participe aussi à cette évolution. Le 7 Janvier 1932, le Secrétaire d'Etat Américain Henry Stimson adresse une lettre aux Gouvernements chinois et japonais dans laquelle les USA refusent de reconnaître la légalité d'une situation de fait à savoir l'invasion de la Mandchourie et la création du Mandchoukouo. Cette position contribuera à l'apparition de la doctrine Stimson qui déterminera la pratique en matière de reconnaissance. Celle-ci consiste dans le refus de reconnaître toute situation constituée suite à l'usage de la force. Le 11 Mars 1932, une résolution de l'Assemblée de la Société des Nations recommande aux Etats de ne pas reconnaître toute situation découlant de l'occupation de la Mandchourie par le Japon et de la création du Manchoukouo. Le 19 Juin 1973, un traité entre la RFA et la Tchécoslovaquie prononce la nullité de l'accord de Munich du 29 Septembre 1938 au motif qu'il a été imposé à la Tchécoslovaquie sous la menace de la force par le régime national socialiste.

Aujourd'hui, l'interdiction de la contrainte par la Convention de Vienne ne fait que refléter l'existence d'une coutume internationale prohibant le recours à la force dans les relations internationales et codifiée par la Charte de l'ONU. Toutefois, les débats passionnés de la Conférence de Vienne ont permis de relever qu'il n'existe pas de consensus sur le contenu du principe.

b - Le contenu de la notion de contrainte

L'article 52 dispose que la contrainte résulte de l'usage de la menace ou de l'emploi de la force en violation des principes du Droit international public contenus dans la Charte de l'O.N.U. A contrario, tout usage ou menace d'usage de la force en conformité avec les principes de la Charte des Nations-Unies n'est pas constitutif d'un acte de contrainte.

Les pays développés ont soutenu que l'article 52 devrait être interprétée comme interdissant le recours à la force armée. Mais les pays en voie de développement ont posé la question de la contrainte économique et politique que pouvait subir un Etat. Le compromis entre ces deux thèses a consisté en l'affirmation des principes incorporés dans la Charte, la prise en compte de la contrainte économique, politique ou militaire et, dans le vote d'une déclaration sur l'interdiction de la contrainte militaire, politique ou économique lors de la conclusion des traités annexée à l'Acte Final adopté à l'issue de la conférence diplomatique de Vienne. L'extension de la contrainte aux aspects économique, politique et militaire a été évoquée devant la Cour Internationale de Justice.

C.I.J, A, 2 février 1973, Compétence en matière de pêcheries.
L'Islande soutient que l'échange de notes favorable à la Grande Bretagne n'a pu être fait que grâce aux actions de la flotte de guerre britannique dans les espaces maritimes controversés. La Cour Internationale de Justice rejette cette "allégation déguisée de contrainte qui aurait prétendument rendu l'échange de notes nul dès l'origine". Elle conclut qu'un traité ne peut prendre en considération une accusation aussi grave sans preuve. Dans son opinion dissidente, le juge de nationalité mexicaine Padillla NERVO, affirme : « une grande puissance dispose de bien des moyens pour utiliser la force et exercer des moyens de pression sur une petite nation. Il existe des pressions morales et politiques qui ne peuvent être établies au moyen de preuves documentaires mais dont l'existence est un fait incontestable ».

Le compromis établi par la Convention de Vienne ne règle pas le problème de l'imprécision de la notion de contrainte. Et, l'insertion d'une telle déclaration en annexe de la Convention de Vienne pose des problèmes d'interprétation indéniables.

c - Le sort réservé à certains traités

Certains Etats ont soutenu le point de vue selon lequel, l'admission de la contrainte en Droit international public a pour conséquence l'invalidité de tout traité notamment les traités de paix et les traités inégaux, quelle que soit leur période de conclusion. D'autres pensent que la nullité ne peut remonter au-delà de l'entrée en vigueur de la Charte des Nations Unies qui a cristallisé le principe de l'interdiction du recours à la force. La Commission du Droit International a pris position sur cette question dans son rapport de 1966. Il en ressort, en effet, que la commission pense qu'il ne lui appartient pas, lorsqu'elle codifie le droit moderne des traités, d'indiquer à quelle date précise du passé une règle générale existe en Droit international public.

B - La conformité aux règles impératives de Jus Cogens.

- *R. AGO, « Droit des Traités à la lumière de la Convention de Vienne. Introduction », RCADI, 1971, TIII, p. 323 ;*
- *J. NISOT, « Le concept de jus cogens envisagé par rapport au Droit International », RBDI, 1968, p. 1-7, « Le jus cogens et la Convention de Vienne », RGDIP, 1972, p. 692-697 ;*
- *Ch. De VISSCHER, « Positivisme et jus cogens », RGDIP, 1971, p. 5-11 ;*
- *M.K.YASSEEN, « Réflexions sur la détermination du « jus cogens » in SFDI, colloque de Toulouse, l'élaboration du Droit international public, Paris, Pedone, 1975, p. 204-218 ;*
- *Ch. CHAUMONT, « Mort et transfiguration du Jus-Cogens », Mélange Gonidec, Paris, 1985, p. 469-479 ;*
- *P.M DUPUY, « Observation sur le crime international de l'Etat », RGDIP 1980 p. 449-486,*
- *A.GOMEZ-ROBLEDO, « Le Jus-Cogens international ; sa genèse, sa nature, ses fonctions », RCADI, 1981 (III), p. 9-217,*
- *M. VIRALLY, « Réflexions sur le Jus-Cogens », AFDI, 1966, p. 5-29 ;*
- *P.WEIL, « Vers une normativité relative du Droit International », RGDIP, 1982, p.5.*

Le Jus Cogens constitue l'une des innovations majeures de la Convention de Vienne. Cette disposition relève beaucoup plus du développement progressif du Droit international public que de la codification de la coutume ; ce qui explique nombre d'oppositions enregistrées et en particulier, le vote négatif de la France lors de l'adoption de la Convention de Vienne. Les raisons de la critique résident notamment dans les contours imprécis de cette notion et dans les conséquences graves qui s'y rattachent.

1 - La définition du jus cogens

La doctrine s'est déjà préoccupée, dans le passé, de la question de savoir s'il existe des règles impératives du Droit international public auxquelles il est impossible de déroger. La reconnaissance de normes impératives en Droit international public revient à admettre l'existence d'un bloc de référence auquel sont tenus de se conformer les Etats et qui serait, par conséquent, l'équivalent de la notion d'ordre public consacrée en droit interne et qui limiterait leur souveraineté. L'article 53 de la Convention de Vienne sur le droit des traités conclus par les Etats consacre l'existence de normes de jus cogens :

« *Est nul tout traité qui, au moment de sa conclusion, est en conflit avec une norme impérative du Droit International général. Aux fins de la présente convention, une norme impérative du Droit International général est une norme acceptée et reconnue par la Communauté Internationale des Etats dans son ensemble, en tant que norme à laquelle aucune dérogation n'est permise et qui ne peut être modifiée que par une nouvelle norme du Droit International général ayant le même caractère* ».

Aux termes de l'article 53 de la Convention de Vienne, une norme de jus cogens est :

- une norme impérative ;
- une norme de Droit International ;
- une norme acceptée et reconnue par la Communauté des Etats dans son ensemble;
- une norme qui frappe de nullité la norme contraire.

a - Une norme impérative

Le jus cogens établit une « *échelle dans la normativité internationale* » (P. Weil). Une hiérarchie se trouve instaurée, par conséquent, entre les « *super-normes* » qui sont les normes impératives et les « *normes ordinaires* ». Le caractère impératif d'une norme ne signifie pas que les normes non impératives ne sont pas obligatoires. Toutes les normes sont obligatoires, cependant, certaines ont une force juridique plus importante dans la mesure où, les autres doivent s'y conformer.

C.I.J, A, 5 février 1970, Affaire de la Barcelona Traction, Rec.1970, p. 32.
« Une distinction essentielle doit (...) être établie entre les obligations des Etats envers la Communauté Internationale dans son ensemble et celles qui naissent vis-à-vis d'un autre Etat dans le cadre de la protection diplomatique. Par leur nature même, les premières concernent tous les Etats. Vu l'importance des droits en cause, tous les Etats peuvent être considérés comme ayant un intérêt juridique à ce que ces droits soient protégés ; les obligations dont il s'agit sont des obligations erga omnes ».

Les normes de jus cogens consacrées par la Convention de Vienne n'ont pas conduit à une pratique abondante des Etats. Au Congo, la Cour suprême, dans le cadre du contrôle de conformité à la constitution du projet de loi portant définition et répression des crimes contre l'humanité, a reconnu formellement l'existence de normes impératives.

Cour suprême, AC, 24 mars 1998, projet de loi portant définition et répression des crimes contre l'humanité
« considérant que la République du Congo est également partie à la convention du 9 décembre 1948 relative à la prévention et à la répression du crime de génocide en vertu de la théorie de la succession d'Etats d'une part et d'autre part en vertu de ce que les normes contenues dans ladite convention du 9 décembre 1948 sont de nos jours considérées comme l'expression du droit des gens c'est-à-dire comme des normes impératives et obligatoires pour tous et auxquelles nul Etat ne peut valablement se soustraire ».

Cette hiérarchie des normes est en contradiction avec les

principes fondamentaux qui régissent la société internationale et le Droit international public, et notamment le principe de l'autonomie de la volonté des Etats. Le jus cogens restreint la liberté des Etats et partant, constitue une limitation de leur souveraineté. Norme impérative, le jus cogens ne peut être modifié que par une norme équivalente.

b - Une norme de Droit International général

La norme de jus cogens se caractérise par son caractère général et on pourrait même dire universel. Le jus cogens représente les intérêts généraux de la société internationale. Sont cités par la doctrine comme normes de jus cogens : l'interdiction du génocide, de l'esclavage, de la traite négrière et le droit humanitaire. Ce caractère général pose la question de l'admission d'un jus cogens régional. Est-il possible de reconnaître l'existence, au sein d'une communauté réduite, de telles normes de portée limitée ? La Commission du Droit International ne s'est pas prononcée sur ce point. Si d'un point de vue sociologique, rien n'interdit l'existence d'une telle cohésion et l'apparition de telles normes, un problème de compatibilité se trouve posé; le jus cogens régional devant être compatible avec le jus cogens général.

c - La reconnaissance par la communauté des Etats dans son ensemble.

- *R.J. DUPUY, La communauté internationale entre le mythe et l'histoire, Paris, Economica, UNESCO, 1986, 182 p.*

Cette exigence est l'une des plus insaisissables de la définition du jus cogens car, elle renvoie à des concepts non définis et imprécis. Que signifie la reconnaissance de la norme de jus cogens ? Existe - t - il une procédure particulière au terme de laquelle la norme de jus cogens reçoit sa consécration ? Peut-on penser que le contentieux du jus cogens réservé à la Cour

Internationale de Justice constitue un moyen d'opérer une telle reconnaissance dans la mesure où l'article 66-a de la Convention de Vienne soumet le contentieux relatif au jus cogens à la Cour Internationale de Justice ou à l'arbitrage ? Il faut, toutefois, déchanter car la Cour Internationale de Justice a eu l'occasion, plus d'une fois de se prononcer sur le caractère fondamental d'une norme internationale mais elle n'a jamais été jusqu'à la qualifier de norme de jus cogens.

C.I.J, A, 22 décembre 1986, Différend frontalier (Burkina Faso / Mali)
C.I.J, A, 24 mai 1980, Affaire du personnel diplomatique et consulaire Américain à Téhéran

Les Etats assument des obligations envers la Communauté Internationale qui ont une valeur erga omnes.

C.I.J, A, 5 février 1970, Barcelona traction :
« Les obligations par exemple, dans le Droit International contemporain de la mise hors la loi des actes d'agression et du génocide, mais aussi des principes et des règles concernant les droits fondamentaux de la personne humaine y compris la protection contre la pratique de l'esclavage et la discrimination raciale... ».

TA, sentence du 31 juillet 1989, Délimitation de la frontière maritime Guinée Bissau / Sénégal, RGDIP, 1990, p. 234 :
« Du point de vue du droit des traités, le jus cogens est simplement la caractéristique propre à certaines normes juridiques de ne pas être susceptibles de dérogation par voie conventionnelle. »

La commission d'arbitrage de la conférence européenne pour la paix en Yougoslavie dans plusieurs avis a consacré l'existence de normes de jus cogens.

avis n° 1, 29.11.1991, RGDIP 1992, p. 265
« Les normes impératives du Droit International général et, en particulier le respect des droits fondamentaux de la personne humaine et des droits des peuples et des minorités, s'imposent à toutes les parties prenantes à la succession. »

avis n° 9, 4 juillet 1992, RGDIP, 1993, p. 591
« La considération dominante en la matière est que la solution retenue doit correspondre à un résultat équitable, les Etats intéressés devant en fixer les modalités par voie d'accords sous réserve du respect des normes impératives du Droit International général et, en particulier, des droits fondamentaux de la personne humaine et des droits des peuples et des minorités. »

avis n° 10, 4 juillet 1992, RGDIP, 1993, p. 594
La reconnaissance d'Etat est un acte discrétionnaire « sous la seule réserve du respect dû aux normes impératives de Droit International général. »

Existe - t - il un organe spécialisé dont la contribution à la reconnaissance de la norme de jus cogens est décisive ? Qu'entend-on par Communauté des Etats dans son ensemble à laquelle se réfèrent notamment la résolution n° 2625 (XXV°) du 24 Octobre 1970 relative aux principes de Droit International touchant les relations amicales et la coopération entre les Etats et la résolution n° 2997 (XXVII°) du 15 Décembre 1972 portant création du Programme des Nations Unies pour l'Environnement ?

On peut considérer, toutefois, que la Communauté internationale n'a pas encore reçu la consécration tant attendue. S'agit - il de tous les Etats membres de la société internationale, des Etats membres de l'Assemblée Générale de l'ONU, compte tenu du fait que l'Assemblée Générale est la structure qui réunit le plus grand nombre d'Etats souverains ? Dans ce cas, cela ne reviendrait-il pas à soumettre la reconnaissance du jus cogens à la volonté de la majorité des Etats composant l'Assemblée Générale c'est-à-dire aux pays en voie de développement et aux anciens pays socialistes ? Ce qui explique d'ailleurs l'intérêt manifesté par ces Etats pour la nouvelle institution et l'hostilité des pays développés lors des débats. Les USA ont tenté d'imposer un verrou en proposant la formule selon laquelle le jus cogens aurait été reconnu par les systèmes juridiques les plus représentatifs. Cette tentative avortée a encore plus cristallisé les positions.

La principale caractéristique de la norme de jus cogens réside dans la sanction grave dont elle frappe la norme contraire.

2 - Une nullité absolue.

Tout traité entrant en conflit avec une norme impérative de jus cogens est frappé de nullité. Ainsi la contradiction avec une norme impérative conduit-elle à l'application du régime le plus rigoureux qui soit. La divisibilité est impossible et la norme ne peut êtrc couverte par l'acceptation ultérieure (articles 44,45,53,64,71 de la Convention de Vienne).

L'accession d'une norme internationale à la catégorie de jus cogens affecte tous les traités contraires. En effet, tout traité existant qui se trouve en conflit avec cette nouvelle norme devient nul et de nul effet. Il s'agit d'une hypothèse grave qui démontre le plus l'atteinte portée à la liberté de consentement des Etats et qui met en cause la sécurité des relations juridiques (article 64 de la Convention de Vienne).

La doctrine cite traditionnellement les règles de droit humanitaire et les droits de la personne humaine comme des règles de jus cogens. Ces droits doivent être respectés en tout temps et en toutes circonstances et ils ne sont susceptibles d'aucune dérogation. Il s'agit notamment du droit à la vie, du droit de ne pas être soumis à la torture, à des peines ou traitements dégradants et du droit de ne pas être réduit en esclavage. La création, sur l'initiative du Conseil de Sécurité, de deux juridictions chargées de statuer sur les crimes commis en ex-Yougoslavie et au Rwanda, est l'expression de la condamnation par la Communauté Internationale des exactions commises lors de ces conflits (purifications ethniques, ouverture de camps de concentration, viols, etc.). C'est la même philosophie qui a justifié la création de la Cour Pénale Internationale par le traité de Rome.

Section 5. L'application des traités

- *Ph. Braud, « Recherches sur l'Etat tiers en Droit International », RGDIP, 1968, p. 17-96 ;*
- *Ph. Cahier, « Le problème des effets des traités à l'égard des Etats tiers », RCADI, 1974, III, p. 589-736 ;*
- *J. F. Prevost, Les effets des traités conclus entre Etats à l'égard des Etats tiers, thèse dactylographiée, Paris II, 1973 ;*
- *E. Sauvignon, « Les traités et les ressortissants des Etats tiers », R.G.D.I.P. 1977, p. 15-101.*

Le Droit international public consacre la règle de l'effet relatif des traités. Le traité ne produit des effets juridiques qu'entre les parties. Pour les Etats tiers, il n'est pas obligatoire.

I – Les effets à l'égard des parties
II – Les effets à l'égard des tiers

I - Les effets à l'égard des parties

Les effets des traités à l'égard des parties sont régis par le principe du caractère obligatoire des traités encore appelé "*pacta sunt servanda*" et par le principe de la bonne foi.

A - Le caractère obligatoire des traités

L'article 26 de la Convention de Vienne sur le Droit des Traités conclus par les Etats et le préambule de la Charte de l'Organisation des Nations-Unies affirment le principe du caractère obligatoire des obligations nées des traités et des autres sources du droit.

Article 26 de la Convention de Vienne :
« Tout traité en vigueur lie les Parties et doit être exécuté par elles de bonne foi. »

Le caractère obligatoire des traités constitue une règle fondamentale du Droit international public. La doctrine volontariste l'explique par la volonté des Etats de se lier. Le traité est, en effet, obligatoire pour les Etats qui ont consenti à être liés et à l'égard desquels il est en vigueur (article 2-1g. de la Convention de Vienne). D'autres auteurs expliquent, par contre, le caractère obligatoire des traités, par une règle préexistante à la volonté des Etats. Enfin, un troisième groupe s'interroge, vu la place cardinale qu'occupe la règle pacta sunt servanda en Droit International, si elle ne devrait pas être considérée comme une règle impérative de Droit International. Cette approche est notamment celle de Pierre Marie Dupuy, Droit international public, Paris, collection Dalloz, 1992, p. 201 : «*le principe du caractère obligatoire des traités est souvent présenté comme une sorte de loi des lois, et l'on évoquait un peu plus haut la possibilité logique de lui reconnaître en effet une portée que l'on pourrait dire structurellement impérative, en tant qu'elle constitue une exigence première de l'existence et de la cohérence d'un ordre juridique international* ».

Le traité est obligatoire et, il doit être appliqué par les Etats parties.

B - L'application des traités par les parties

L'application des traités par les Etats parties a reçu une consécration doctrinale, pratique, jurisprudentielle et conventionnelle.

1 - La reconnaissance doctrinale

Il existe, sur ce point, l'unanimité entre les auteurs. Le professeur Guggenhein soutient que : « *le principe de l'autonomie contractuelle a pour conséquence que des sujets de Droit International qui n'ont rien à faire avec la création ou l'exécution du traité ne sont pas liés par ce traité* ». Tandis que le professeur Rousseau affirme « *en principe, les traités n'ont qu'un effet relatif. Ils ne peuvent ni nuire, ni profiter aux tiers. Leurs effets juridiques sont strictement limités au cercle des contractants*". George Scelle, semble, toutefois, émettre quelques doutes sur l'existence de cette règle au motif que certains traités élaborés par les Etats pourraient produire des effets à l'égard des tiers.

2 - La pratique internationale

Les Etats accordent une importance particulière à la règle pacta sunt servanda comme en témoignent les éléments recensés par le professeur Alexandre Kiss dans le Répertoire de la pratique de Droit International.

3 - La consécration jurisprudentielle

Plusieurs arrêts affirment le principe de l'effet relatif des traités.

C.P.J.I ,A, 7 Juin 1932, Affaire des zones franches de la Haute-Savoie et du pays de Gex.

La cour précise que l'article 455 du traité de Versailles n'est opposable à la Suisse, Etat tiers, que si elle en accepte l'application.

C.I.J, A, 20 février 1969, Plateau continental en mer du Nord
La Cour Internationale de Justice relève que l'on ne saurait présumer à la légère qu'un Etat qui avait la possibilité de devenir partie à la Convention et qui n'a pas recouru aux procédures légales soit lié par le traité. Cet Etat ne peut revendiquer aucun droit tant qu'il n'a pas exprimé sa volonté ou son acceptation dans les formes prescrites.

4 - Le fondement conventionnel

La Convention de Vienne sur le Droit des Traités conclus par les Etats consacre les principes du caractère obligatoire du traité et de l'application du traité par les parties. A l'égard des Etats tiers, le traité ne crée ni obligation ni droit sans leur consentement (article 34 de la Convention de Vienne).

C - L'exécution de bonne foi

- *E. Zoller, La bonne foi en Droit international public, Paris, Pedone, 1977, 395 p.*

« *Il existe sans doute peu de notions en Droit international public qui prêtent à autant d'équivoques et de malentendus que celle de bonne foi* ». C'est dans ces termes qu'Elisabeth Zoller introduit son ouvrage consacré à la bonne foi en Droit international public. Ceux-ci résument à eux seuls la difficulté pour les juristes de bien cerner cette notion. Les diplomates, les internationalistes et les accords internationaux consacrent cette institution sans pour autant la définir. Parmi les instruments juridiques qui s'y réfèrent, on peut mentionner : la convention pour le règlement pacifique des conflits internationaux, la Charte de l'ONU, la résolution n° 2625 (XXV) et l'Acte Final de la conférence d'Helsinki.

- Article 37 de la convention pour le règlement pacifique des conflits internationaux du 18 octobre 1907 : « *Le recours à l'arbitrage implique l'engagement de se soumettre de bonne foi à la sentence* »

- Article 2 paragraphe 2 de la Charte de l'ONU : « *Les membres de l'organisation, afin d'assurer à tous la jouissance des droits et avantages résultant de leur qualité de membre, doivent remplir de bonne foi les obligations qu'ils ont assumées aux termes de la présente charte* ».

- résolution n° 2625 (XXV) de l'Assemblée générale de l'ONU : « *les Etats remplissent de bonne foi, les obligations qu'ils ont assumées conformément à la charte* ».

- Article 26 de la Convention de Vienne sur le droit des traités conclus par les Etats : « *Tout traité en vigueur lie les parties et doit être exécuté par elles de bonne foi* ».

- Acte Final de la conférence d'Helsinki : « *Parmi les dix principes qui doivent gouverner les relations entre les Etats figure le principe de l'exécution de bonne foi des obligations assumées conformément à la charte* ».

La bonne foi constitue une institution déterminante du droit des traités. Elle préside à la création et à l'exécution des obligations internationales. Elle n'est pas d'une définition aisée et précise. La contribution du juge international a été sur ce point décisive. Elle a permis de dégager les contours de cette notion.

C.I.J,. A, 20 décembre 1974, affaire des Essais nucléaires, Rec. 1974, p.268.

« L'un des principes de base qui président à la création et à l'exécution d'obligation juridique, quelle qu'en soit la source, est celui de bonne foi. La confiance réciproque est une condition inhérente à la coopération internationale, surtout à une époque où dans bien des domaines, cette coopération est de plus en plus indispensable ».

La bonne foi est l'esprit de loyauté, de respect du droit, de fidélité aux engagements de la part de celui dont l'action est en cause. Selon le Dictionnaire de la Terminologie en Droit International, il faut *« s'abstenir de dissimulation, de tromperie, de dol dans les relations avec autrui ».* La bonne foi est donc une attitude psychologique, elle relève de l'état d'esprit des sujets de droit. Cette psychologie s'extériorise et se manifeste par les indices qui peuvent être appréciés en recourant à certains standards. L'appréciation de la bonne foi suppose la prise en compte du comportement objectif du sujet de droit qui résulte de sa psychologie. *« Pacta Tertris nec nocent »* en d'autres termes, les traités sont obligatoires et sont exécutés de bonne foi par les parties. Ce principe fait l'unanimité au sein de la doctrine. Il se justifie par une société internationale composée d'Etats souverains et égaux. Car accepter qu'un groupe d'Etats puisse élaborer des traités pour les imposer à d'autres reviendrait, en effet, à remettre en cause les principes de souveraineté, d'indépendance et d'égalité des Etats.

D - <u>L'application des traités dans l'espace</u>

- *W.WENGLER, « Berlin Ouest et les Communautés Européennes », AFDI 1978, p. 217;*
- *R. MAISON,« La situation internationale de Hong Kong : quelques questions d'actualité », AFDI 2000, p.111-130.*

L'article 29 de la Convention de Vienne détermine le champ d'application territorial des traités :

« A moins qu'une intention différente ne ressorte du traité ou ne soit par ailleurs établie, un traité lie chacune des Parties à l'égard de l'ensemble de son territoire. »

Le principe est celui de l'application du traité à l'ensemble du territoire de chacune des parties. Il s'agit de l'espace terrestre, aérien et maritime. Cependant, celles-ci peuvent y déroger. La détermination du champ d'application spatiale des traités a été d'actualité dans le passé. Les puissances coloniales avaient pour pratique l'insertion d'une disposition dans les clauses finales du traité dont l'objet était d'exclure du champ d'application de la convention les territoires sous administration coloniale. Cette clause appelée *« clause coloniale »* est révolue.

De nos jours, certains Etats fédéraux (clause fédérale) ou insulaires, ou à statut particulier précisent dans certaines conventions leur champ d'application. C'est ainsi qu'avant 1990, la RFA prenait le soin de déterminer le champ d'application des conventions qu'elle concluait par rapport à la ville de Berlin. Le champ d'application territoriale des conventions internationales enregistre des développements nouveaux dans le cadre du processus de rétrocession de Hong Kong à la Chine. La Grande Bretagne et la Chine ont convenu d'une application variable des traités multilatéraux. Les traités multilatéraux auxquels la Chine est partie ne s'appliquent pas automatiquement à Hong Kong. Tandis que les traités multilatéraux qui lient la Grande Bretagne continuent de s'appliquer à la Région administrative de Hong Kong après que la Chine ait notifié aux dépositaires qu'ils sont applicables à Hong Kong. Cette situation est particulière dans la mesure où malgré son statut d'entité administrative autonome, Hong Kong constitue bel et bien une partie du territoire chinois.

E - <u>L'application des Traités dans le temps</u>

- *D. BINDSHEDLER – ROBERT, « De la rétroactivité en Droit*

international public », in Recueil d'Etudes de Droit International en Hommage à Paul Guggenheim. Paris, p. 184 – 200.

L'application des traités dans le temps est régie par le principe de la non-rétroactivité en l'absence d'une intention contraire des Parties. Ce principe signifie que les normes de Droit International ne valent que pour l'avenir. Elles ne sauraient régir des situations antérieures.

Article 28 de la Convention de Vienne :
« A moins qu'une intention différente ne ressorte du traité ou ne soit par ailleurs établie, les dispositions d'un traité ne lient pas une partie en ce qui concerne un acte ou fait antérieur à la date d'entrée en vigueur de ce traité au regard de cette partie ou une situation qui avait cessé d'exister à cette date ».

Ce principe est loin d'avoir une valeur absolue. La pratique et la jurisprudence internationales attestent d'exemples, certes limités, de conventions de caractère rétroactif.

Exemples *: - Les traités portant sur des prestations sociales présentent parfois un caractère rétroactif : la convention entre la Suisse et l'Italie du 17 octobre 1951 relative aux assurances sociales rétroagit au 1er janvier 1951.*

- Il en est de même pour les traités de double imposition : le protocole additionnel à la convention du 15 juillet 1931 entre la Suisse et l'Allemagne en vue d'éviter la double imposition en matière d'impôts directs et d'impôts sur les successions du 6 juillet 1956 devait s'appliquer à tous les cas auxquels s'appliquait la loi allemande du 14 août 1952 sur la péréquation des charges.

Le principe de la non-rétroactivité des normes internationales a été affirmé par le juge international.

- C.P.A ,04 avril 1928, Ile de palmas
L'arbitre affirme que seules les règles de droit en vigueur au moment de la commission des faits s'appliquent.

- C.P.J.I, A, 30 août 1954, exceptions préliminaires, Concessions Mavrommatis en Palestine, série A, n° 2, p.24.
La Cour admet que les parties au Protocole XII du traité de Lausanne ont entendu lui conférer un caractère rétroactif. La rétroactivité résulte par conséquent de l'objet du traité.

- CIJ, A, 1er juillet 1952, exceptions préliminaires, Ambatielos, Rec. 1952.
Le Gouvernement grec entend se prévaloir, sur la base d'un traité conclu en 1926, de certains actes produits en 1922 et en 1923. Ce à quoi la cour répond en affirmant : « accepter cette théorie serait conférer un effet rétroactif à l'article 29 du traité de 1926, alors que l'article 32 du même traité énonce que le traité entrera en vigueur dès sa ratification. Cette conclusion aurait pu être contredite s'il avait existé une clause ou une raison particulière appelant une interprétation rétroactive. Il n'existe pas dans le cas présent de telle clause ou de telle raison, il est donc impossible d'admettre que l'une quelconque de ces dispositions doive être considérée comme ayant été en vigueur à une date antérieure ».

II - Les effets à l'égard des tiers.

La Convention de Vienne définit l'Etat tiers comme l'Etat qui n'est pas partie au traité c'est-à-dire qui n'est pas lié par les dispositions du traité entré en vigueur (article 2 paragraphe 1 de la Convention de Vienne). Le tiers peut être un Etat qui a signé, mais qui n'a pas ratifié le traité, qui ne l'a pas signé, ou qui n'a pas adhéré. Le tiers n'est pas régi par les dispositions du traité en vertu du principe de l'effet relatif des traités. Néanmoins, des exceptions existent.

A - <u>Le principe de l'effet relatif des traités</u>

Le principe de l'effet relatif des traités (article 34 de la Convention de Vienne) trouve son fondement dans la souveraineté des Etats. Il serait difficile dans la configuration actuelle de la société internationale, d'imposer des obligations à un Etat tiers ou de lui reconnaître des droits. Car les Etats ne sont engagés que parce qu'ils l'ont voulu.

Article 34 de la Convention de Vienne :
« *Un traité ne crée ni obligations, ni droits pour un Etat tiers sans son consentement* ».

Du principe de l'effet relatif des traités dérivent deux conséquences : l'absence d'obligation pour les tiers, d'une part et, l'absence de droit pour ceux-ci, d'autre part.

1 - L'absence d'obligation pour les tiers.

Le traité ne peut soumettre les tiers à des obligations quelconques sans leur consentement. Ce principe traditionnel du droit des traités a été affirmé par la jurisprudence internationale.

C.P.A, 04 avril 1928, Ile de Palmas, RSA. II, p.850.
Les traités conclus par l'Espagne avec des pays tiers et qui reconnaissent sa souveraineté sur l'Ile de Palmas ne sont pas opposables aux Pays Bas.

CPJI, 10 Septembre 1929,Commission internationale de l'ODER,série A, n° 23, p. 19-22.
La convention de Barcelone de 1921 sur le régime des voies navigables ne peut pas lier la Pologne, Etat tiers.

2 - L'absence de droit pour les tiers

Aucun Etat ne peut se prévaloir des dispositions d'un traité auquel il n'est pas partie.

Sentence arbitrale du Roi d'Italie, 28 juin 1931, Ile Clipperton, RSA, III, p.1405.
Le Mexique tente d'opposer à la France certaines dispositions de l'Accord de Berlin de 1885 auquel la France était partie mais pas lui. L'arbitre rejette cette prétention au motif que le Mexique ne peut tirer de droits des traités auxquels il n'est pas partie.

B - Les exceptions.

La règle de l'effet relatif des traités admet comme tout principe juridique un certain nombre d'exceptions. Celles-ci sont diversement appréciées par la doctrine. Pour certains auteurs, il ne saurait y avoir d'exceptions que celles qui ont pour conséquences d'imposer ou de reconnaître aux tiers des obligations et des droits sans pour autant qu'il n'exprime son consentement. Toute institution dans laquelle l'accord du tiers est exprimé ne constituerait pas une exception à ce principe. Elle ne serait qu'un accord collatéral. Sans avoir la prétention de prendre part à cette querelle doctrinale, nous allons tenter de regrouper ces différentes exceptions en deux sous groupes : les exceptions qui requièrent le consentement des Etats tiers et celles qui ne l'exigent pas.

1 - Le consentement des Etats tiers.

Le consentement du tiers est requis dans plusieurs hypothèses. Il s'agit de :

- l'accord collatéral ;
- la clause de la nation la plus favorisée ;
- la stipulation pour autrui.

a - L'accord collatéral.

L'extension du traité au tiers s'explique par le consentement formel exprimé par celui-ci.

Article 35 de la Convention de Vienne :
« une obligation naît pour un Etat tiers d'une disposition d'un traité si les parties à ce traité entendent créer l'obligation au moyen de cette disposition et si l'Etat tiers accepte expressément par écrit cette obligation ».

L'obligation à laquelle le tiers se trouve lié ne résulte pas du traité initial, mais de l'accord conclu suite à sa manifestation de volonté et à celle des Etats parties au traité initial. Cette obligation ne peut être modifiée ou révoquée que par le consentement des Etats parties à l'accord collatéral, c'est-à-dire les Etats parties au traité initial et les Etats tiers (article 37-1 de la Convention de Vienne).

b - La clause de la nation la plus favorisée.

- *D. VIGNES, « La clause de la nation la plus favorisée et sa pratique contemporaine », RCADI, 1970, II, T 130, p. 207.*

La clause de la nation la plus favorisée est une clause insérée dans un traité et en vertu de laquelle les Etats parties conviennent d'appliquer automatiquement à leur relation conventionnelle tout régime favorable consenti à un Etat tiers dans la matière visée par la clause. L'avantage dont bénéficie l'Etat résulte d'un traité auquel il n'est pas partie. Si ce traité vient à disparaître, l'Etat n'a pas le droit au maintien de l'avantage concédé. Ce principe a été rappelé par la Cour Internationale de Justice.

CIJ, A, 27 Août 1952, Droits des ressortissants américains au Maroc , Rec. 1952, p.187.
Les Etats-Unis ont bénéficié d'une clause de la nation la plus favorisée relative au traitement de leurs nationaux au Maroc. Ils ont bénéficié des avantages octroyés par le Maroc à d'autres Etats en vertu de la clause. Les traités ayant été abrogés, les Etats-Unis ont prétendu conserver lesdits avantages. La cour a rappelé que ces avantages résultent du traité abrogé ; par conséquent, les Etats-Unis ne sauraient revendiquer le maintien desdits avantages.

La clause de la nation la plus favorisée permet d'assurer l'égalité réelle entre les Etats en évitant les discriminations dans le domaine économique. Elle constitue l'un des principes essentiels de l'Organisation Mondiale du Commerce (OMC). Elle ne fait pas l'objet, cependant, d'une disposition particulière de la Convention de Vienne. Des travaux ont été entrepris au niveau de la Commission du Droit International qui a désigné à cet effet des rapporteurs. Un projet d'articles a été adopté en 1978, toutefois, il n'est pas entré en vigueur, compte tenu de divergences profondes entre les Etats. La portée de la clause de la nation la plus favorisée est limitée strictement au domaine sur lequel les Etats contractants ont pris des engagements.

CIJ, A, 22 Juillet 1952, Anglo Iranian oil company, compétence, Rec. 1952, p. 109.
La Cour Internationale de Justice relève que la Grande Bretagne n'est pas fondée à invoquer le bénéfice d'une convention conclue par l'Iran avec le Danemark portant sur le règlement des différends entre les deux pays, en vertu de la clause de la nation la plus favorisée contenue dans les traités anglo-iraniens au motif que ces traités portaient sur des questions commerciales et non de règlement des différends.

c - La stipulation pour autrui.

« *La stipulation pour autrui peut se définir comme la clause d'un traité énonçant une promesse dont le bénéficiaire est un Etat qui n'est pas partie à ce traité et dont on peut se demander si elle crée un droit dont cet Etat est fondé à se prévaloir et qui ne peut pas lui être retiré sans son consentement* » (Dictionnaire de la Terminologie en Droit International).

Deux éléments apparaissent dans cette définition d'une part, la création d'un droit au bénéfice d'un tiers et, le consentement du tiers en cas de modification, d'autre part. La stipulation pour autrui apparaît à la lumière de la pratique des Etats et dans la jurisprudence.

- La pratique internationale

De nombreux traités internationaux contiennent des stipulations en faveur d'Etats tiers. Ces clauses sont en général insérées dans les traités de paix ou dans les traités établissant un régime international général. Elles permettent à un Etat qui ne peut pas devenir partie, de bénéficier de droits sur un aspect du règlement global qui le concerne.

Exemples : *- Le traité de Versailles prévoyait en faveur de la Suisse (tiers) des droits sur le Rhin.*

- Le manifeste du 16 juin 1970 sur la réconciliation entre les deux Congo est un accord bilatéral en forme simplifiée conclu entre la République du Congo et la République Démocratique du Congo en présence des chefs d'Etat de la République du Tchad, du Gabon, de la RCA et du représentant de la République Fédérale du Cameroun qui apposent leur signature en qualité de chefs d'Etat témoins. Ces chefs d'Etat témoins sont membres de la commission permanente chargée du suivi de l'application de l'accord. Cette convention organise une stipulation pour autrui. En effet, les Etats

témoins sont tiers par rapport au manifeste et ils ont exprimé leur consentement en le paraphant. La convention crée des droits en leur faveur notamment l'appartenance à l'organe de suivi. Cette prérogative ne peut être remise en cause unilatéralement par les deux parties à l'accord à savoir la République Démocratique du Congo et la République du Congo.

- La reconnaissance doctrinale

De manière générale, la doctrine admet l'existence de la stipulation pour autrui. Cependant, on enregistre des divergences sur le fondement même de l'obligation. Pour certains auteurs, à l'instar de Sir Gérald Fitzmaurice, Sir Humphrey Waldock, l'obligation résulte des effets juridiques du traité, tandis que pour d'autres, notamment Anzilotti, elle provient du consentement du tiers.

- La jurisprudence

C.P.J.I, A, 7 Juin 1932. Affaire des zones franches du pays de Gex, série A/B, n° 46, p. 147.

Sur la base de l'article 435 du traité de Versailles, la France décide d'abroger les zones franches dont la Suisse est bénéficiaire depuis 1815. La Suisse s'oppose à l'abrogation unilatérale et revendique l'existence de certains droits. La Cour Permanente de Justice Internationale précise que l'article 435 du traité de Versailles n'est opposable à la Suisse que si elle l'a accepté et que la Suisse a acquis des droits en vertu du traité de 1815. Elle admet, en conséquence, le principe de la stipulation pour autrui en faveur de la Suisse. La Cour Permanente de Justice Internationale reconnaît la création de droits par des Etats parties au profit d'un tiers s'il exprime son consentement : *« on ne saurait facilement présumer que des stipulations avantageuses à un Etat tiers avaient été adoptées dans le but de créer en sa faveur un droit. Rien cependant n'empêche que la volonté d'Etats souverains puisse avoir cet objet et cet effet. L'existence d'un droit acquis en vertu d'un acte passé par d'autres Etats est donc une question d'espèce ; il s'agit de constater si les Etats qui ont stipulé en faveur d'un autre Etat ont entendu créer pour lui un véritable droit que ce dernier a accepté comme tel ».*

- La Convention de Vienne

Les articles 36 et 37-2 de la Convention de Vienne édictent les principes qui gouvernent la stipulation pour autrui à savoir :

- la création d'un droit au profit d'un Etat tiers ;
- la volonté des Etats parties au traité de lui conférer ce droit ;
- le consentement de l'Etat tiers, présumé sauf indication ou intention contraire ;
- le droit ne peut être modifié ou révoqué qu'avec le consentement du tiers.

Article 36 de la Convention de Vienne :

«

1. *Un droit naît pour un Etat tiers d'une disposition d'un traité si les Parties à ce traité entendent, par cette disposition, conférer ce droit soit à l'Etat tiers ou à un groupe d'Etats auquel il appartient, soit à tous les Etats, et si l'Etat tiers y consent. Le consentement est présumé tant qu'il n'y a pas d'indication contraire, à moins que le traité n'en dispose autrement.*
2. *Un Etat qui exerce un droit en application du paragraphe 1 est tenu de respecter, pour l'exercice de ce droit, les conditions prévues dans le traité ou établies conformément à ses dispositions. »*

Article 37 paragraphe 2 de la Convention de Vienne :
« Au cas où un droit serait né pour un Etat tiers conformément à l'article 36, ce droit ne peut pas être révoqué ou modifié par les Parties s'il est établi qu'il était destiné à ne pas être révocable ou modifiable sans le consentement de l'Etat tiers. »

2 - L'absence de consentement des tiers

Dans quelle mesure un traité peut-il créer des droits et obligations à l'égard de l'Etat tiers sans que celui-ci n'exprime son consentement ? Car le principe est pas d'obligation juridique sans le consentement de l'Etat tiers (article 35 de la Convention de Vienne) et le consentement doit être formulé expressément par écrit. En dépit de ce principe, on observe que dans certaines circonstances, malgré l'absence de consentement du tiers, il existe bel et bien la création d'obligations juridiques. Il s'agit, d'une part, des traités établissant des situations objectives et, des statuts territoriaux, d'autre part.

a - Les situations objectives

« *Un traité établit un régime objectif lorsqu'il ressort de ses dispositions et des circonstances de sa conclusion que l'intention des parties est de créer dans l'intérêt général des obligations et des droits de caractère général concernant une région, un Etat, un territoire, une localité, un fleuve ou une voie d'eau déterminée, ou une zone déterminée de la mer, du lit de la mer, ou de l'espace aérien, à condition que parmi les parties se trouve un Etat ayant compétence territoriale à l'égard de l'objet du traité, ou qu'un tel Etat ait consenti à la disposition en question »* Sir Humphrey Waldock, 1964, rapport à la Commission du Droit International.

Au terme de cette définition, le statut objectif suppose la réunion de trois éléments cumulatifs :

- l'intention des parties de créer des droits et obligations dans un but d'intérêt général ;
- le traité doit concerner le domaine territorial : espace terrestre, maritime ou aérien ;
- l'une des parties doit avoir compétence territoriale sur l'objet du traité.

L'affaire des îles d'Aaland a constitué une étape importante dans la problématique des statuts objectifs. Un traité tripartite entre la Grande Bretagne, la Russie et la France démilitarise les îles d'Aaland en 1856 qui à partir de 1920, relèvent de la souveraineté de la Finlande. La question qui se pose est celle du sort réservé à la démilitarisation des îles d'Aaland. La Suède Etat tiers revendique le maintien du statut de démilitarisation. La commission des juristes, instituée par la Société des Nations, tranche en faveur de la thèse Suédoise.
« A raison du caractère objectif du règlement de la question des îles d'Aaland par le traité de 1856, la Suède peut être une puissance immédiatement intéressée, à réclamer le respect des stipulations de ce traité, tant que les parties ne l'ont pas abrogé (...). Les puissances ont (...) cherché à établir un véritable droit objectif, de vrais statuts politiques dont les effets se font sentir en dehors du cercle même des parties contractantes ».

La pratique internationale va s'enrichir de nombreux exemples de création de statuts objectifs parmi lesquels on peut citer les traités relatifs à l'Antarctique. Trois traités en 1959, en 1980 et en 1988 scellent le sort de ce territoire. Le traité du 1er décembre 1959 est élaboré afin de neutraliser les prétentions de certains pays qui avaient des visées sur ce territoire aux potentialités multiples. Le régime organisé se base sur quelques principes fondamentaux à savoir : l'utilisation pacifique du territoire, la démilitarisation, le gel des prétentions territoriales, la liberté de la recherche scientifique et la coopération internationale. Le régime organisé dans l'Antarctique ne concerne pas seulement les Etats parties, il s'impose aussi aux Etats tiers. Cette situation objective produit donc des effets erga omnes c'est-à-dire en dehors du cercle des parties contractantes et est opposable aux tiers. Elle caractérise toutes les conventions relatives à l'Antarctique. A savoir, le traité de Wellington du 2 juin 1988 relatif à l'exploitation des ressources naturelles dans l'Antarctique qui organise les conditions d'une exploitation durable des ressources naturelles de l'Antarctique. Le protocole de Madrid du 4 octobre 1991 organise un moratoire de cinquante ans à l'exploitation des ressources minérales de l'Antarctique et interdit les activités minières. La convention sur la conservation de la faune et de la flore de l'Antarctique de 1980 détermine les conditions de protection de l'environnement.

La Commission du Droit International a enregistré des oppositions au régime des statuts objectifs. Car de nombreux auteurs s'opposent à la reconnaissance d'un tel régime qui aboutirait à des effets obligatoires à l'égard des Etats tiers sans leur consentement. Par conséquent, il n'existe pas de consécration juridique de la notion de situation objective à l'heure actuelle ; le droit positif est cristallisé par les articles 35 et 36 de la Convention de Vienne. Enfin, il faut préciser la nuance qui existe entre la création de droits ou d'obligations. La naissance d'obligations pour les tiers suppose leur consentement écrit, alors que la constitution de droits peut résulter d'une présomption d'accord.

b - Les statuts territoriaux

Il existe différents statuts territoriaux, il s'agit de la démilitarisation, de la neutralisation et des voies de communication internationales.

- La démilitarisation

L'Antarctique et les îles d'Aaland sont dotées d'un statut

qui organise leur démilitarisation (Voir infra).

- *La neutralisation*

Sur la question de la neutralisation, la doctrine se divise en deux groupes principaux. Pour le premier groupe d'auteurs, les traités de neutralisation n'ont d'effet qu'à l'égard des parties sur qui pèse l'obligation de respecter la neutralité et de la faire respecter par les tiers. Ceux-ci peuvent en tirer des avantages. Tandis que pour le second groupe, le traité crée un régime objectif qui s'impose aux tiers et qui interdit de pouvoir faire la guerre ou de faire passer des troupes sur le territoire de l'Etat neutre. La pratique limitée ne permet pas de tirer des conclusions. La doctrine cite souvent un élément qui ne met pas véritablement en cause des Etats tiers.

1859 avis des jurisconsultes de la Couronne Anglaise
Divers traités organisent la neutralité de la Suisse. Pendant la guerre de 1859, les troupes Françaises traversent une partie du territoire Suisse et violent sa neutralité. La France justifie son action par la qualité de tiers des Etats traversés. Bien que la Suisse et la Sardaigne soient des tiers par rapport aux différents traités, l'obligation de respecter la neutralité inscrite dans les traités et de la faire respecter.

La neutralisation peut être difficilement considérée comme un statut objectif car très souvent les Etats neutres cherchent à obtenir la reconnaissance de leur statut par les tiers.

Exemple : *Le 14 Novembre 1955, le gouvernement autrichien communique aux autres Etats sa nouvelle loi constitutionnelle en leur demandant de reconnaître sa neutralité. Par conséquent, les effets à l'égard des tiers résultent de la reconnaissance de ce statut.*

- La cession et la délimitation des frontières.

La doctrine, à l'instar de JF. Prevost, affirme que les traités de cession et de délimitation des frontières s'imposent aux tiers. En cas de cession de territoire, il n'y a pas de création d'obligation pour les tiers. La seule obligation qui pèse sur le tiers résulte du Droit International. Le tiers ne doit pas mettre d'obstacle à l'exécution d'un traité licite. S'il conteste le transfert de territoire opéré par un Etat à l'égard d'un autre, il y a ingérence. Par contre, ce devoir d'abstention disparaît si le tiers exprime une revendication à l'égard de ce territoire ou si le traité est illicite.

Sir Gérald Fitzmaurice a eu l'occasion d'affirmer que :

« Les clauses d'un traité comportant des cessions de territoire sont ipso - facto opposables à tout Etat tiers, à moins que cet Etat ne puisse faire valoir lui même une prétention valable et pertinente ».

- Les voies de communications internationales

Les voies de communications internationales sont des voies qui empruntent le territoire de plusieurs Etats ou même d'un seul Etat et qui présentent un caractère d'intérêt général. Selon certains auteurs, à l'instar de Charles Rousseau, ces voies de communication créent des droits pour les tiers. Elles auraient, par conséquent, une valeur erga omnes. Le droit positif actuel résulte, cependant, des articles 35 et 36 de la Convention de Vienne.

- Les fleuves internationaux

Le fleuve international est un fleuve qui dans son cours navigable sépare ou traverse plusieurs Etats. Le régime juridique des différents fleuves internationaux a permis de constater une certaine évolution. On est passé de l'affirmation du principe de la liberté et de l'égalité de la navigation pour les Etats riverains (Acte

Final du Congrès de Vienne du 3 juin 1815) au principe de liberté pour tous les Etats même les tiers (Traité de Paris du 3 Mars 1856) non riverains. En 1850, un avis juridique soutient la généralité du principe de liberté de navigation sur le PÔ. Les pays tiers à l'Acte Final du Congrès de Vienne sont tenus d'autoriser la navigation sur le PÔ. L'Acte général de Berlin de 1885 confirme l'évolution précédente.

Ainsi, il existe différents types de traités qui témoignent d'une pratique divergente. Par conséquent, il est difficile d'admettre l'existence d'une règle commune en matière de navigation sur les fleuves internationaux et de parler d'effets obligatoires pour les tiers. Il faut plutôt parler de stipulation pour autrui en ce sens que les Etats parties à la convention offrent un droit aux tiers et ceux-ci peuvent s'en prévaloir et donner leur consentement en l'exerçant. Le consentement du tiers est présumé tant qu'il n'a pas manifesté d'opinion contraire.

- Les canaux internationaux.

Le statut du Canal de Suez est déterminé par la convention de Constantinople de 1888. Lors de la guerre avec Israël, l'Egypte, a souhaité restreindre le passage aux navires Israéliens. Les USA, l'Iran, l'Irak, Etats tiers à la Convention, ont protesté au motif que cette Convention produit des effets au-delà de la communauté conventionnelle. Les traités établissant le statut international d'un Etat déterminé s'imposent aux tiers.

c - La personnalité objective de l'O.N.U.

La personnalité objective de l'Organisation des Nations-Unies à été affirmée par la Cour Internationale de Justice. Se penchant sur la capacité juridique de l'ONU de présenter une réclamation afin d'assurer la protection fonctionnelle d'un de ses agents internationaux, la Cour Internationale de Justice a eu l'occasion d'affirmer la personnalité objective de l'ONU, opposable aux tiers.

CIJ, AC, 11 avril 1949, Réparation des dommages subis au service des Nations Unies, Rec. 1949, p.185.
« cinquante Etats représentant une très large majorité des membres de la communauté internationale avaient le pouvoir, conformément au Droit International de créer une entité possédant une personnalité internationale objective et non pas simplement une personnalité reconnue par eux seuls ».

Section 6. L'Interprétation des traités.

- *S. SUR, L'interprétation en Droit international public, Paris, LGDJ,1974, 449 p ;*
- *Ch. De VISSCHER, Problèmes d'interprétation judiciaire en Droit international public, Paris, 1963 ;*
- *I. VOICU, L'interprétation authentique des traités, Paris, 1968, 245 p.*

L'interprétation est une opération qui consiste à déterminer le sens et le contenu d'une règle. Toute personne chargée d'appliquer une norme internationale lui donne une signification particulière. Cette interprétation tient à l'existence d'un certain nombre de données objectives et subjectives. Il en résulte différentes interprétations ainsi que des divergences qui peuvent conduire à un différend. La résolution de ce type de différend peut se faire selon plusieurs modalités énoncées par la Convention de Vienne dans son article 31.

Article 31 de la Convention de Vienne sur le droit des traités conclus par les Etats :
«1. Un traité doit être interprété de bonne foi suivant le sens ordinaire à attribuer aux termes du traité dans leur contexte et à la lumière de son objet et de son but.

2. Aux fins de l'interprétation d'un traité, le contexte comprend, outre le texte, le préambule et annexes inclus :

a) Tout accord ayant rapport au traité et qui est intervenu entre toutes les Parties à l'occasion de la conclusion du traité ;

b) Tout instrument établi par une ou plusieurs Parties à l'occasion de la conclusion du traité et accepté par les autres Parties en tant qu'instrument ayant rapport au traité ;

3. Il sera tenu compte, en même temps que du contexte :

a) De tout accord ultérieur intervenu entre les Parties au sujet de l'interprétation du traité ou de l'application de ses dispositions ;

b) De toute pratique ultérieurement suivie dans l'application du traité par laquelle est établi l'accord des Parties à l'égard de l'interprétation du traité ;

c) De toute règle pertinente de Droit International applicable dans les relations entre les Parties.

4. Un terme sera entendu dans un sens particulier s'il est établi que telle était l'intention des Parties ».

I – Les organes d'interprétation
II – Les méthodes d'interprétation

I- Les organes d'interprétation.

En Droit international public, plusieurs entités interviennent en matière d'interprétation des textes internationaux. On distingue l'interprétation authentique de l'interprétation non authentique.

A - L'interprétation authentique.

L'interprétation authentique est la détermination du sens et du contenu d'une règle opérée par les parties à un traité. La jurisprudence internationale a précisé que l'interprétation authentique est faite par l'entité qui détient le pouvoir de modifier ou de supprimer une règle de Droit international public.

C.P.J.I, AC, 6 Décembre 1923, Jaworzina, série AB, n° 8, p. 17.

Traditionnellement, l'interprétation authentique opérée par les parties est obligatoire et elle fait foi. Cependant, les parties peuvent conférer à l'interprétation opérée par un tiers, arbitre ou juge, le caractère obligatoire et la reconnaître comme faisant foi. L'interprétation authentique peut se faire suivant deux modalités : elle peut être unilatérale ou collective.

1 - L'interprétation unilatérale.

L'interprétation unilatérale, effectuée par un sujet de Droit international public, détermine la signification qu'il entend donner à une disposition déterminée. Cette interprétation peut se faire par plusieurs canaux. Par la voie diplomatique, au moment de la conclusion du traité, et par le biais d'une déclaration interprétative faite lors de la signature, de la ratification ou de l'adhésion à un traité. L'interprétation unilatérale étant une conséquence de la souveraineté de l'Etat, l'interprétation faite par un Etat se trouve confrontée à celles entreprises par d'autres Etats. Ces interprétations peuvent être identiques, convergentes ou divergentes. Les interprétations contradictoires nuisent à l'unité de la règle et affectent son efficacité juridique. Elles peuvent déboucher sur un différend interétatique et juridique justifiant le recours au juge. A l'intérieur des Etats, différents organes peuvent être appelés à appliquer et à interpréter un traité. S'il s'agit du juge, il surseoit traditionnellement à l'examen de l'affaire, suite à une question préjudicielle et, recherche l'avis technique du Ministère des Affaires Etrangères.

2 - L'interprétation collective.

L'interprétation collective est opérée par l'ensemble des parties. Cette interprétation peut être faite au moment de l'élaboration de l'accord (article 31-2 de la Convention de Vienne) ou ultérieurement (article 31-3-a-b de la Convention de Vienne).

a - L'interprétation collective faite au moment de la conclusion de l'accord.

Au moment de la conclusion des traités, les parties à la négociation peuvent déterminer le sens d'une disposition particulière (article 31-2-a de la Convention de Vienne). Cette interprétation peut être consignée dans un ou plusieurs supports distincts.

Exemple : *La déclaration interprétative élaborée lors des travaux préparatoires à la Charte des Nations Unies fixe les conditions de retrait d'un Etat membre de l'ONU. Elle présente un caractère fondamental dans la mesure où la Charte des Nations Unies ne contient pas de disposition relative au retrait. Lors du retrait de l'Indonésie de l'ONU en 1965, ce document a été utilisé afin de déterminer si en l'absence d'une clause relative au retrait dans la Charte des Nations Unies, la déclaration interprétative pouvait servir de fondement juridique au retrait. Toutefois, la détermination de la nature juridique de cet instrument se trouve posée.*

b - L'interprétation collective faite après la conclusion de l'accord.

L'interprétation concertée d'un traité peut être faite après sa conclusion. Cette interprétation présente toujours un caractère authentique à la différence de celle réalisée par des tiers. Elle peut revêtir deux modalités : formelle ou tacite. Un accord écrit peut, en effet, être conclu et, déterminer le sens à attribuer à une disposition particulière (article 31-3-a de la Convention de Vienne). La pratique concordante suivie par les parties à un accord, dans le cadre de son application, peut préciser le sens à attribuer à certaines dispositions (article 31-3-b de la Convention de Vienne).

B - L'interprétation non authentique.

L'interprétation non authentique est opérée par les tiers notamment une organisation internationale ou un juge.

1 - L'interprétation par le juge.

L'arbitre ou le juge membre d'une juridiction permanente peut être sollicité afin de donner son avis sur le sens à attribuer à une disposition. Le contentieux de l'interprétation est par excellence même un contentieux juridique.Ce principe a été notamment affirmé par la Cour Internationale de Justice :

C.I.J, AC, 28 Mai 1948, Conditions de l'admission d'un Etat aux Nations-Unies, Rec. 1947-1948, p.61
« On chercherait en vain une disposition quelconque qui interdirait à la Cour, organe judiciaire principal des Nations Unies, d'exercer à l'égard de l'article 4 de la Charte, traité multilatéral, une fonction d'interprétation qui relève de l'exercice normal de ses attributions judiciaires. »

Ainsi, le contentieux relatif à l'interprétation d'une disposition de la Charte des Nations-Unies relève-t-il de l'exercice normal des attributions judiciaires de la cour ?

2 - L'interprétation par l'organisation internationale.

Les organisations internationales interviennent en matière d'interprétation de leur acte constitutif ou des traités appliqués et invoqués devant elles. Cette compétence en matière d'interprétation est expressément prévue ; elle peut être implicite. La pratique des organes des Nations Unies atteste de cette compétence implicite en matière d'interprétation. Certaines organisations internationales notamment la Banque Mondiale, le Fonds Monétaire International, l'Organisation des Nations-Unies pour l'Alimentation et l'Agriculture (FAO), l'Organisation Mondiale de la Santé (OMS) confient cette fonction d'interprétation à des organes particuliers. C'est ainsi que la Banque Mondiale et le Fonds Monétaire International l'attribuent aux administrateurs et au Conseil des gouverneurs, la FAO et l'OMS à l'Assemblée Générale et, l'Organisation de l'Aviation Civile Internationale (OACI) au Conseil avec un recours devant la Cour Internationale de Justice ou à l'arbitrage en cas de contestation de la décision.

L'interprétation peut se dérouler selon plusieurs modalités.

II - Les méthodes d'interprétation

L'interprétation suppose la référence au texte et au contexte du traité. Le recours aux moyens complémentaires constitue une possibilité. La Convention de Vienne s'inspire de la résolution adoptée par l'Institut de Droit International (IDI) à sa session de Grenade en Avril 1956.

« L'Institut de Droit International estime que lorsqu'il y a lieu d'interpréter un traité, les Etats, les organisations et les juridictions internationales pourraient s'inspirer des principes suivants :

Article 1

1. *L'accord des parties s'étant réalisé sur le texte, il y a lieu de prendre le sens naturel et ordinaire des termes de ce texte comme base d'interprétation. Les termes des dispositions du traité doivent être interprétés dans le contexte entier, selon la bonne foi et à la lumière des principes du Droit International.*
2. *Toutefois, s'il est établi que les termes employés doivent se comprendre dans un autre sens, le sens naturel et ordinaire de ces termes est écarté.*

Article 2

1. *Dans le cas d'un différend porté devant une juridiction internationale, il incombera au Tribunal, en tenant compte des dispositions de l'article 1er, d'apprécier si, et dans quelle mesure, il y a lieu d'utiliser d'autres moyens d'interprétation.*
2. *Parmi ces moyens légitimes d'interpréter, se trouvent :*
   a) *le recours aux travaux préparatoires,*
   b) *la pratique suivie dans l'application effective du traité,*
   c) *la prise en considération des buts du traité».*

La Convention de Vienne détermine les méthodes d'interprétation des traités internationaux dans son article 31.

A - La référence au texte et au contexte du traité

La Convention de Vienne dispose qu'un traité doit être interprété de bonne foi suivant le sens ordinaire à attribuer aux termes du traité dans leur contexte et à la lumière de son objet et de son but. Le recours aux moyens complémentaires constitue une possibilité (article 32 de la Convention de Vienne).

1 - La bonne foi.

La bonne foi est, malgré sa connotation morale, un principe juridique dont la nature a été affirmée par des instruments juridiques, par la doctrine, par la jurisprudence et confirmé par la pratique des Etats. La bonne foi est l'un des principes essentiels du Droit International identifié par l'article 2 paragraphe 2 de la Charte des Nations-Unies, par l'article 26 de la Convention de Vienne et par la résolution n° 2625 (XXV) de l'Assemblée Générale du 24 Octobre 1970 portant déclaration relative aux principes du droit international touchant les relations amicales et la coopération entre Etats, conformément à la Charte des Nations Unies. L'appréciation de la bonne foi des Etats parties permet d'aboutir à une application et à une interprétation raisonnable et non abusive des traités, en tenant compte de la règle de droit et de la volonté des parties.

2- La détermination du sens ordinaire des mots.

L'interprétation doit partir du texte du traité qui contient l'intention commune des parties. Le sens ordinaire renvoit au sens habituel que possède une notion. Cependant, les termes peuvent ne pas avoir un sens unique ; ils peuvent comporter des nuances ou même avoir un sens différent. Il ne s'agit donc pas d'un sens ordinaire et abstrait mais d'un sens ordinaire et concret qui est établi à la lecture de l'ensemble du traité. Pour se référer au sens ordinaire, la terminologie varie : on mentionne dans certains textes internationaux, le sens courant, le sens usuel, l'acception générale et habituelle, le sens naturel.

CIJ, AC, 3 mars 1950, compétence de l'Assemblée Générale pour l'admission d'un Etat aux Nations-Unies.
« La cour croit nécessaire de dire que le premier devoir du tribunal appelé à appliquer les dispositions d'un traité est de s'efforcer de donner effet, selon leur sens ordinaire et naturel, à ces dispositions prises dans leur contexte. »

Le sens ordinaire, sauf intention contraire des parties, est celui de l'époque de la conclusion du traité. La langue peut évoluer, cependant, le sens du concept est celui qu'il avait au moment de la conclusion du traité. Car, si l'interprète se réfèrait au nouveau sens pris par les mots, il irait à l'encontre de la volonté des Etats. Et, on peut douter qu'ils aient voulu se lier dans le sens de l'évolution dont elles ne pouvaient préjuger.

C.I.J, A, *27 août 1952, Droits des ressortissants des U.S.A au Maroc.*
« Il faut également tenir compte du fait qu'à l'époque où ces deux traités furent conclus la distinction nette entre les affaires civiles et criminelles ne s'était pas encore dégagée au Maroc. C'est pourquoi il faut interpréter le terme différend tel qu'il figure dans l'article 20, comme visant tant les affaires civiles que les affaires criminelles. »

3 - La détermination du sens particulier

Un terme est interprété dans un sens particulier s'il est établi que telle était l'intention des parties. Le premier réflexe de l'interprète consiste à se référer à leur sens ordinaire. Ensuite, en fonction de la volonté des parties, il peut recourir à un sens particulier, à un sens différent ou technique. L'Etat qui soutient la référence au sens particulier d'une disposition doit apporter la preuve d'une telle affirmation.

CPA, 7 septembre 1910, affaire des Pêcheries de la côte septentrionale de l'Atlantique.
Le tribunal arbitral constate que le traité utilise le terme général de baies sans procéder à une qualification. Le tribunal est d'avis que cette notion doit être interprétée dans un sens général comme s'appliquant à toute baie de la côte en question qui raisonnablement a pu être considérée comme baie par les négociateurs du traité dans les conditions générales existant alors, à moins que les Etats-Unis puissent apporter une preuve

satisfaisante que les restrictions à l'usage général de ce traité aient été présentes à l'esprit de ces négociateurs.

C.P.J.I, A, 15 novembre 1932, Convention concernant le travail de nuit des femmes
Dans cette affaire, la Cour affirme qu'il est nécessaire de trouver un motif valable pour donner à la disposition une interprétation autre que celle qui est conforme au sens naturel du terme.

C.P.J.I, A, 5 Avril 1933, Groenland Oriental.
Le sens géographique du terme groenland doit être considéré comme l'acception usuelle de ce terme. Si l'une des parties allègue qu'un sens inusité, exceptionnel doit y être attaché, c'est cette partie qui doit établir le bien fondé de ce qu'elle avance.

4 - La référence au contexte.

Le traité peut être composé de plusieurs instruments dont les dispositions se complètent et se conditionnent. En dépit de cette diversité, il y a unicité de la norme. Il est nécessaire de prendre en compte l'ensemble de ces dispositions pour apprécier l'étendue et la portée de l'engagement. Le recours au contexte est fréquent dans la pratique.

C.P.J.I, AC,12 août 1922, la compétence de l'Organisation Internationale du Travail pour la réglementation des conditions de travail dans l'agriculture

Pour interpréter le traité, il faut évidemment lire celui-ci dans son ensemble et l'on ne saurait déterminer sa signification sur la base de quelques phrases détachées de leur milieu et qui, séparées de leur contexte peuvent être interprétées de plusieurs manières. L'article 31 paragraphe 2 de la Convention de Vienne définit le contexte du traité comme étant composé du préambule, de texte, des annexes ainsi que de divers accords et instruments.

a - Le texte du traité.

Le traité doit être éxaminé dans son intégralité. L'interprétation constitue, par conséquent, une opération globale. Elle ne doit pas uniquement porter sur une disposition. Car, d'autres clauses plus éloignées peuvent apporter un éclairage différent voire contredire un principe déjà affirmé.

C.P.J.I, A, 28 juin 1937, affaire des Prises d'eaux dans la Meuse, Série A/B, n° 70.
Le traité a, en effet, établi un certain régime qui résulte de l'ensemble de ses dispositions. Il forme un tout dont on ne saurait dissocier les diverses dispositions pour les envisager isolément.

C.I.J, AC, 28 mai 1948, Admission d'un Etat comme membre des Nations Unies.
C'est une règle d'interprétation bien établie et appliquée par la jurisprudence de la Cour Permanente de Justice Internationale qu'un texte doit être lu dans son entier.

b - Le préambule

- *J.P. COT , A. PELLET, « Commentaire du préambule de la Charte des Nations Unies », in La Charte des Nations Unies, Paris, Bruxelles, Economica, Bruylant, 1985, p.1-22.*

Le préambule énonce l'objet et le but du traité ; il fixe certaines règles fondamentales et précise les parties au traité.

Exemple. *La Convention de Vienne, dans son préambule, dispose que :« affirmant que les règles du Droit International coutumier continueront à régir les questions non réglées dans les dispositions de la présente convention ».*

c - Les annexes

En principe, l'annexe est une partie du traité, soumise à la signature et à la ratification. Les Etats peuvent lui attribuer, cependant, une nature juridique distincte du traité. Parfois, l'annexe n'est opposable qu'à certaines parties du traité, il faudra en tenir compte lors de l'opération d'interprétation et c'est le principe de l'effet relatif qui s'appliquera. L'annexe peut avoir différents objets. Elle peut se rattacher à un article particulier, ou, en cas d'échange des notes, préciser les termes de l'accord.

5 - L'objet et le but du traité.

L'article 31 paragraphe 1 de la Convention de Vienne dispose que le traité doit être interprété à la lumière de son objet et de son but. Le critère de l'objet et du but du traité permet d'établir la volonté des parties. Il constitue un garde-fou contre toute interprétation excessive. L'objet et le but d'un traité se dégagent de la lecture du texte du traité. Ils sont normalement énoncés dans le préambule. En cas de silence du traité, l'objet sera déterminé en tenant compte du contexte. Il ne doit pas, toutefois, être indépendant de la volonté réelle des parties. Car, aller au-delà de celle-ci reviendrait en fait à réviser le traité.

6 - Les règles du Droit International

Il sera tenu compte en même temps que du contexte de toute règle pertinente du Droit International applicable dans les relations entre les parties au traité. Il s'agit, en effet, de replacer le traité dans son environnement juridique. Le traité ne se situe pas dans le vide, il s'insère dans l'ordre juridique international dont il dépend. L'interprète doit d'abord se référer aux règles de Droit International. Il s'agit de toute règle quelle qu'en soit la source, c'est-à-dire des traités, de la coutume et des principes généraux de droit. Ces règles doivent être pertinentes, c'est-à-dire qu'elles doivent présenter un rapport avec le traité et elles doivent être en vigueur entre les parties, compte tenu du principe de l'effet relatif des traités.

Les règles de Droit International sont en principe celles qui existent au moment de la conclusion du traité. Plusieurs décisions l'ont affirmé notamment la sentence arbitrale, Ile de palmas (op cit). Ce système est qualifié par la doctrine de renvoi fixe.
« Un acte juridique doit être apprécié à la lumière du droit de l'époque et non à celle du droit en vigueur au moment où s'élève ou doit être réglé un différend relatif à cet acte. »

Certains auteurs choisissent de se référer aux règles de droit en vigueur au moment de l'interprétation afin de tenir compte de l'évolution du droit. Ils sont favorables à une interprétation dynamique. Il s'agit du renvoi mobile.

C.I.J, A, 19 décembre 1978, Plateau continental en mer Egée.

La Convention de Vienne ne se prononce pas sur cette question qui demeure régie par le Droit International général. De manière générale, l'interprète devra se référer à l'intention des parties, ainsi qu'à la nature de certains traités qui peuvent se prêter à une certaine évolution.

C.P.J.I, AC, 7 février 1923, Décrets de nationalité en Tunisie et au Maroc.
« La question de savoir si une certaine matière rentre ou ne rentre pas dans le domaine exclusif d'un Etat est une question essentiellement relative : elle dépend du développement des rapports internationaux. C'est ainsi que, dans l'état actuel du Droit International, les questions de nationalité, sont en principe, de l'avis de la cour, comprises dans ce domaine réservé.»

En fin de compte, c'est l'attitude des Etats à l'égard de la nouvelle règle qui est déterminante. Et, toute solution constitue un cas d'espèce. De manière traditionnelle, l'interprétation d'un texte se fait en tenant compte du principe de l'effet utile *« Put res magis valeat quam pereat »* qui figure implicitement dans l'article 31 de la Convention de Vienne. Cette disposition se réfère, en effet, au sens ordinaire, à l'objet et au but du traité. Le principe de l'effet utile permet de déduire des dispositions du traité, une certaine intention voulue par les parties. Il vise à ne pas priver le texte de son effet. Entre plusieurs significations possibles, l'interprète choisit celle qui assure l'application effective du traité. Toutefois, il ne doit pas donner au texte ou à l'interprétation de ses dispositions, un sens qui n'est pas le sien. Ce principe est surtout invoqué contre la partie qui réclame une interprétation restrictive. Il peut ainsi être considéré comme une garantie contre l'interprétation restrictive. Il ne justifie pas, néanmoins, l'interprétation extensive.

B - Les moyens complémentaires.

L'article 32 de la Convention de Vienne dispose que le recours aux moyens complémentaires se justifie notamment quand l'interprétation donnée en application des critères de l'article 31 laisse le sens ambigu ou obscur ou quand elle conduit à un résultat manifestement absurde ou déraisonnable. Il ne se justifie pas si le texte est clair. On s'en tient, par conséquent, aux principes de l'article 31. On constate dans certaines affaires, que la Cour Internationale de Justice s'est référée aux travaux préparatoires quand bien même le texte était clair.

Article 32 de la Convention de Vienne sur le droit des traités conclus par les Etats :
« Il peut être fait appel à des moyens complémentaires

d'interprétation, et notamment aux travaux préparatoires et aux circonstances dans lesquelles le traité a été conclu, en vue, soit de confirmer le sens résultant de l'application de l'article 31, soit de déterminer le sens lorsque l'interprétation donnée conformément à l'article 31 :

a) laisse le sens ambigu ou obscur ;
b) conduit à un résultat qui est manifestement absurde ou déraisonnable. »

1. Les travaux préparatoires.

Les travaux préparatoires peuvent être définis comme l'ensemble des efforts entrepris avant la conclusion définitive du traité. Ils sont consignés dans des documents publiés ou confidentiels. Est aussi prise en compte, la phase concomitante à la signature du traité ou à l'adoption du texte. Les travaux ultérieurs qui surviennent entre la signature et la ratification du traité peuvent avoir une influence sur l'interprétation du traité mais ne constituent pas juridiquement des travaux préparatoires.

2- Les circonstances

Les circonstances constituent un ensemble de données étroitement liées à la naissance du traité ; ces données peuvent être de diverse nature notamment sociologiques.

Section 7. La modification et la terminaison des traités.

Après leur conclusion et leur entrée en vigueur, les traités sont susceptibles de subir une certaine évolution. Celle-ci peut, d'une part, consister en un aménagement partiel ou total ou, d'autre part, conduire à sa disparition

I – La modification des traités
II – La terminaison des traités

I - La modification des traités.

Les traités stabilisent à un moment déterminé les relations entre les parties. Elaborés dans un environnement particulier, ils en subissent les conséquences de l'évolution. Le Droit international public se préoccupe des conséquences de ces mutations sur le traité et sur les situations juridiques qu'il a créées. La pratique internationale a consacré en matière de modification des traités deux institutions : il s'agit de l'amendement et de la révision. L'amendement consiste en une modification partielle d'un traité ; tandis que la révision vise la modification substantielle du traité. Cette distinction a été retenue par certains traités notamment la Charte des Nations Unies (articles 108 et 109). La Convention de Vienne se réfère par contre, à l'amendement et à la modification. La procédure d'amendement est réservée aux modifications substantielles (article 40-2 de la Convention de Vienne) et la modification ne concerne que quelques parties au traité (article 41 de la Convention de Vienne).

Le terme de révision ne figure pas dans la Convention de Vienne qui se réfère à des concepts qui sont loin d'avoir une signification claire et qui créent une certaine confusion terminologique. En effet, jusqu'à la Convention de Vienne, la modification est une notion qui renvoit aussi bien à l'amendement qu'à la révision. Cette évolution permet à une partie de la doctrine d'affirmer qu'en dépit de ces distinctions opérées par la Convention de Vienne, on peut penser que ces concepts sont interchangeables. Les conditions dans lesquelles l'amendement et la modification des traités internationaux s'opèrent sont déterminées par la Convention de Vienne (articles 39 à 41). Cependant, le caractère supplétif de ces dispositions a pour conséquence que les parties à un traité peuvent prévoir une procédure spécifique de modification et ainsi déroger aux règles supplétives de la Convention de Vienne.

A- <u>L'amendement par tous les Etats.</u>

L'amendement est, selon les termes de la Convention de Vienne, un aménagement du traité qui lie toutes les parties au traité. Le critère retenu pour la définition de cette procédure est donc organique. Il répond à des conditions particulières et il produit des effets déterminés.

1 - L'accord des parties.

L'amendement est subordonné à l'accord des parties au traité.

Article 39 de la Convention de Vienne :
« Un traité peut être amendé par accord entre les Parties. Sauf dans la mesure où le traité en dispose autrement, les règles énoncées dans la partie II s'appliquent à un tel accord. »

Cette rencontre de volontés est déterminante car un Etat ne peut amender unilatéralement un traité. Certes, il détient un droit d'initiative qui lui permet de mettre en œuvre la procédure d'amendement, cependant, cette prérogative n'implique pas le droit de modifier unilatéralement les dispositions du traité. Ce principe coutumier a été affirmé lors de la Conférence de Londres convoquée afin d'adopter le traité du 13 Mars 1871 relatif à la démilitarisation de la Mer Noire.

L'amendement est, sauf stipulation contraire, soumis au même régime juridique que la conclusion des traités. C'est-à-dire que les règles relatives à la discussion, à l'adoption, à l'authentification et à l'entrée en vigueur de l'amendement sont fixées par le droit des traités en général ou par la convention particulière.

2 - La procédure d'amendement

La procédure d'amendement peut être déterminée par les clauses finales d'un traité ou répondre aux dispositions supplétives de la Convention de Vienne. Aux termes de l'article 40 paragraphe 2 de la Convention de Vienne, le droit d'amendement appartient à chaque Etat partie au traité qui l'exerce au moyen de l'initiative. Le projet d'amendement est transmis par l'Etat au dépositaire qui le notifie à chacune des parties. Il suscite leur réaction et elles décident du sort qui doit lui être réservé. L'adoption de l'amendement, peut, selon les traités, se faire à l'unanimité ou à la majorité des voix. L'unanimité est requise pour des traités particuliers : traités politiques, militaires ou traités communautaires, parfois, c'est le consentement de quelques Etats qui est requis.

Exemple *: L'amendement et la révision de la Charte des Nations Unies sont subordonnés au consentement des deux tiers des membres des Nations Unies y compris les cinq membres permanents du Conseil de Sécurité (articles 108 et 109 de la Charte de l'ONU).*

Aujourd'hui, l'adoption des amendements à la majorité des voix constitue la règle générale. Cette majorité peut être simple, absolue ou qualifiée. Il ne faut pas confondre l'initiative de la procédure de révision avec la révision unilatérale.

3 - Les effets de la procédure d'amendement

L'aboutissement de la procédure d'amendement a pour conséquence l'éclatement du régime conventionnel. En vertu du principe de l'effet relatif des traités, l'amendement ne lie que les Etats qui y ont souscrit. L'on a d'une part, le traité initial sur lequel est intervenu, au départ, l'accord des parties, et, d'autre part, le traité amendé pour lequel le consentement des parties est de nouveau sollicité. Et, les Etats réagissent en fonction de leurs intérêts. Ils peuvent être liés par l'un ou l'autre traité (article 40 paragraphe 4 de la Convention de Vienne). Tout est fonction de leur volonté. Cette participation alternative aux deux versions est rendue possible grâce au principe de souveraineté. Et, elle constitue l'hypothèse généralement admise. Cependant, dans certains cas, un traité amendé peut lier tous les Etats parties au traité originaire. Il produit des effets même à l'égard des Etats qui n'ont pas exprimé leur consentement à être lié par cette nouvelle version.

C.P.J.I., A, 12 décembre 1934, Oscar Chinn
La Cour Permanente de Justice Internationale a en effet admis que la convention de Saint Germain En Laye de 1919 qui amende l'Acte Général de Berlin de 1885 a un effet erga omnes qui lie tous les Etats parties à l'Acte de 1885 même ceux qui ne sont pas parties au traité de 1919.

De même, la Charte des Nations-Unies prévoit dans ses articles 108 et 109 que les amendements et révisions adoptés par les 2/3 des membres dont les cinq membres permanents du Conseil de Sécurité s'imposent à tous les Etats membres des Nations Unies.

4 - Les Etats adhérents et l'amendement.

La Convention de Vienne détermine le statut de l'Etat qui adhère à une convention amendée. A moins d'exprimer l'intention contraire, il est considéré comme lié par le traité amendé (article 40 paragraphe 5-a de la Convention de Vienne). Cependant, c'est le traité initial non amendé qui régit les relations de l'Etat adhérent avec les Etats parties au traité originaire et non liés par l'amendement (article 40 paragraphe 5-b de la Convention de Vienne).

B - La modification par quelques Etats.

La modification des traités répond, à l'instar de l'amendement, à une définition organique. Il s'agit de l'adaptation du traité entreprise par quelques Etats alors que l'amendement est opéré par tous les Etats (article 41 de la Convention deVienne). La modification doit être prévue par le traité ou elle ne doit pas être interdite. Quand elle n'est pas prévue par le traité, les parties désireuses d'y recourir doivent notifier leur intention aux autres parties. Celles-ci sont aussi informées des modifications apportées.

C - La modification du traité par la pratique des Etats.

La Commission du Droit International avait envisagé l'hypothèse des amendements implicites résultant de la pratique suivie par les Etats dans son projet initial sur le droit des traités. Cette proposition ne va pas être entérinée par la Conférence de Vienne qui n'a pas voulu consacrer cette forme de modification établie par la pratique et la jurisprudence internationales.

SA, 22 Décembre 1963, Interprétation de l'accord aérien du 27 Mars 1946.
Les arbitres se réfèrent à la pratique ultérieure des parties contractantes car elle constitue « une source possible d'une modification ultérieure découlant de certains actes ou de certaines attitudes et touchant la situation juridique des parties et les droits que chacune d'elles pourrait légitimement faire valoir ». Ils admettent qu'une autorisation temporaire accordée par une autorité administrative a modifié le contenu de l'accord aérien conclu entre la France et les USA, le 27 mars 1946.

La Cour Internationale de Justice a admis la modification de la Charte des Nations Unies découlant de la pratique suivie par les membres du Conseil de Sécurité dans le cadre de l'application de l'article 27 alinéa 3 de la Charte des Nations Unies. Aussi, l'abstention d'un membre permanent du Conseil de Sécurité au cours d'un vote n'empêche pas l'adoption d'une résolution.

C.I.J, AC, 21 juin 1971, Conséquences juridiques pour les Etats de la présence continue de l'Afrique du Sud en Namibie.

II - <u>La terminaison des traités.</u>

- *Ph. FRUMER, « Dénonciation des traités et remise en cause de la compétence par des organes de contrôle. A propos de quelques entraves étatiques récentes aux mécanismes internationaux de protection des droits de l'Homme », R.G.D.I.P 2000 /4, p.939-964.*

La fin du traité libère les parties de l'obligation d'exécution (article 70 de la Convention de Vienne). Il existe plusieurs hypothèses de terminaison d'un traité : il s'agit de l'extinction et de la suspension. Les parties peuvent décider unilatéralement de mettre fin à leur participation en recourant à la dénonciation ou au retrait. Enfin, l'expiration du terme intervient, dans certains cas, en matière de terminaison des traités.

A – <u>L'expiration du traité.</u>

L'expiration des traités peut résulter d'une part, de l'expiration du terme et, de l'intervention d'une condition résolutoire, d'autre part.

1 – L'expiration du terme.

Certains traités sont conclus pour une période initialement

fixée. Quand ce terme arrive à expiration, le traité cesse d'être en vigueur et il perd, par conséquent, son caractère obligatoire. Très souvent, ces accords comportent des clauses de reconduction tacite.

Exemples : - *L'accord relatif aux transports aériens entre le Congo et le Zaïre du 28 mai 1979 est conclu pour cinq ans et il est renouvelable par tacite reconduction (article 31). Au bout de cette période, les Etats parties peuvent par une initiative unilatérale demander la dénonciation du traité (article 70 paragraphe 1).*

- *Le traité sur la non-prolifération des armes nucléaires Juillet 1968 prévoit la convocation d'une Conférence des parties, 25 ans après son entrée en vigueur, afin de décider si le traité doit rester en vigueur.*

2 - L'existence d'une condition résolutoire.

Certains traités contiennent des clauses comportant des conditions résolutoires. C'est-à-dire qu'ils prévoient des événements dont la réalisation a pour conséquence de mettre fin à l'existence du traité. Ces conditions résolutoires ont généralement un rapport avec le nombre de parties au traité. Elles stipulent que le traité cesse d'exister si le nombre d'Etats parties descend en dessous d'un seuil.

Exemple: *La convention du 20 Février 1957 sur la nationalité des femmes mariées. L'article 9 paragraphe 2 de ce texte prévoit que si le « nombre de parties est de six Etats, la Convention cesse d'exister ».*

B - L'extinction des traités.

L'extinction ou la fin du traité libère les parties de l'obligation d'exécution (article 70 paragraphe 1-a de la Convention de Vienne). L'extinction est normalement définitive. Et, elle s'applique à l'ensemble du traité. Cependant, elle peut ne porter que sur certaines dispositions partielles. Le principe de l'extinction partielle pose le problème de la divisibilité des clauses du traité. L'extinction résulte de la disparition du traité du fait de la volonté des parties (article 54 de la Convention de Vienne), de la conclusion d'un traité postérieur (article 59 de la Convention de Vienne), de sa violation (article 60 de la Convention de Vienne), du retrait ou de la dénonciation opérée par un Etat.

1 - La dénonciation ou le retrait.

« *La dénonciation (ou le retrait) est l'acte de procédure accompli unilatéralement par les autorités compétentes des Etats parties qui désirent se délier de leurs engagements* » Nguyen Quoc Dinh, Droit international public, Paris, 1996, LGDJ, p.277.

La dénonciation ou le retrait est une cause d'extinction des traités bilatéraux. Pour les traités multilatéraux, les effets sont différents. En effet, il n'y a d'extinction qu'à l'égard de l'Etat qui procède au retrait ; pour les autres Etats, le traité continue de s'appliquer. Les clauses de dénonciation ou de retrait constituent un moyen aisé pour les Etats qui désirent se libérer de l'exécution de certaines obligations internationales. Ce qui explique, quand elles sont insérées dans les conventions, les conditions auxquelles elles sont soumises.

a - <u>Les clauses de dénonciation ou de retrait.</u>

Les clauses de dénonciation ou de retrait insérées dans les traités déterminent les conditions de leur mise en œuvre. Très souvent, le retrait ou la dénonciation n'est effectif qu'après l'expiration d'un préavis, (l'article 317 Paragraphe1 de la Convention de Montego Bay prévoit un délai d'un an). Une autre formule consiste à interdire toute dénonciation pendant une certaine période afin de stabiliser les relations conventionnelles (le traité portant création de l'OTAN interdit tout retrait pendant 20 ans). Des conditions de fond sont parfois exigées : l'Etat peut en effet évoquer des exigences liées à son intérêt national pour mettre fin à sa participation.

***Exemples**: les traités nucléaires de 1963 et de 1968 comportent des clauses similaires.*

Article 10 paragraphe 1 du traité de non-prolifération de l'arme nucléaire du 1er juillet 1968 :
« 1. Toute Partie contractante aura, dans l'exercice de sa souveraineté nationale, le droit de se retirer du traité si elle décide que des évènements extraordinaires, reliés à l'objet du traité, ont mis en péril les intérêts suprêmes du pays. Elle notifiera ce retrait à toutes les autres Parties contractantes, et au Conseil de Sécurité des Nations Unies, avec un préavis de trois mois. Cette notification devra inclure une déclaration sur les événements extraordinaires qu'elle considère comme ayant mis en péril ses intérêts suprêmes. »

Très souvent, les clauses finales précisent que les Etats ne sont pas déliés de leurs obligations financières pendant une certaine période. Le Congo est partie à des conventions internationales qui contiennent des clauses de dénonciation qui retiennent une période de préavis. Ce préavis est de trois mois, dans l'accord commercial entre le Congo et la République Populaire de Chine (accord du 27 septembre 1978, article 9), d'un an dans le traité d'amitié entre la République Populaire de Chine et la République du Congo (accord du 02 octobre 1964, article V) et de six mois dans l'accord de coopération scientifique et technique entre la République Populaire du Congo et la République du Zaïre (accord du 29 juillet 1985, article 4).

Article 9 de l'accord commercial du 27 septembre 1978 entre le Congo et la Chine :
« Le présent accord prendra effet à la date de sa signature et sera valable pour une période d'un an à compter de son entrée en vigueur et renouvelable d'année en année par tacite reconduction sauf dénonciation ou demande de modification par l'une ou l'autre des parties contractantes avec un préavis de trois mois ».

Article V, alinéa 2 du traité d'amitié entre la République Populaire de Chine et la République du Congo – Brazzaville du 02 octobre 1964 :

« Le présent traité entrera en vigueur le jour de l'échange des instruments de ratification et sera valable pour une période de dix ans. Il sera prorogé automatiquement pour une nouvelle période de dix ans, et ainsi de suite, à moins que l'une des parties contractantes ne fasse connaître à l'autre, par écrit et un an avant la date d'expiration, son intention de dénoncer ce traité. »

L'accord spécial de coopération scientifique et technique entre la République Populaire du Congo et la République du Zaïre du 29 juillet 1985 prévoit qu'il peut être dénoncé après un préavis de six mois (article 4). Cette dénonciation n'a pas d'effet sur les programmes en cours d'exécution.

b - L'absence de clause de retrait ou de dénonciation

- *F. DEHOUSSE, « Le droit de retrait des Nations Unies », RBDI, 1965, p.30-48.*

L'absence de clause de dénonciation ou de retrait dans un traité doit-elle être interprétée comme l'expression de la volonté de ses auteurs d'interdire aux Etats parties la possibilité de mettre fin à leur participation ? Cette interprétation ferait des traités des prisons dont on ne sortirait pas et elle irait à l'encontre du principe de la souveraineté de l'Etat en vertu duquel l'Etat doit pouvoir se libérer librement des engagements souscrits. L'article 56 de la Convention de Vienne édicte un principe assorti de deux exceptions. En l'absence d'une clause de retrait ou de dénonciation, l'Etat ne peut mettre fin à sa participation au traité. Cependant, le retrait ou la dénonciation n'est possible que si cette éventualité ressort de l'intention des parties ou de la nature du traité. Dans l'une de ces hypothèses, le préavis est de 12 mois (article 56 paragraphe 2 de la Convention de Vienne). Les critères retenus par la Convention de Vienne ne sont pas d'un maniement aisé dans la mesure où, il peut être difficile de déterminer dans quelle mesure la nature du traité autorise le retrait ou la dénonciation. En 1965, l'Indonésie a notifié au Secrétaire Général des Nations-Unies sa décision de se retirer de l'ONU. En l'absence de clause relative au retrait dans la Charte, le Secrétaire Général de l'Organisation des Nations Unies a dû se référer aux travaux préparatoires afin de déterminer l'intention des parties.

2 - La violation du traité par l'une des parties ou l'exception "non adimpleti contractus".

Les Etats se réfèrent généralement à la violation du traité par l'une des parties pour se libérer de leurs obligations internationales. Cette attitude peut se fonder sur des facteurs objectifs. Elle peut aussi être basée sur des causes subjectives liées à la volonté de l'Etat de se délier de ses obligations en invoquant ainsi un prétexte fallacieux. Quel que soit le motif soutenu par cet Etat, sa prétention suscite la réaction des autres Etats notamment celle du prétendu auteur de la violation. L'exception ne peut être soulevée que s'il existe une violation substantielle du traité.

Article 60 de la Convention de Vienne :

«

1. *Une violation substantielle d'un traité bilatéral par l'une des Parties autorise l'autre Partie à invoquer la violation comme*

motif pour mettre fin au traité ou suspendre son application en totalité ou en partie.

2. *Une violation substantielle d'un traité multilatéral par l'une des Parties autorise :*

a) *Les autres Parties, agissant par accord unanime, à suspendre l'application du traité en totalité ou en partie ou à mettre fin à celui-ci :*

i) *soit dans les relations entre elles-mêmes et l'Etat auteur de la violation ;*

ii) *soit entre les parties ;*

b) *Une partie spécialement atteinte par la violation à invoquer celle-ci comme motif de suspension de l'application du traité en totalité ou en partie dans les relations entre elle-même et l'Etat auteur de la violation ;*

c) *Toute partie autre que l'Etat auteur de la violation à invoquer la violation comme motif pour suspendre l'application du traité en totalité ou en partie en ce qui la concerne si ce traité est d'une nature telle qu'une violation substantielle de ses dispositions par une Partie modifie radicalement la situation de chacune des Parties quant à l'exécution ultérieure de ses obligations en vertu du traité.*

3. *Aux fins du présent article, une violation substantielle d'un traité est constituée par :*

a) *un rejet du traité non autorisé par la présente Convention ; ou*

b) *la violation d'une disposition essentielle pour la réalisation de l'objet ou du but du traité.*

4. *Les paragraphes qui précèdent ne portent atteinte à aucune disposition du traité applicable en cas de violation.*

5. *Les paragraphes 1 à 3 ne s'appliquent pas aux dispositions relatives à la protection de la personne humaine contenues dans des traités de caractère humanitaire, notamment aux dispositions excluant toute forme de représailles à l'égard des personnes protégées par lesdits traités. »*

A défaut de violation substantielle, l'exception ne joue pas.

Et, la Convention de Vienne définit la violation substantielle comme le rejet non autorisé du traité ou comme la violation d'une disposition essentielle pour la réalisation de l'objet ou du but du traité (article 60-3 de la Convention de Vienne). Le caractère particulièrement grave de la violation a été affirmé par la jurisprudence :

SA, 4 Mars 1925, Affaire Tacna Arica, RSA. II, p. 921.

Dans cette affaire, bien que l'exception n'ait pas été retenue, l'arbitre a, cependant, mis l'accent sur le caractère particulièrement grave de la violation. L'article 60 de la Convention de Vienne organise les conditions particulières de mise en œuvre de l'exception non adimpleti contractus. Il distingue l'hypothèse des traités bilatéraux de celle des traités multilatéraux.

a - La violation des traités bilatéraux

En cas de violation substantielle d'un traité bilatéral, la partie victime peut obtenir l'extinction ou la suspension du traité. L'extinction n'est donc pas automatique, il ne s'agit que d'une possibilité prévue par le texte (article 60 paragraphe 1 de la Convention de Vienne). Elle ne doit pas, cependant, avoir commis un acte illicite et, l'argumentation développée ne doit pas être fantaisiste. Car, admettre la possibilité, pour l'Etat partie à un accord bilatéral, de dénoncer unilatéralement l'accord constituerait une menace pour la sécurité des relations juridiques.

Malgré le fait que la Hongrie et la Tchécoslovaquie aient méconnu leurs obligations conventionnelles :

« La Cour estime que ces comportements illicites réciproques n'ont pas mis fin au traité ni justifié qu'il y fût mis fin. La Cour établirait un précédent aux effets perturbateurs pour les relations conventionnelles et l'intégrité de la règle pacta sunt

servanda si elle devait conclure qu'il peut être unilatéralement mis fin, au motif de manquements réciproques à un traité en vigueur entre Etats, que les parties ont exécuté dans une très large mesure et à un coût considérable pendant des années ».
C.I.J, A, 25 septembre 1997, Projet Gabctkovo – Nagymaros, Rec. 1997, parag 114.

b - La violation des traités multilatéraux

La violation d'un traité multilatéral peut conduire à deux types d'actions : l'action collective et l'action individuelle (article 60 paragraphe 2 de la Convention de Vienne).

L'action collective suppose l'accord des Etats en vue de suspendre ou de mettre fin au traité dans toutes leurs relations ou dans leurs rapports avec l'Etat auteur de la violation. Tandis que, l'action individuelle est mise en œuvre par l'Etat victime spécialement de la violation ; elle vise la suspension ou l'extinction du traité.

c - Les effets de l'exception

L'exception n'est pas automatique et elle n'abroge pas les dispositions humanitaires.

- **une exception non automatique**

Les Etats recourent discrétionnairement à l'exception non adempleti contractus. Et, ils se prononcent pour la suspension ou la disparition du traité.

- **Le maintien des dispositions humanitaires**

L'exception ne remet pas en cause les dispositions relatives à la protection de la personne humaine qui continuent de s'appliquer (article 60 paragraphe 5 de la Convention de Vienne). Si au moment de la conférence diplomatique de Vienne, l'exception semblait relever du développement progressif plutôt que de la codification du droit coutumier, la Cour Internationale de Justice a eu l'occasion de constater que désormais ces règles relèvent du droit coutumier.

C.I.J, AC, 21 juin 1971, Conséquences juridiques pour les Etats de la présence continue de l'Afrique du Sud en Namibie, Rec. 1971, p. 47.
La Cour Internationale de Justice reconnaît que les règles de l'article 60 représentent la codification du droit coutumier existant. Elle affirme « l'existence du principe juridique général selon lequel le droit de mettre fin à un traité comme conséquence de sa violation doit être présumé exister pour tous les traités ».

3 - Le changement des circonstances ou la "clause rebus sic stantibus".

Le dynamisme de la vie internationale se caractérise notamment par de nombreuses mutations et par la modification des conditions qui avaient présidé à l'élaboration d'un traité particulier. Ce changement des circonstances n'affecte pas le traité quand il est incident. Ce qui permet d'assurer une certaine stabilité aux relations conventionnelles. Il produit, cependant, des conséquences directes quand il est fondamental. L'article 62 de la Convention de Vienne apporte, toutefois, des précisions. Le changement fondamental de circonstances ne peut contribuer à la terminaison du traité que si d'autres conditions cumulatives sont réunies :

- le changement n'a pas été prévu par les parties au moment de la conclusion ;
- il doit porter sur des dispositions contractuelles essentielles au consentement ;

- il doit transformer radicalement la portée des obligations du traité.

Article 62 de la Convention de Vienne :

«

1. Un changement fondamental de circonstances qui s'est produit par rapport à celles qui existaient au moment de la conclusion d'un traité et qui n'avait pas été prévu par les Parties ne peut pas être invoqué comme motif pour mettre fin au traité ou pour s'en retirer, à moins que :

a) L'existence de ces circonstances n'ait constitué une base essentielle du consentement des Parties à être liées par le traité ; et que

b) Ce changement n'ait pour effet de transformer radicalement la nature des obligations qui restent à exécuter en vertu du traité.

2. Un changement fondamental de circonstances ne peut pas être invoqué comme motif pour mettre fin à un traité ou pour s'en retirer :

a) S'il s'agit d'un traité établissant une frontière ; ou

b) Si le changement fondamental résulte d'une violation, par la Partie qui l'invoque, soit d'une obligation du traité, soit de toute autre obligation internationale à l'égard de toute autre Partie au traité.

3. Si une Partie peut, conformément aux paragraphes qui précèdent, invoquer un changement fondamental de circonstances comme motif pour mettre fin à un traité ou pour s'en retirer, elle peut également ne l'invoquer que pour suspendre l'application du traité. »

La Cour Internationale de Justice s'est penchée sur le contenu de l'article 62 et lui a reconnu une valeur coutumière.

C.I.J, A, 2 Février 1973, Compétence en matière de pêcheries, Rec. 1973, p. 18.

Dans cette affaire qui oppose la Grande-Bretagne à l'Islande, la

Cour Internationale de Justice a eu l'occasion de préciser que le changement de circonstances doit mettre en péril l'existence ou le développement vital de l'une des parties. L'Islande prétendait ne plus être liée par les dispositions de l'accord de 1961, établissant la compétence de la Cour Internationale de Justice pour les différends relatifs à la zone de pêche. Elle invoque, à cet effet, le changement des circonstances de fait et de droit. La Cour Internationale de Justice rejette cette argumentation au motif qu'elle n'est pas suffisante pour délier l'Islande de son obligation.

C.I.J, A, 25 septembre 1997, Projet GABCTKOVO-NAGYMAROS, Rec. 1997, p. 65.
Dans cette affaire, la Hongrie justifie la dénonciation du traité bilatéral de 1977 par le changement de circonstances politiques et économiques. Ce à quoi la Cour répond en relevant que : « (...) les changements de circonstances que la Hongrie invoque ne sont pas, pris séparément ou conjointement, d'une nature telle qu'ils aient pour effet de transformer radicalement la portée des obligations qui restent à exécuter pour réaliser le projet. Un changement fondamental de circonstances doit être imprévu ; les circonstances existant à l'époque où le traité a été conclu doivent avoir constitué une base essentielle du consentement des parties à être liées par le traité. Le fait que l'article 62 de la Convention de Vienne sur le droit des traités soit libellé en termes négatifs et conditionnels indique d'ailleurs clairement que la stabilité des relations conventionnelles exige que le moyen tiré d'un changement fondamental de circonstances ne trouve à s'appliquer que dans des cas exceptionnels. »

La clause rebus sic stantibus ne joue pas pour les traités établissant les frontières. En outre, l'auteur de la violation du traité ne peut l'invoquer. Elle a été évoquée dans le passé par des Etats qui souhaitaient se libérer de certaines obligations. Elle a été utilisée notamment par l'Allemagne pour se libérer des obligations jugées léoniènes du traité de Versailles. La disparition du traité n'est, cependant, pas automatique ; la suspension constitue une autre possibilité qui s'offre à l'Etat qui désire invoquer l'existence de la clause (article 62 paragraphe 3 de la Convention de Vienne).

4 - Les effets de la guerre sur les traités.

La problématique des effets de la guerre sur les traités est classique en Droit international public. Et, les solutions ont varié. Selon les périodes, les traités ont été maintenus, ou abrogés automatiquement. Puis, la pratique a été sélective ; l'abrogation ne portant que sur certains traités et elle est justifiée par des considérations d'opportunité.
Les traités bilatéraux sont abrogés en cas de conflit armé. Quant aux traités multilatéraux, leur sort varie en fonction des parties. Ils sont suspendus entre les Etats belligérants et ils demeurent en vigueur entre les Etats non belligérants, et entre les belligérants et les non belligérants. Sont aussi maintenus les traités créant des situations objectives ou conclus spécialement pour la conduite des conflits armés. En dépit de l'évolution du Droit international public qui condamne dans son principe le recours à la force dans les relations internationales, la question des effets de la guerre sur les traités n'a pas fait l'objet de dispositions particulières de la Convention de Vienne ; celle-ci se contente dans l'article 73 d'affirmer que ses dispositions ne préjugent d'aucune question qui pourrait se poser du fait de l'ouverture d'hostilités entre les Etats.

TITRE II - LA COUTUME INTERNATIONALE

- *G. ABI-SAAB, « La coutume dans tous ses Etats », Mélanges Ago, I, p.53-65 ;*
- *J.A. BARBERIS, "Réflexions sur la coutume internationale » AFDI 1990, p.9-46 ;« La Coutume est- elle une source du Droit International ? », Mélanges Virally, p. 43-52 ;*
- *P.M. DUPUY, "Théorie des sources et coutume en Droit International contemporain », Mélanges Jimenez, p.51-68 ;*
- *R.J. DUPUY, « Coutume sage et coutume sauvage », Mélanges Rousseau, 1974, p. 75-89 ;*
  « Droit déclaratoire et droit programmatoire : de la coutume sauvage à la soft law », in SFDI, l'élaboration du Droit International, Paris, Pedone, 1975, p. 132-148 ;
- *P. HAGGENMACHER, « La doctrine des deux éléments du droit coutumier international dans la pratique de la Cour internationale », RGDIP 1986, p 5-126 ;*
- *S. SEFERIADES, « Aperçu sur la coutume juridique internationale », RGDIP 1936, p. 129-196 ;*
- *B.STERN, « La coutume au cœur du Droit International », Mélanges Reuter, Pedone, Paris, 1981, p. 479-499 ;*
- *S. SUR, « La coutume internationale – Sa vie – Son œuvre », Droits 1986, p.111-124 ;*
- *Ch de VISSCHER, « Coutume et traité en Droit international public », RGDIP 1955, p. 353-369.*

L'article 38 paragraphe 1-b du Statut de la Cour Internationale de Justice définit la coutume comme une pratique générale suivie comme étant le droit. Cette définition ne résout guère la difficulté qui résulte de la variété terminologique observée dans la pratique internationale. Celle-çi permet d'observer l'utilisation d'une variété de concepts qu'il est parfois difficile d'assimiler à la coutume internationale. Selon les hypothèses, mention est faite au *« droit international commun »*, au *« droit commun »*, au *« droit des gens communs »*, aux *« principes du droit international coutumier »* ou *« droit coutumier ».* Parmi ces expressions, celle de *« droit international général »* est la plus répandue. La coutume est une source formelle du Droit international public. Elle est par, conséquent, obligatoire. Si la doctrine est unanime sur cet effet, on constate, néanmoins, une divergence entre les auteurs. Elle est relative au fondement de son caractère obligatoire. La coutume est une source qui présente plusieurs avantages. L'on peut mentionner notamment sa souplesse. Toutefois, son caractère non écrit, est parfois source d'incertitude. Ce qui justifie les entreprises de codification menées.

Chapitre I. Le fondement de la coutume internationale
Chapitre II. Les éléments constitutifs de la coutume
Chapitre III. La codification de la coutume internationale

Chapitre I - Le fondement de la coutume internationale

Nul ne peut aujourd'hui remettre en cause le caractère obligatoire de la coutume, véritable source autonome du Droit international public. Cette unanimité ne doit pas, toutefois, occulter la diversité d'appréciations relatives au fondement de la coutume. En vertu de quel mécanisme, la coutume internationale est-elle obligatoire ? Les réponses à cette préoccupation permettent de classer la doctrine en deux groupes. On distingue, d'une part, les tenants du volontarisme et, d'autre part, les partisans de la doctrine objectiviste.

Section 1. La doctrine volontariste : la coutume, un accord tacite

- *P. GUGGENHEIM, « Contribution à l'histoire des sources du droit des gens », R.C.A.D.I, 1958. II, p.3-84.*

Jusqu'au XVIIIe siècle , la coutume internationale est perçue par certains auteurs comme l'expression tacite d'un accord survenu entre diverses autorités. Elle doit être conforme à la raison, elle constitue l'expression de la volonté divine révélée. Ce point de vue est défendu par des auteurs désireux de préserver le consentement de l'Etat en matière d'engagements internationaux. On peut citer notamment Anzilotti, Triepel, la doctrine soviétique représentée par G.I. Tunkin et celle des pays en voie de développement. L'approche volontariste encore qualifiée de *« conception subjective de la coutume »* est consacrée par la Cour Permanente de Justice Internationale dans l'affaire du Lotus.

C.P.J.I, A, 7 Septembre 1927, Lotus, Série A, n° 10, p. 18. Dans cette affaire, la Cour Permanente de Justice Internationale énonce un dictum célèbre qui consacre le point de vue volontariste.« le Droit International régit les rapports entre Etats indépendants. Les règles de droit liant les Etats procèdent donc de la volonté de ceux-ci, volonté manifestée dans des conventions ou dans des usages acceptés généralement comme consacrant des principes de droit et établis en vue de gérer la coexistence de ces communautés indépendantes ou en vue de la poursuite de buts communs. Les limitations de l'indépendance des Etats ne se présument pas ».La Cour Internationale de Justice confirme ce principe dans l'affaire du Plateau Continental en Mer du Nord. (C.I.J, A, 20 février 1969, Plateau Continental en Mer du Nord).

Bien que présentant de nombreux avantages, la thèse volontariste suscite, néanmoins, quelques réserves. L'on doit déplorer, d'une part, l'intérêt excessif accordé au consentement des Etats, dans la mesure où sans consentement, il n' y aurait pas coutume. Or, la pratique internationale témoigne de l'existence de coutumes constituées sans le consentement de certains Etats et qui les lient juridiquement. D'autre part, cette théorie conduit à la négation de l'existence de coutumes générales opposables à tous les Etats. En effet, de telles coutumes supposeraient le consentement unanime des Etats. Ce qui est loin de refléter la réalité internationale. Ces limites justifient le recours au point de vue objectiviste.

Section 2. La doctrine objectiviste : la coutume, le produit des nécessités sociales

Pour ce second groupe d'auteurs à l'instar de G. Scelle, de M. Bourquin et de Ch. De Visscher, la coutume est une réalité objective qui naît des nécessités sociales. Elle serait un phénomène spontané et indépendant de toute volonté délibérée. G. Scelle a eu l'occasion d'affirmer à ce propos :*« Chacun des actes qui constituent la coutume est autonome, isolé, et que par conséquent il n' y a aucune trace de contrat, soit explicite soit implicite, dans la formation coutumière du droit »*. Cette démarche présente l'avantage d'expliquer l'opposabilité de la règle coutumière même en l'absence de consentement d'un Etat. L'accord de tous les Etats n'est donc pas requis. Et, produit des nécessités sociales, la coutume peut apparaître à la suite d'un certain laps de temps. La Cour Internationale de Justice a consacré, dans l'affaire de la Namibie, cette seconde approche.

C.I.J., A.C., 21 juin 1971, Conséquences juridiques pour les Etats de la présence continue de l'Afrique du Sud en Namibie (Sud-Ouest Africain), Rec. 1971, p.22.

Dans cette affaire, la Cour Internationale de Justice admet que la pratique suivie par un organe des Nations Unies est opposable à tous les Etats membres de l'ONU. Par le biais d'une résolution, le Conseil de Sécurité a prononcé la révocation du mandat de la République Sud Africaine (R.S.A.) sur la Namibie. Cette résolution a été élaborée sur la base du vote affirmatif de trois des cinq membres permanents du Conseil de Sécurité : les deux autres se sont abstenus. La République Sud Africaine conteste la légalité de cette résolution au motif qu'elle a été adoptée en violation de l'article 27 paragraphe 3 de la Charte de l'ONU. La Cour Internationale de Justice rejette cet argument au motif que la procédure suivie correspond à une pratique qui est apparue au sein du Conseil de Sécurité et opposable à tous les Etats membres :« *Les débats qui se déroulent au Conseil de Sécurité depuis de longues années prouvent abondamment que la pratique de l'abstention volontaire d'un membre permanent a toujours et uniformément été interprétée (...) comme ne faisant pas obstacle à l'adoption de résolutions. La procédure suivie par le Conseil de Sécurité (...) a été généralement acceptée par les membres des Nations Unies et constitue la preuve d'une pratique générale de l'organisation.*

Chapitre II. Les éléments constitutifs de la coutume

La coutume internationale suppose la réunion de deux éléments. Il s'agit, d'une part, de l'élément matériel, et, de l'élément psychologique, d'autre part. L'absence de l'un de ces éléments conduit le juge à déclarer l'absence de coutume internationale.

Section 1. L'élément matériel
Section 2. L'élément psychologique ou l'opinio juris sive necessitas

Section 1. L'élément matériel

L'élément matériel de la coutume résulte de la répétition dans le temps et dans l'espace d'actes positifs ou négatifs qui, sans être strictement identiques, peuvent être similaires. Le fait positif résulte d'un comportement délibéré donc volontaire. Tandis que l'acte négatif est constitué par l'abstention observée par le sujet international et qui est à l'origine d'une norme coutumière. Dans l'affaire du Lotus, la France soutient l'existence d'une coutume internationale constituée par une série d'abstentions et comportant pour l'Etat du pavillon le droit d'exercer sa juridiction pénale en cas d'abordage en haute mer.

C.P.J.I., A, 7 septembre 1927, Lotus.

I – Le précédent coutumier
II – La répétition du précédent dans le temps
III – La répétition du précédent dans l'espace

I - Le précédent coutumier

Le précédent coutumier naît de la répétition de certains actes ou faits par les sujets de Droit International. Plusieurs institutions y participent, il s'agit des Etats et des organisations internationales. De manière exceptionnelle, les individus peuvent contribuer à l'apparition de certains précédents.

A - Les actes étatiques

Au niveau des Etats, plusieurs organes participent à l'apparition de la coutume internationale. Il s'agit des organes qui le représentent au niveau extérieur, d'une part et, des organes qui agissent au niveau interne, d'autre part.

1 - Les organes externes de l'Etat

Les organes habilités à représenter l'Etat au niveau international peuvent contribuer à l'émergence d'une coutume internationale. A titre d'illustration, le fonctionnement des différents Ministères des Affaires Etrangères est révélateur de cette réalité. Il en ressort notamment qu'il existe en Droit international public, une coutume selon laquelle les déclarations et les communications faites par le Ministre des Affaires Etrangères, sur des affaires qui intéressent son département et en direction des agents diplomatiques accrédités auprès de son pays, l'engagent juridiquement. La Cour Internationale de Justice a eu l'occasion d'affirmer la contribution des organes extérieurs de l'Etat à la formation d'une coutume internationale dans les affaires Nottebohm (CIJ, A, 6 avril 1955) et Interhandel (CIJ, A, 21 mars 1959). Il ressort notamment de ces deux affaires que les règles coutumières relatives à la protection diplomatique sont créées par l'activité des organes étatiques.

2 - Les organes internes de l'Etat

Par organes internes, l'on entend les organes qui interviennent dans la sphère interne. Il s'agit, entre autres, des tribunaux, du parlement et de l'administration. Chacune de ces institutions peut dans son fonctionnement contribuer à l'émergence d'une coutume internationale.

a - La pratique des juridictions internes

La jurisprudence interne peut conduire à l'apparition d'une coutume internationale. Cette contribution est constatée par la Cour Permanente de Justice Internationale dans les affaires du Lotus et des emprunts Serbes.

C.P.J.I, A, 7 septembre 1927, Lotus
Pour déterminer la juridiction compétente, la cour s'est penchée sur la pratique suivie par les juridictions nationales. Et, elle en a déduit la compétence des juridictions turques en vertu de la règle selon laquelle le délit dont l'auteur se trouve à l'étranger au moment de la commission de l'acte doit être considéré comme ayant été commis sur le territoire national si les conséquences de l'acte se manifestent sur le territoire.

C.P.J.I, A, 12 juillet 1929, Emprunts Serbes.
Dans cette affaire qui oppose la Serbie à la France, la Cour Permanente de Justice Internationale s'est référée aux décisions judiciaires internes pour déterminer la loi applicable au contrat de prêt.

b - La pratique des parlements nationaux

La loi élaborée par les parlements nationaux peut être à l'origine d'une coutume internationale.

B - Les actes des organisations internationales

Le précédent coutumier peut être constitué à la suite d'actes adoptés par les organisations internationales dans le cadre de leur droit interne ou au niveau international.

1 - Le droit interne des organisations internationales

Le fonctionnement de l'organisation internationale peut contribuer à l'apparition d'une coutume internationale. La Cour Internationale de Justice s'est prononcée en 1971, dans l'affaire de la Namibie (voir infra) sur une pratique instituée au sein du Conseil de Sécurité et qui s'est imposée en qualité de règle coutumière. Modifiant la règle du vote positif exigée des membres permanents du Conseil de Sécurité, cette coutume a pour effet, que toute abstention d'un membre permanent du Conseil de Sécurité est assimilée à un vote favorable. Elle ne remet pas en question l'adoption de la décision.

2 - Les activités externes de l'organisation internationale

L'organisation internationale est un sujet de droit qui poursuit la réalisation d'un objectif déterminé. Elle est appelée à se prononcer sur certaines questions juridiques. Ces prises de position qui émanent de ses organes compétents constituent parfois des précédents coutumiers. A titre d'illustration, l'activité de l'Organisation des Nations Unies (ONU) en matière d'autodétermination a contribué à l'apparition d'une règle de Droit International rendant illégale la colonisation. Cette nouvelle règle est notamment formulée par la résolution n° 1514 (XV°) de l'Assemblée Générale du 14 décembre 1960, déclaration concernant l'octroi de l'indépendance aux peuples et aux pays coloniaux. En sus des Etats et des organisations internationales, d'autres acteurs interviennent aussi en matière de constitution de la règle coutumière. Il s'agit des Organisations Non Gouvernementales (ONG), des sociétés multinationales et des individus.

C - Les activités des Organisations Non Gouvernementales

- *M. J. DOMESTICI-MET, « Le rôle du CICR dans la codification du droit humanitaire », in SFDI, colloque d'Aix en Provence, la codification du Droit International, Paris, A, Pedone, 1999, P. 207-247.*

De plus en plus présentes sur la scène internationale, les Organisations Non Gouvernementales participent au processus coutumier. Cette action se déroule notamment dans le domaine humanitaire où elles contribuent à l'éclosion de normes coutumières. C'est ainsi que le Comité International de la Croix Rouge (CICR), organisation de droit Suisse, a joué un rôle déterminant dans le processus de codification des normes du droit humanitaire.

D - Les actes des personnes privées

- *J.A.BARBERIS, « Réflexions sur la coutume internationale", AFDI 1990, p. 9-46.*

A priori, les personnes privées ne peuvent avoir la prétention de participer à la formation d'une coutume internationale. Une partie de la doctrine soutient, cependant, à l'instar de J. Barberis, l'existence de coutumes internationales résultant de la pratique ininterrompue et constante des personnes privées. J. Barberis rapporte l'existence d'une coutume locale créée par les ressortissants Colombiens et Vénézuéliens et insérée dans des règlements locaux. Celle-ci est relative à la réglementation de l'utilisation des eaux du fleuve Tachira entre les deux Etats.

Quel que soit l'auteur du précédent, une coutume internationale doit s'inscrire dans le temps.

II - La répétition du précédent dans le temps

Le temps est un élément dont l'appréciation s'avère indispensable pour l'identification d'une norme coutumière. Ce facteur est diversement perçu par la doctrine classique et par les auteurs des pays en voie de développement.

A - La doctrine classique : l'exigence d'une pratique immémoriale

La doctrine classique exige la répétition prolongée du précédent dans le temps. Ce n'est qu'au terme de ce long mûrissement que la norme coutumière émerge. Cette pratique doit remonter à une période si lointaine qu'on ne peut la situer dans le temps ; elle doit être séculaire. René Jean Dupuy se réfère à cette pratique immémoriale quand il évoque *« les coutumes sages établies sur la somptueuse lenteur de l'éternel hier »* in la Communauté Internationale entre le Mythe et l'Histoire, Paris, Economica, 1986, p. 132. La coutume ne peut donc pas surgir à la suite d'actes ou de faits isolés. Une certaine continuité est requise. Ce principe a été affirmé par le juge international de manière constante qui se réfère à une pratique internationale constante *(C.P.J.I, A, 17 août 1923, Winbledon, Série A, n° 1, p. 25)*, à un usage constant et uniforme *(C.I.J, A, 20 novembre 1950, Affaire du Droit d'Asile, Rec. 1950 p. 277)*, à une pratique constante et uniforme *(CIJ, A, 12 avril 1960, Droit de passage en territoire indien, Rec. 1960, p. 40)* et à une pratique constante et suffisamment longue *(CIJ, A, 18 décembre 1951, Pêcheries Anglo Norvégiennes)*. La sentence arbitrale rendue le 17 juillet 1965 en l'interprétation de l'accord aérien du 6 février 1948 résume cette exigence en affirmant que *« seule une pratique constante effectivement suivie et sans changement, peut devenir génératrice d'une règle de Droit International coutumier ».*

La répétition du précédent pendant une très longue période est justifiée par la configuration particulière de la société internationale du XVIè siècle au début du XXè siècle caractérisée par des relations épisodiques entre les sujets de droit qui agissent et communiquent par le biais des plénipotentiaires. Ce n'est qu'au terme d'un long *« processus de généralisation de la coutume dans un système de relations internationales peu denses »* que la norme paraît in M. Virally, « Panorama du Droit International contemporain », RCADI 1983, V, Vol 123, p. 185.

B - L'accélération du processus coutumier

- *M. BEDJAOUI, Pour Un Nouvel Ordre Economique International, Paris, Unesco, 1979, 269 p.*
- *R.J. DUPUY, La Communauté Internationale entre le Mythe et l'Histoire, Paris, Economica, 1986 ;*
- *GUY DE LACHARRIERE, La politique juridique extérieure, Paris, Economica, 1983, 236 p.*

L'évolution de la société internationale conduit à l'augmentation quantitative et qualitative des acteurs de la vie internationale et à une densification de leurs relations. Il s'ensuit une modification du processus coutumier qui vient rompre avec le point de vue classique. En effet, il sera désormais admis que la coutume apparaisse au terme d'une brève période. Cette approche révolutionne la théorie de la coutume internationale ; elle est consacrée par une partie de la doctrine et par la jurisprudence internationale.

C.I.J, A, 20 février 1969, Plateau continental de la Mer du Nord.
La Cour Internationale de Justice confirme cette évolution en

affirmant que : « le fait qu'il ne soit écoulé qu'un bref laps de temps ne constitue pas en soi un empêchement à la formation d'une règle nouvelle de Droit International coutumier »

Elle confirme cette démarche quelques années plus tard :

C.I.J, A, 25 juillet 1974, Pêcheries Islandaises.
La cour admet l'existence d'une nouvelle coutume reconnaissant des droits préférentiels aux Etats riverains qui se trouvent dans une « situation de dépendance spéciale à l'égard de leurs pêcheries côtières ». Cette coutume internationale aurait émergé au bout d'une dizaine d'années.

Les pays en voie de développement et les pays socialistes vont se servir de cette évolution pour tenter de réformer le Droit international public. Leur stratégie consiste notamment à formuler rapidement de nouvelles normes coutumières qui viendraient améliorer ou abroger la coutume classique. Les nouveaux Etats critiquent de manière sélective *« un Droit International coutumier dont la formation historique s'est opérée à la fois en dehors de lui (le Tiers-Monde) et largement contre lui »* in M. Bedjaoui, Pour Un Nouvel Ordre Economique International, op. cit, p. 136. Les coutumes ne leur sont pas, par conséquent, opposables car *« l'écoulement du temps nécessaire à la création de la règle coutumière correspondait pratiquement à la période durant laquelle les Etats qui forment maintenant la grande majorité du Tiers-Monde n'étaient pas encore indépendants et ne pouvaient donc participer au processus normatif en question ».* in G. de Lacharrière, La politique juridique extérieure, op. cit, p. 32. La stratégie normative des nouveaux Etats suscite la désapprobation de la doctrine classique qui dénonce cette *« coutume sauvage ».* Par *« coutume sauvage »,* elle dénonce les *« contre-coutumes, dont l'excroissance soudaine est nourrie de volontés alertées, dénonçant la désuétude et l'imposture des premières, dont un long passé faisait oublier qu'elles devaient leur développement non à la sagesse des nations mais à l'action des plus puissantes d'entre elles.* » in R.J. Dupuy, La Communauté Internationale entre le mythe et l'histoire, Paris, Economica, 1986, p 132. Tenant compte de cette évolution, certains auteurs ont pensé que le facteur temps avait cessé d'être déterminant dans le processus coutumier. Ils avancent alors l'idée de l'apparition de coutume *« instantanée »*. Il est difficile de partager un tel point de vue. Car, ce serait oublier que la coutume est aussi bien une norme qu'un processus. Et, c'est au terme de celui-ci qu'elle apparaît. L'écoulement du temps demeure donc indispensable à l'établissement et à la consolidation d'une coutume internationale. Cependant, aujourd'hui, ce temps peut être très long, raccourci ou accéléré. Sa durée est fonction des enjeux, des Etats en présence et de leur volonté d'être liés juridiquement ou non.

III - La répétition du précédent dans l'espace

L'article 38 du Statut de la Cour Internationale de Justice mentionne l'existence d'une pratique générale suivie comme étant le droit. L'interprétation restrictive de cette disposition conduirait à l'affirmation selon laquelle il n'existerait que des coutumes générales. La pratique démontre, toutefois, l'existence de coutumes au champ d'application varié. C'est ainsi que l'on distingue les coutumes générales, les coutumes régionales et les coutumes locales.

A - Les coutumes générales

Les coutumes générales ont une portée universelle. Elles ont vocation à s'appliquer à tous les membres de la communauté internationale. Elles possèdent une origine particulière et, elles produisent des effets déterminés.

1 - Une consécration jurisprudentielle

La jurisprudence internationale consacre la coutume générale en utilisant une terminologie variée. Selon les affaires, elle se réfère à une *« pratique généralement acceptée »*, à une *« pratique quasi universelle »*, à une *« règle généralement observée »* ou à des *« principes universellement admis »*. Dans les affaires des Pêcheries Anglo Norvégiennes et du Plateau continental en mer du Nord, la Cour Internationale de Justice a eu l'occasion de se pencher sur le caractère général de la coutume internationale.

C.I.J, A, 18 décembre 1951,Pêcheries anglo-norvégiennes, Rec.1951, p. 131.
Dans cette affaire, la cour conclut à l'absence de règle coutumière : « En conséquence, la règle des dix milles n'a pas acquis l'autorité d'une règle générale de Droit International ».

C.I.J, A, 20 février 1969, Plateau continental en mer du Nord.
Dans cet arrêt, la cour constate que l'absence de pratique générale ne permet pas de conclure à l'existence d'une règle coutumière contenue dans l'article 6 paragraphe 2 de la Convention de Genève sur le plateau continental.

Ces règles coutumières ont une origine particulière.

2 - Une origine particulière

La doctrine a eu l'occasion d'affirmer le caractère profondément inégalitaire de la coutume générale. En effet, cette source du droit apparaît suite à la pratique observée par quelques Etats. L'unanimité n'est pas requise en matière de précédent. Il suffit que des Etats représentatifs répètent, en ayant le sentiment d'une obligation juridique, ce comportement pour que la norme coutumière soit constituée.

C.I.J, A, 20 février 1969, Plateau Continental en Mer du Nord, Rec. 1949, p. 43.
« En ce qui concerne les autres éléments généralement tenus pour nécessaires afin qu'une règle conventionnelle soit considérée comme étant devenue une règle générale de Droit International, il se peut qu'une participation très large et représentative à la convention suffise, à condition toutefois qu'elle comprenne les Etats particulièrement intéressés ».

De nombreuses règles du Droit international public se sont constituées à la suite de la pratique suivie par une minorité d'Etats développés. Ces Etats européens marquent, de manière déterminante, le contenu du Droit international public. Aujourd'hui, nombre de ces règles coutumières s'appliquent aux Etats membres de la société internationale.

Exemples : *- le droit de la mer codifié en 1958 par les quatre Conventions de Genève et dont certaines dispositions sont reprises par la Convention de Montego Bay et qui résultent de la pratique des grandes puissances maritimes du XIXe. Elles se sont imposées à tous les Etats même aux Etats enclavés.*
- le Droit International de l'espace extra-atmosphérique résulte de la pratique des Etats industrialisés.

3 - L'opposabilité générale de la coutume :

Bien que résultant de la pratique de quelques Etats, la coutume générale est opposable à tous. Ceci signifie qu'elle lie juridiquement même ceux qui n'ont pas participé à sa formation. L'opposabilité générale de la coutume internationale permet de la distinguer du traité international régi par le principe de l'effet

relatif. L'opposabilité de la coutume générale n'empêche pas l'Etat qui désire ne pas être lié par une coutume en formation de s'opposer expressément à sa constitution.
Cette possibilité est consacrée par la Cour Internationale de Justice dans l'affaire des Pêcheries Anglo Norvégiennes.

C.I.J, A, 18 décembre 1951, Pêcheries Anglo Norvégiennes
Dans cette affaire, la cour relève, « De toute manière, la règle des dix milles apparaît inopposable à la Norvège, celle-ci s'étant toujours élevée contre toute tentative de l'appliquer à la côte norvégienne »

L'opposabilité de la coutume générale a été parfois contestée par les nouveaux Etats indépendants et par les pays socialistes. Ces Etats entendent opérer un inventaire du droit coutumier classique et ils ne souhaitent pas, par conséquent, être engagés par des règles coutumières constituées à la suite de la pratique des seuls pays Européens.

B - Les Coutumes régionales :

Bien que l'article 38 du Statut de la Cour Internationale de Justice ne consacre pas l'existence de coutumes régionales, la doctrine, les Etats et la Cour Internationale de Justice en admettent la possibilité.

1 - Une reconnaissance doctrinale :

- *J.A. BARBERIS, « Réflexions sur la coutume internationale », AFDI. 1990, p.24*

J.A. Barberis rapporte l'existence de coutumes propres à l'Amérique Latine en matière de navigation fluviale et d'asile politique. Dans les bassins de Rio de plata, de l'Amazone et de l'Orenoque, il existerait une coutume en vertu de laquelle la navigation de chaque Etat riverain dans les sections appartenant à un autre Etat est subordonnée à l'autorisation de cet Etat.

2 - Une reconnaissance jurisprudentielle :

La Cour Internationale de Justice a eu l'occasion de se pencher sur l'existence de la coutume régionale dans l'affaire Haya Della Torre ou affaire du Droit d'Asile.

C.I.J, A, 20 novembre 1950, Haya Della Torre.
Ce litige oppose le Pérou à la Colombie qui a accordé l'asile diplomatique dans son Ambassade à Lima au sieur Haya Della Torre, homme politique de nationalité Péruvienne. La Colombie soutient l'existence d'une coutume régionale qui permet à l'Etat qui accorde l'asile diplomatique d'opérer une qualification unilatérale du délit commis afin de déterminer s'il justifie l'asile diplomatique. La Cour examine les précédents évoqués par la Colombie. Elle conclut à des « incertitudes et des contradictions » et en l'absence d'une pratique constante acceptée comme étant le droit ». Bien que dans le cas d'espèce, la Cour Internationale de Justice ait exclu l'existence d'une coutume régionale, elle en admet, cependant, le principe. Celle-ci produit des effets particuliers.

3 - Des effets particuliers :

La coutume régionale l'emporte sur la coutume générale. Elle s'applique de manière sélective. Elle n'est pas opposable à tous. Seuls les Etats qui y ont participé sont concernés. Ces effets sont plus rigoureux pour la coutume locale.

C - Les coutumes locales :

La Cour Internationale de Justice s'est prononcée sur l'existence d'une coutume locale dans l'affaire du Droit de passage en territoire Indien. Elle énonce, à cet effet, un principe soumis à des modalités particulières d'application.

1 - Une consécration jurisprudentielle :

Le différend qui oppose l'Inde au Portugal est relatif à une coutume locale qui existerait entre les deux Etats. Réfutant les objections de l'Inde, la Cour Internationale de Justice consacre, dans son principe, la coutume locale.

C.I.J, A, 12 avril 1960, Droit de passage en territoire Indien
« on voit difficilement pourquoi le nombre des Etats entre lesquels une coutume locale pourrait se constituer sur la base d'une pratique prolongée devrait nécessairement être supérieur à deux. La cour ne voit pas de raison pour qu'une pratique prolongée constituée entre deux Etats, pratique acceptée par eux comme régissant leurs rapports, ne soit pas à la base de droits et d'obligations réciproques entre ces deux Etats. »

2 - Des modalités particulières :

La cour admet le principe de l'existence d'une coutume locale. En examinant le cas d'espèce, elle aboutit à la conclusion que la pratique suivie en territoire indien n'est pas uniforme. La Cour Internationale de Justice distingue, en effet, le passage du personnel civil de celui du personnel militaire.

a - Le droit de passage coutumier du personnel civil

La Cour constate l'existence d'une coutume internationale constituée d'une part, par une « *pratique constante et uniforme* » de libre passage et, par l' *« acceptation comme étant le droit de cette pratique du droit de passage par les deux parties* », d'autre part.

b - Le droit de passage du personnel militaire

Appréciant les conditions dans lesquelles s'opère le passage du personnel militaire, la cour aboutit à la conclusion qu'elles ne traduisent pas l'existence d'une coutume car, celui-ci est soumis à l'obligation d'obtenir une autorisation préalable.

La coutume locale produit des effets limités.

3 - Une opposabilité relative

La coutume locale n'exerce qu'une opposabilité relative. Son champ d'application est restreint. Il ne se limite qu'aux deux Etats qui ont contribué à son émergence et à sa consolidation. Il ne s'étend pas aux autres Etats membres de la société internationale qui ne sont donc pas liés juridiquement.

Section 2. L'élément psychologique ou l'opinio juris sive nécessitas

- *P.GUGGENHEIN, «Contribution à l'histoire des sources du droit des gens », RCADI, 1958. II, p. 3-84*

La coutume internationale résulte d'un comportement observé par les sujets de Droit International avec le sentiment qu'il est obligatoire. Les sujets de droit se soumettent à une véritable règle de droit et non à un simple usage. Il ne s'agit pas non plus d'un acte de courtoisie car la coutume est une pratique distincte de la courtoisie.

I - Une institution récente
II - Une pratique distincte de la courtoisie
III - Une pratique obligatoire

I - Une institution récente

L'opinio juris est une notion qui apparaît dans la doctrine au XIXè siècle. C'est l'école historique Allemande, représentée par des auteurs comme Savigny et Puchta, qui relève que la répétition des mêmes comportements ne suffit pas et qu'il faut en plus du précédent l'élément psychologique. La coutume apparaît, de leur point de vue, comme *« l'expression d'une conscience commune des intéressés ».*

II - Une pratique distincte de la courtoisie

La courtoisie est constituée par l'ensemble des comportements qui relèvent de la volonté des Etats. Il s'agit notamment des règles de bienséance, de convenance ou de politesse internationales.

La Cour Internationale de Justice a eu l'occasion d'opérer cette distinction dans l'affaire du Plateau continental en mer du Nord.

C.I.J, A, 20 février 1969, Plateau continental en mer du Nord.

« Il existe nombre d'actes internationaux dans le domaine du protocole, par exemple, qui sont accomplis presque invariablement, mais sont motivés par de simples considérations de courtoisie, d'opportunité ou de tradition et non par le sentiment d'une obligation juridique ».

III - Une pratique obligatoire

Les sujets de droit adoptent un comportement parce qu'ils ont la conviction qu'il est obligatoire. Cette exigence est relevée par le juge international dans différentes affaires notamment celles du Lotus et du Plateau continental en mer du Nord.

C.P.J.I, A, 7 septembre 1927, Lotus
La Cour Permanente de Justice Internationale apprécie la pratique de l'abstention suivie par les Etats victimes d'accidents d'abordage. Elle en arrive à la conclusion que l'abstention n'est constitutive d'une coutume internationale que si elle est motivée par la conscience d'un devoir de s'abstenir.

Dans l'affaire du Plateau continental en mer du Nord, la Cour Internationale de Justice rappelle que :« Les Etats doivent avoir le sentiment de se conformer à ce qui équivaut à une obligation juridique. Ni la fréquence, ni même le caractère habituel des actes ne suffisent ».

L'opinio juris a fait l'objet de l'attention particulière des nouveaux Etats. Ceux-ci entendent, en effet, privilégier l'élément psychologique au détriment de l'élément matériel. La coutume internationale résulterait, par conséquent, de comportements étatiques successifs traduisant l'existence d'une volonté politique de réformer le Droit International. Cette démarche volontariste s'inscrit dans le cadre de la stratégie normative des nouveaux Etats. Elle accentue la crise de la coutume classique et, elle suscite la vive réprobation de la doctrine classique René Jean Dupuy exprime le point de vue classique en ces termes : « *Alors que, dans la coutume classique, la multiplication de faits produit une croissance de la conscience juridique, selon un processus existentiel dans lequel l'existence précède l'essence, qualifiée après coup par le droit, à l'inverse avec les coutumes révisionnistes ou révolutionnaires on assiste à la projection factuelle d'une volonté politique* » in René Jean Dupuy, la Communauté Internationale entre le Mythe et l'Histoire, Paris, p. 132.

Chapitre III - La codification de la coutume internationale

- *R. AGO, « La codification du droit des gens et les problèmes de sa réalisation », Mélanges Guggenheim, 1968, p 93-131 ;*
- *R. AGO, « Nouvelles réflexions sur la codification du Droit International », R.G.D.I.P. 1988, p 539-576 ;*
- *Y. DAUDET, Les conférences des Nations Unies pour la codification du Droit International, L.G.D.J., 1968, 352 p ;*
- *Y. DAUDET, « Techniques de codification », in S.F.D.I. l'élaboration du Droit International, Paris, Pedone, 1975, p. 149-169 ;*
- *Y. DAUDET, « A l'occasion d'un cinquantenaire, quelques questions sur la codification du Droit International », RGDIP 1998, p 593-622 ;*
- *Guy de LACHARRIERRE, « Les réformes du droit de la mer et le rôle de la conférence des Nations Unies », RGDIP 1980, p. 216-252 ;*
- *M. SAHOVIC, « Le rôle et les méthodes de la codification et du développement progressif du Droit International, in Droit International 2, IHEI, Pedone, 1982, p. 71-126 ;*
- *CDI, Le Droit International à l'aube du XXIè siècle. Réflexions de codificateurs, Nations Unies, N.Y., 1997, 383 p.*

La codification de la coutume internationale peut être définie de manière particulière. Elle est entreprise par des organes déterminés et, elle produit des effets juridiques précis.

Section 1 – Définition
Section 2 – Genèse de la codification en Droit International public
Section 3 – Les organes de codification
Section 4 – Les effets de la codification

Section 1. Définition

La codification consiste à donner une forme écrite à des règles coutumières. Elle peut être définie de manière restrictive ou extensive. D'un point de vue restrictif, la codification consiste à transcrire une norme coutumière telle qu'elle existe au moment où l'exercice s'effectue. Cette démarche présente l'avantage d'identifier la règle coutumière stricto sensu. L'inconvénient résulte, néanmoins, du fait, qu'un tel exercice est tourné vers le passé et la norme conventionnelle qui en résulte risque de se trouver très vite inapplicable car dépassée. D'un point de vue extensif, la codification intègre les éléments relevant de la coutume ainsi que les éléments de développement du droit. Cet exercice est tourné vers l'avenir, ce qui permet d'élaborer un texte dont la longévité sera certaine dans la mesure où il tient compte des éléments d'évolution du droit. Le statut de la Commission du Droit International reprend les deux aspects de la codification dans son article 15.

Section 2. Genèse de la codification en Droit international public

- *Ph. CAHIER, « Bilan et perspectives de la codification », Rapport général, in SFDI, colloque d'Aix en Provence, la codification du Droit International, Paris 1, Pedone, p. 253-280.*

Le XIXè siècle témoigne de diverses entreprises de codification de la coutume internationale. Elles sont le fait de la doctrine (Code de Bluntschli, le Droit International codifié, Paris, Crullaumin, 1895*)*, d'organismes publics (comité d'experts désignés en décembre 1924 par la Société Des Nations (SDN) ou privés (travaux de la Harvard Law School en 1935). Les Conférences de la Haye de 1899 et de 1907 sont organisées en vue de codifier certaines règles du Droit International. Elles n'aboutissent qu'à des résultats limités. L'élaboration de la Charte de l'Organisation des Nations Unies (ONU) en 1945 ainsi que l'évolution de la société internationale viennent relancer le processus de codification de la coutume internationale. Les nouveaux Etats membres de la société internationale sont favorables à la codification de la coutume internationale. Cette option les conduit à mettre en application l'article 13 paragraphe 1 (a) de la Charte des Nations Unies qui dispose : *« L'Assemblée Générale provoque des études et fait des recommandations en vue de : développer la coopération internationale dans le domaine politique et encourager le développement progressif du Droit International et sa codification »*. Elle crée, à cet effet, la Commission du Droit International en 1947 et élabore divers textes portant codification de la coutume internationale à l'instar de la résolution n° 1514 (XV), portant déclaration sur l'octroi de l'indépendance aux pays et aux peuples coloniaux du 14 décembre 1960 et de la résolution n° 1803 (XVII), déclaration sur la souveraineté permanente sur les ressources naturelles du 14 décembre 1962.

Après plusieurs décennies, le bilan de la codification est mitigé. Quinze conventions internationales ont été élaborées sur des objets aussi variés que le droit de la mer, les relations diplomatiques et consulaires et le droit des traités. Plusieurs projets de convention sont en chantier, on peut citer, entre autres, le projet de convention sur la responsabilité internationale. On déplore toutefois, le faible niveau de ratification et d'adhésion à certaines conventions internationales.

Au 31 décembre 1996, l'état des ratifications se présente ainsi qu'il suit :

- la convention sur les relations diplomatiques, 174 ratifications ;
- la convention sur les relations consulaires, 160 ratifications ;

- la convention sur le droit des traités conclus par les Etats, 103 ratifications ;
- la convention sur la succession d'Etats en matière de traités, 31 ratifications ;
- la convention sur la succession d'Etats en matière d'archives et de biens de l'Etat, 10 ratifications.

Plusieurs facteurs contribuent à la lenteur du processus de ratification. Il s'agit du manque de volonté politique, des dysfonctionnements de l'administration et de l'expertise nationale insuffisante.

- le manque de volonté politique.

Quand l'objet d'une convention ne va pas dans le sens des intérêts d'un Etat, celui-ci n'a aucune raison valable de la ratifier. Ainsi, l'absence de ratification atteste de l'hostilité de cet Etat à l'égard de cet instrument.

- la lourdeur de la machine administrative.

Les dysfonctionnements de l'administration peuvent contribuer au ralentissement de la procédure de ratification des traités de codification. Les services nationaux sont saturés et les techniciens n'interviennent pas toujours avec la célérité requise. Il faut aussi ajouter à cela la multiplication du nombre d'organes compétents en matière de ratification. Le vote de la loi portant autorisation de ratification nécessite la mise en œuvre de procédures lourdes. A celles-ci, s'ajoutent celles qui sont liées à la ratification par décret présidentiel.

- L'insuffisance de l'expertise nationale.

Certains Etats se heurtent à des difficultés liées à la faible capacité de leurs agents. Ceux-ci ne maîtrisent pas toujours les procédures et les règles de fond. Le Secrétaire Général de l'Organisation des Nations Unies (ONU), tenant compte de ce handicap, a proposé aux Etats dans le cadre de la célébration du Sommet du Millénaire qui s'est tenu à New York en septembre 2000, l'appui des services juridiques de l'Organisation des Nations Unies (ONU) in Kofi A.ANNAN, Sommet du Millénaire Traités multilatéraux : pour une participation universelle, N.V., N.Y., 6-8 septembre 2000, p. VIII – X

- Le réflexe de solidarité.

L'attentisme de certains Etats s'explique aussi par la solidarité qui les caractérise. Appartenant à des alliances ou à d'autres formes de regroupement, les Etats attendent parfois que le leader de ce groupe agisse pour se déterminer. Cette réaction se justifie par le souci de ne pas méconnaître les règles de l'alliance.

Ainsi, de nombreux projets de convention ne peuvent pas, par conséquent, entrer en vigueur faute de ratifications suffisantes. On peut mentionner notamment la Convention de Vienne du 21 mars 1986 sur le droit des traités conclus par les organisations internationales. Le manque de volonté des Etats s'est aussi traduit par la remise en cause du contenu de certaines conventions élaborées au prix de patients efforts.

Exemple : *L'opposition des pays développés au système d'exploitation de la zone internationale (partie XI de la convention de Montego Bay) a d'une part, retardé l'entrée en vigueur de ladite convention et, a, d'autre part, conduit à l'élaboration de l'accord de New-York du 28 juillet 1994 relatif à l'application de la partie XI de la convention de Montego Bay.*

La codification de la coutume internationale est entreprise par des organes particuliers.

Section 3. Les organes de codification

La codification de la coutume internationale est réalisée par des organes permanents et par des structures ad hoc.

I. Les organes permanents
II. Les organes ad hoc

I - Les organes permanents

Il existe des organes permanents dont la mission consiste à réaliser des opérations de codification. Il s'agit notamment de la Commission du Droit International (CDI) et de la Commission des Nations Unies pour le Droit Commercial International (CNUDCI).

A - La Commission du Droit International

La Commission du Droit International (CDI) est instituée par la résolution n° 174 (II°) du 21 novembre 1947 de l'Assemblée Générale de l'Organisation des Nations Unies (ONU). Cet organe technique comprend des experts indépendants qui proviennent des principaux systèmes de civilisation. La Commission du Droit International formule des recommandations à l'Assemblée Générale.

B - La Commission des Nations Unies pour le Droit Commercial International

La Commission des Nations Unies pour le Droit Commercial International (CNUDCI) est créée le 17 décembre 1966 par la résolution n° 2205 (XXI°) de l'Assemblée Générale. Elle réunit les représentants des gouvernements désignés selon le critère de la représentation géographique. Elle a pour mission la codification du droit commercial international.

II - Les organes ad hoc

- *Y. DAUDET, « Commentaire de l'article 13 paragraphe 1 (a) » in J.P. COT, A. PELLET, la charte des Nations Unies, Paris, Economica, 1985, p. 311-322.*
- *J.P. LEVY, La troisième conférence des Nations Unies sur le droit de la mer. Histoire d'une négociation singulière, Paris, A, Pedone, 1983, 159 p.*

Les organes permanents ne détiennent pas de compétence exclusive en matière de codification. La codification de la coutume internationale est une entreprise juridique qui n'est pas dépourvue de certaines considérations politiques. Ce qui explique l'intérêt qu'elle suscite. Les enjeux en présence justifient la création d'organes ad hoc chargés de la réaliser. La codification du droit de la mer permet de relever le recours à la Commission du Droit International, ainsi qu'à des structures ad hoc. Dans les années 50, c'est la Commission du Droit International qui a élaboré les projets de texte ayant conduit à l'adoption le 29 avril 1958 de quatre conventions. Il s'agit de la convention sur la mer territoriale et la zone contiguë, de la convention sur la haute mer, de la convention sur la pêche et la conservation des ressources biologiques de la haute mer et de la convention sur le plateau continental. Les insuffisances des conventions de Genève justifient la décision de procéder à la refonte totale du droit de la mer. Celle-ci se traduit notamment par la constitution d'organes ad hoc. Succédant au comité spécial, au comité permanent et au comité des fonds marins, le comité préparatoire est l'organe ad hoc qui va conduire la délicate entreprise de codification du droit de la mer. Il soumettra à la troisième conférence des Nations Unies sur le droit de la mer le projet de convention.

Section 4. Les effets de la codification

La codification ne fait pas perdre à la norme son caractère coutumier. La règle possède désormais un double support : un support coutumier et un support conventionnel. Sa portée est, cependant, relative. Alors que la règle coutumière est régie par le principe de l'opposabilité générale, la règle conventionnelle est soumise au principe de l'effet relatif des traités. Ces principes ont été affirmés par le juge international :

- *CIJ, A, 10 mai 1984, Activités militaires et paramilitaires des USA au Nicaragua (compétence), Rec. 1984.*
« Le fait que les principes sont codifiés ou incorporés dans des conventions multilatérales ne veut pas dire qu'ils cessent d'exister et de s'appliquer en tant que principes de droit coutumier, même à l'égard des pays qui sont parties aux différentes conventions »

- *CIJ, A, 27 juin 1986, Activités militaires et paramilitaires des USA au Nicaragua (fond), Rec. 1986.*
« Les règles du Droit International coutumier conservent une existence et une applicabilité autonome par rapport à celles du Droit International conventionnel, alors même que les deux catégories de droit ont un contenu identique »

Les expériences entreprises en matière de codification mettent en évidence l'irréductibilité de la norme coutumière. Cette permanence de la règle coutumière rappelle à l'évidence que quelle que soit la volonté des Etats, l'on ne saurait codifier l'intégralité de la coutume internationale. Sur ce point, le professeur Paul De Visscher, affirme : « *Quelle que soit l'importance des traités et plus particulièrement des traités de codification (---) la coutume conserve et conservera longtemps encore sa place comme instrument privilégié d'adaptation progressive du droit aux besoins changeants de la vie internationale* ».

TITRE III - LES PRINCIPES GENERAUX DE DROIT

- *A. BLONDEL, « Les principes généraux de droit devant la Cour Permanente de Justice Internationale et la Cour Internationale de Justice », in Recueil d'Etudes de Droit International en Hommage à Paul Guggenheim, 1968, 201-236 ;*
- *A. FAVRE, « Les principes généraux du droit, fonds commun du droit des gens », in Recueil d'Etudes de Droit International en Hommage à Paul Guggenheim, 1968, p.366-390 ;*
- *A. PELLET, Recherches sur les principes généraux de droit en Droit International, thèse, Paris, 1974, 504 p. ;*
- *P. REUTER, «Le recours de la CJCE à des principes généraux de droit », Mélanges Rolin, 1964, p.263-283 ;*
- *A. VERDROSS, « Les principes généraux du droit dans la jurisprudence internationale », R.C.A.D.I, 1935,II, vol.52, p.195-251;*
- *A. VERDROSS, « Les principes généraux de droit dans le système des sources du Droit International », in Recueil d'Etudes de Droit International en Hommage à Paul Guggenheim, 1968, p.521-530 ;*
- *M. VIRALLY, «Le rôle des principes dans le développement du Droit International », in Recueil d'Etudes de Droit International en Hommage à Paul Guggenheim, 1968, p.531-554 ;*
- *B. VITANY,. « La signification de la généralité des principes de droit », RGDIP 1976, p.536-545.*

L'article 38 paragraphe 1-c du Statut de la Cour Internationale de Justice énumère les principes généraux de droit reconnus par les nations civilisées parmi les sources formelles du Droit international public. Cette option est à l'origine d'une controverse qui divise la doctrine depuis toujours. Celle-ci porte d'une part, sur la définition des principes généraux de droit et, elle est relative à leur autonomie, d'autre part.

Chapitre I – Définition
Chapitre II – La question de l'autonomie des principes généraux de droit
Chapitre III – Tentative de classification

Chapitre I. Définition

Une distinction doit être opérée entre les principes généraux de droit et les principes généraux du droit. Celle-ci ne règle pas pour autant le problème de la reconnaissance par les nations civilisées.

Section 1 – Principes généraux de droit et principes généraux du droit
Section 2 – La reconnaissance par les nations civilisées

Section 1. Principes généraux de droit et principes généraux du droit.

Les systèmes juridiques comportent des règles abstraites et de caractère général qui ont vocation à s'appliquer à différentes situations. Cette réalité a pour conséquence que les principes généraux du droit ne présentent, à priori, aucune spécificité en Droit international public. Elle explique, pour partie, la controverse doctrinale relative à cette source du Droit international public. Ainsi, en tant que système juridique, le Droit international public comporte des principes généraux du droit, à l'instar des principes que l'on pourrait trouver dans d'autres systèmes juridiques. La spécificité des principes généraux de Droit International réside en ce que l'article 38 les identifie comme des sources formelles du droit que le juge international peut appliquer à un différend. Bela Vitanyi affirme à ce propos : *« La notion de "principe général du droit" n'évoque, au fond, aucune identification aux sources formelles de droit, qui désignent, au sens propre du terme, les procédés par lesquels une norme de conduite ayant trait à une situation ou à un rapport de vie dont la réglementation s'impose obtient sa qualité de règle de droit positif tandis que le statut confère aux principes généraux de droit la qualité de source subsidiaire du droit ».* in « Les positions doctrinales concernant le sens de la notion de principes généraux de droit reconnus par les nations civilisées »RGDIP 1982, p.52.

Les principes généraux de droit doivent être reconnus par les nations civilisées.

Section 2. La reconnaissance par les nations civilisées

L'expression *« nations civilisées »* apparaît comme anachronique aujourd'hui, même si à une certaine période, elle a coïncidé avec une réalité et une vision du monde caractérisées par une société internationale répartie entre les nations civilisées, les semi-barbares et les sauvages auxquels la doctrine a tenté d'apporter des justifications.

Par « *nations civilisées* », il s'agirait des nations européennes, des « *nations extra européennes issues de souches européennes* » et de nations ayant adopté dans leur ordre juridique et politique la civilisation occidentale. Cette approche tend à exclure les collectivités humaines qui ne corespondent pas à ce profil. En outre, elle ne tient pas compte de l'hétérogénéité de la société internationale contemporaine. Le professeur Sorensen relève que le juge international, en procédant à l'identification des principes généraux de droit, ne saurait pas ne pas tenir compte des systèmes juridiques, de collectivités que l'on ne pourrait qualifier de civilisées. Et, une telle approche consisterait à méconnaître l'universalisme de la société internationale in « Principes de Droit International, » RCADI, 101, 1960 p. 20*)*. Le professeur Bartos dénonce, au nom du principe de l'égalité souveraine de l'Etat : l' *« anachronisme dans le statut de la Cour, car selon la conception actuelle, tous les peuples sont civilisés et possèdent un droit égal d'influencer sur l'élaboration du Droit International »* in «Transformation des principes généraux en règles positives du Droit International », Mélanges Andrassy, 1968, p.2. Et Sir

Humphrey Waldock ajoute que les *« principes généraux de droit reconnus par les nations civilisées concernent en réalité l'ensemble des Etats indépendants »* in « Général course of public International Law », RCADI, 106, 1962, p.65. Tenant compte de cette opinion, un groupe d'Etats membres de l'ONU a proposé en 1973, au Sécrétaire Général de l'ONU, la suppression de la référence aux nations civilisées qui constitue l'expression d'un *« colonialisme périmé »*.

Chapitre II. La question de l'autonomie des principes généraux de droit.

La question de l'autonomie des principes généraux de droit a pendant longtemps divisé la doctrine. On observe l'existence de deux grands courants : d'une part, les tenants de l'absence d'autonomie des principes généraux de droit et, d'autre part, les auteurs favorables à leur autonomie.

Section 1– L'absence d'autonomie des principes généraux de droit
Section 2 – L'autonomie des principes généraux de droit

Section 1. L'absence d'autonomie des principes généraux de droit

Pour certains auteurs, à l'instar de G.I. Tunkin, juriste Soviétique, la convention et la coutume constituent les seules sources formelles du Droit international public. Cette prédilection pour ces deux sources s'explique par le volontarisme des Etats socialistes pour qui, il ne peut exister de Droit International sans l'expression du consentement des Etats à être liés. Et, toute tentative tendant à affirmer l'existence de principes généraux de droit autonomes reviendrait, en fait, à imposer les principes juridiques émanant des pays capitalistes. Cette proposition doctrinale a suscité la désapprobation de nombreux auteurs notamment les professeurs Ch. Rousseau, Ch. De Visscher, J. Basdevant et Verdross qui affirment l'autonomie des principes généraux de droit.

Section 2. L'autonomie des principes généraux de droit

L'autonomie des principes généraux de droit est reconnue par différents auteurs notamment R. Ago, Sir Gérald Fitzmaurice et Verdross qui se réfèrent à une argumentation particulière.

Expression de la conscience juridique des peuples, les principes généraux de droit constituent une source formelle du droit distincte des traités et de la coutume. Le juge international qui est confronté à un problème juridique auquel ni le traité ni la coutume n'apportent de solution doit éviter le déni de justice (*non liquet*). Il a l'obligation de dire le droit et il se réfère pour cela aux principes généraux de droit. En y recourant, le juge ne crée pas le droit ; il ne bénéficie nullement d'une habilitation quelconque. Il est tenu au respect des principes dégagés par les droits nationaux in *foro domestico* et par le Droit International. Son pouvoir n'est nullement discrétionnaire. Plusieurs décennies de jurisprudence permettent d'envisager la classification des principes généraux de droit.

Chapitre III. Tentative de classification

L'analyse de la jurisprudence internationale permet de relever le recours constant aux principes généraux de droit. Ceux-ci contribuent à combler les lacunes du Droit international public. Il existe deux grandes catégories de principes généraux de droit : d'une part, les principes généraux de droit communs à l'ordre juridique interne et à l'ordre juridique international, et, les principes généraux de droit propres à l'ordre juridique international, d'autre part.

Section 1 - Les principes généraux de droit communs à l'ordre juridique interne et à l'ordre juridique international
Section 2 - Les principes généraux de droit propres à l'ordre juridique international

Section 1. Les principes généraux de droit communs à l'ordre juridique interne et à l'ordre juridique international

- *A. BLONDEL, « Les principes généraux de droit devant la Cour Permanente de Justice Internationale et la Cour Internationale de Justice », in Recueil d'Etudes de Droit International en Hommage à Paul Guggenheim, 1968, p. 201-236 ;*
- *A. VERDROSS, « Les principes généraux du droit dans la jurisprudence internationale », R.CADI. 1935, II, vol. 52, p. 195-251 ;*

Certains principes généraux de Droit International trouvent leur origine dans les droits nationaux. Leur transposition dans la société internationale n'est pas intégrale compte tenu de la spécificité de cet ordre juridique qui se caractérise notamment par des sujets et des règles particulières. On retrouve en Droit international public, des principes généraux de droit relevant du domaine des relations contractuelles, du droit de la responsabilité et de la procédure judiciaire.

I – L'influence du droit des contrats
II – L'influence du droit de la responsabilité
III – L'influence de la procédure judiciaire

I. L'influence du droit des contrats

Le droit interne des contrats est régi par des principes généraux qui sont consacrés par le juge international. On peut citer entre autres, le caractère consensualiste du Droit International et, nul ne peut se prévaloir de sa propre faute.

- le caractère consensualiste du Droit International.

C.I.J, AC 28 mai 1951, Réserves à la convention sur la prévention et la répression du crime de génocide, Rec. 1951, p.21.
« Il est bien établi qu'un Etat ne peut, dans ses rapports conventionnels, être lié sans son consentement et qu'en conséquence aucune réserve ne lui est opposable tant qu'il n'a pas donné son assentiment (...). Cette conception directement inspirée de la notion de contrat conserve une valeur de principe indéniable».

C.P.J.I, A, 26 avril 1928, affaire relative à Certains intérêts en haute silésie polonaise (fond), Série A, n° 7, p.29.
« Un traité ne fait droit qu'entre les Etats qui y sont parties ; dans le doute des droits n'en découlent pas en faveur d'autres Etats ».

- nul ne peut se prévaloir de sa propre faute :

C.P.J.I, A, 26 juillet 1927, Usine de Chorzow, (demande en indemnité compétence), Série A, n° 9, p. 31.

« C'est, du reste, un principe généralement reconnu par la jurisprudence arbitrale internationale, aussi bien que par les juridictions nationales, qu'une partie ne saurait opposer à l'autre le fait de ne pas avoir rempli une obligation ou de ne pas s'être servi d'un moyen de recours, si la première, par un acte contraire au droit, a empêché la seconde de remplir l'obligation en question, ou d'avoir recours à la juridiction qui lui aurait été ouverte. »

II – L'influence du droit de la responsabilité

Le droit de la responsabilité internationale s'inspire des principes consacrés par les droits nationaux.

C.P.J.I, A, 26 juillet 1927, affaire relative à l'usine de Chorzow (demande en indemnité, compétence), Série A, n° 9, p. 21.
« C'est un principe de Droit International que la violation d'un engagement entraîne l'obligation de réparer dans une forme adéquate, la réparation est donc le complément indispensable d'un manquement à l'application d'une convention, sans qu'il soit nécessaire que cela soit inscrit dans la convention même ».

III – L'influence de la procédure judiciaire

Les règles qui gouvernent la procédure judiciaire au niveau interne influencent les principes généraux de Droit International. La définition du différend est précisée par la Cour en s'inspirant du droit interne :

C.P.J.I, A, Concessions Mavrommatis, 30 août 1924, Série A, n° 2,
« Un différend est un désaccord sur un point de droit ou de fait, une contradiction, une opposition de thèses juridiques ou d'intérêts entre deux personnes ».

Dans le cadre de l'exercice de sa fonction judiciaire, la Cour a eu l'occasion de distinguer plusieurs moments de la procédure, l'intérêt à agir et l'examen au fond de la demande.

C.I.J, A, 18 juillet 1966, Sud-Ouest Africain, 2ème phase, Rec. 1966, p.51.
« C'est un principe universel, nécessaire et cependant presque élémentaire du droit de la procédure qu'il faut distinguer entre, d'une part, le droit de saisir un tribunal et le droit du tribunal de connaître du fond de la demande et, d'autre part, le droit au regard de l'objet de la demande que le demandeur doit établir à la satisfaction du tribunal ».

Elle a affirmé le principe de l'autorité relative de la chose jugée des jugements rendus par le Tribunal Administratif des Nations Unies (TANU).

C.I.J, AC 13 juillet 1954, Effets des jugements du Tribunal Administratif des Nations Unies accordant indemnité, Rec. 1954, p.61.
« Suivant un principe de droit bien établi et généralement reconnu, un jugement rendu par un corps judiciaire est chose jugée et a force obligatoire entre les parties au différend ».

De même que le principe de l'égalité des parties en cours d'instance, la charge de la preuve qui incombe au demandeur ont été consacrés par la cour.

Section 2. Les principes généraux de droit propres à l'ordre juridique international

Les nécessités de la vie internationale ont contribué à l'émergence de principes généraux de droit spécifiques à l'ordre juridique international. Ils résultent de la volonté des Etats « *mais leur création s'effectue d'une autre manière que la formation de la coutume ou l'établissement d'un traité* » in Bela Vitanyi, « les principes généraux du droit (tendances doctrinales) », op. cit, p. 113-114. Les principes sont relatifs à des règles de procédure et de fond. On peut citer notamment, le principe de la base consensuelle de la juridiction internationale, le principe de la liberté des communications maritimes et la règle de l'épuisement des voies de recours internes.

I – Le principe de la base consensuelle de la juridiction internationale
II – Le principe de la liberté de communication maritime
III – La règle de l'épuisement des voies de recours internes

I – le principe de la base consensuelle de la juridiction internationale

A la différence du droit interne caractérisé par l'obligation pour une personne de se soumettre à une procédure judiciaire mise en œuvre par le demandeur sans le consentement du défendeur, le droit international public est régi par le principe du consentement au règlement judiciaire.
Les Etats souverains ne peuvent répondre de leurs actes devant le juge international que s'ils ont exprimé leur consentement. En l'absence de consentement, le juge ou l'arbitre ne peut statuer.

C.P.J.I, AC, 23 juillet 1923, Statut de la Carelie Orientale, Série B, n° 5, p. 27.
« Il est bien établi en Droit International qu'aucun Etat ne saurait être obligé de soumettre ses différends avec les autres Etats soit à la médiation, soit à l'arbitrage, soit enfin à n'importe quel procédé de solution pacifique sans son consentement. »

Cette affirmation est constante au niveau international.

C.I.J, A.C, 30 mars 1950, Interprétation des traités de paix conclus avec la Bulgarie, la Hongrie et la Roumanie, Rec. 1950, p.71.
« Le consentement des Etats parties à un différend est le fondement de la juridiction de la cour en matière contentieuse ».

II – Le principe de la liberté des communications maritimes

Le principe de la liberté des communications maritimes est un principe général de Droit International qui assure la fluidité des transports maritimes internationaux. Ce principe assure l'accès des Etats à des voies d'eau qui auraient pu leur être interdites en vertu du principe de la souveraineté.

III – La règle de l'épuisement des voies de recours internes

La règle de l'épuisement des voies de recours internes est un principe général de Droit International en vertu duquel la mise en œuvre de la protection diplomatique n'est possible que si toutes les actions ont été intentées au niveau interne. Cette règle se justifie notamment par le souci de permettre à l'Etat mis en cause d'organiser sa défense au niveau interne. Ceci suppose, en outre, la possibilité offerte à la victime de mettre en œuvre les procédures juridictionnelles. Leur défaut justifie l'action au niveau international.

TITRE IV. LES ACTES UNILATERAUX.

- *J. CHARPENTIER, « Engagements internationaux et engagements conventionnels : différences et convergences, » Mélanges Skubiszewski ; p. 367-380 ;*
- *Ph. CAHIER, « Le comportement des Etats comme source de droits et d'obligations », Mélanges Guggenheim, 1968, p. 237-265 ;*
- *J. DEHAUSSY, « Les actes juridiques unilatéraux en Droit International. A propos d'une théorie restrictive. », J.D.I, 1965, p. 41-66 ;*
- *J.P. JACQUE, « A propos de la promesse unilatérale », Mélanges Reuter, 1981, p. 327-345 ;*
- *J.D.SICAULT, « Du caractère obligatoire des engagements unilatéraux en Droit international public », RGDIP 1979, p. 633-688 ;*
- *G.VENTURINI, « La portée et les effets juridiques des attitudes et des actes unilatéraux des Etats », RCADI 1964, I, vol. 112, p. 363-467 ;*
- *K. SKUBISZEWSKI , « Les actes unilatéraux des Etats », in Droit International : bilan et perspectives, Paris Pedone, 1991, t.I, p.231 – 276 ;*
- *S. SUR, « Les affaires des essais nucléaires », RGDIP 1975, p. 972-1027 ;*
- *E. SUY, Les actes juridiques unilatéraux en Droit international public, Paris, 1962,*
- *F. VILLAGRAN KRANER, « Les actes unilatéraux dans le cadre de la jurisprudence internationale », in CDI, le Droit International à l'aube du XXI.*

Les actes unilatéraux constituent aujourd'hui une source importante du Droit international public. Ils ne figurent pas, toutefois, dans l'énumération de l'article 38 du Statut de la Cour Internationale de Justice. Il existe deux catégories d'actes unilatéraux : les actes unilatéraux des Etats et les actes unilatéraux des organisations internationales.

Chapitre I. Les actes unilatéraux des Etats.
Chapitre II. Les actes unilatéraux des organisations internationales.

Chapitre I. Les actes unilatéraux des Etats.

Les actes unilatéraux des Etats sont nés des exigences de la vie internationale. Le silence de l'article 38 du Statut de la Cour Internationale de Justice justifie le rôle déterminant joué par la jurisprudence internationale. La doctrine opère une classification et détermine les conditions de validité, de modification et d'abrogation des actes unilatéraux des Etats.

Section 1- Définition
Section 2 - Classification
Section 3 - Les conditions de validité des actes unilatéraux

Section 1. Définition.

L'acte unilatéral peut être défini comme une manifestation de volonté imputable à un sujet de droit par laquelle il entend s'engager et qui ne constitue pas pour les tiers une obligation. Cette définition est loin de faire l'unanimité, compte tenu des divergences doctrinales. Il existe deux groupes d'auteurs. Le premier réunit les partisans de l'autonomie des actes unilatéraux, on peut citer, entre autres, Fauchille et Eric Suy. Fauchille, en 1926, déclare dans son Traité de Droit international public, quc *"comme en droit privé, certains actes unilatéraux et volontaires peuvent engendrer des engagements à la charge des Etats ».* Il est suivi en cela par Eric Suy qui est l'un des auteurs qui a le mieux systématisé la théorie des actes unilatéraux. Le second groupe d'auteurs regroupe ceux qui considèrent que les actes unilatéraux n'ont pas de spécificité et ne constituent qu'une phase de l'élaboration d'un engagement conventionnel. Le professeur Quadri, dénie toute autonomie aux actes unilatéraux et ne les envisage que dans une optique conventionnelle : « *la question du caractère obligatoire de la promesse, en tant qu'acte unilatéral, a toujours été résolue négativement par la pratique internationale avec l'assentiment unanime de la doctrine (...) jusqu'à une époque tout à fait récente* » in RCADI 1964, III, tome 113, p.363.

Ces divergences doctrinales justifient une certaine prudence dans l'analyse des actes unilatéraux des Etats. Elles s'expliquent, pour partie, par le caractère volontariste du Droit international public qui ne saurait exister sans le consentement des sujets de Droit International. A ce sujet, le professeur Venturini soutient *:" Il faut probablement imputer la résistance offerte par la doctrine du Droit International à admettre la valeur obligatoire de la promesse unilatérale, à la vieille conception du Droit International comme droit purement volontaire, voire contractuel, ayant pour fondement ultime le principe pacta sunt servanda".*

En dépit de cette situation, la Cour Internationale de Justice consacre l'autonomie des actes unilatéraux.

CIJ, A, 20 décembre 1974, Essais nucléaires dans le pacifique.
« Il est reconnu que des déclarations revêtant la forme d'actes unilatéraux et concernant des situations de droit ou de fait peuvent avoir pour effet de créer des obligations juridiques ».

I. Une manifestation de volonté imputable à un sujet de droit
II. Une manifestation de volonté indépendante d'autres manifestations de volontés

I- Une manifestation de volonté imputable à un sujet de droit.

Le caractère unilatéral de l'acte ne signifie pas pour autant, qu'un seul sujet de droit en est l'auteur. Plusieurs sujets peuvent participer à l'élaboration d'un acte unilatéral sans pour autant que cette origine ne puisse être considérée comme l'expression d'un acte conventionnel. Le nombre d'auteurs n'est pas déterminant pour la qualification de l'acte unilatéral. Ce qui est important, c'est la distinction entre les auteurs de l'acte et les destinataires qui sont d'autres Etats. Tandis que dans la convention, les auteurs de l'acte en sont aussi les destinataires.

II- Une manifestation de volonté indépendante d'autres manifestations de volontés.

Les effets produits par l'acte unilatéral ne doivent pas résulter d'un autre acte juridique qu'il soit unilatéral, bilatéral ou multilatéral. Car si tel était le cas l'on se trouverait face à un acte conventionnel et non plus à un acte unilatéral. Certains auteurs à l'instar du professeur Virally ont tenté de comprendre les buts poursuivis par les auteurs de certains actes. Ils ont relevé, qu'il s'agit pour eux d'obtenir un certain avantage. Par conséquent, la recherche de cet avantage viendrait disqualifier le caractère unilatéral de l'acte. (M.Virally, « Le principe de réciprocité dans le Droit International contemporain », RCADI, 1967, III; tome 122, p. 4). Il ne faut pas, toutefois, confondre la réciprocité des avantages avec la réciprocité des engagements. Ce qui est déterminant, c'est l'autonomie de l'engagement, du point de vue de sa validité, par rapport à d'autres actes juridiques.

Section 2. Classification

Le critère du but poursuivi par l'auteur de l'acte unilatéral permet de distinguer quatre grandes catégories d'actes unilatéraux. Il s'agit de la notification, de la promesse, de la reconnaissance et de la protestation.

I – La notification
II – La reconnaissance
III – La protestation
IV – La renonciation

I- La notification.

La notification est l'acte par lequel un Etat porte à la connaissance d'un ou de plusieurs Etats un fait déterminé auquel se rattachent des conséquences juridiques. La notification est généralement facultative et elle conduit à la mise en œuvre d'un régime juridique particulier.

Exemples *: - La déclaration de guerre ou la déclaration de neutralité ;*

- la déclaration facultative d'acceptation de la juridiction obligatoire de la C.I.J. en application de l'article 36 Parag. 2. du statut de la C.I.J.

II- La reconnaissance.

La reconnaissance est la manifestation de volonté d'un sujet de Droit International par laquelle il entend considérer comme lui étant opposable une situation déterminée. La reconnaissance peut être déclarative ; il s'agit des conséquences tirées d'une situation préexistante. Elle peut être constitutive c'est-à-dire anticipée et conduire à la consolidation d'une situation particulière.

Exemple : *la reconnaissance des mouvements de libération nationale est constitutive dans la mesure où c'est grâce à l'appui multiforme accordé au mouvement de libération nationale que celui-ci bénéficie d' un statut international.*

III - La protestation.

La protestation est une déclaration par laquelle un Etat affirme ne pas reconnaître comme légitime une prétention, une conduite ou une situation déterminée.La protestation empêche la consolidation d'une situation et elle a pour conséquence son inopposabilité au sujet de droit international. Elle est l'acte contraire à la reconnaissance. Tandis que l'absence de protestation est considérée comme une forme d'acquiescement.

C.I.J, A, 18 décembre 195, Pêcheries Anglo norvégiennes. Dans cette affaire, la cour relève le défaut de protestation de la Grande-Bretagne, puissance maritime, qui n'a pas réagi à la délimitation des espaces maritimes opérée par la Norvège.

IV- La renonciation.

La renonciation est l'acte unilatéral par lequel un Etat abandonne volontairement un droit. La renonciation doit être expresse, elle ne se présume pas. Elle peut être définitive et ne vise qu'une situation particulière.

Section 3 - Les conditions de validité des actes unilatéraux.

L'acte unilatéral est subordonné à la réalisation d'un certain nombre de conditions. Celles-ci sont relatives à leur auteur, leur forme et leur contenu.

I – L'imputabilité à un sujet de Droit International
II – La forme de l'acte unilatéral
III – La publicité des actes unilatéraux
IV – La liceité de l'objet et du but

I - L'imputabilité à un sujet de Droit International.

L'acte unilatéral étatique doit être imputable à un organe étatique compétent pour engager cet Etat. Toutefois, le juge international a eu à connaître d'actes unilatéraux adoptés par des autorités étatiques non compétentes sans en tirer de conséquence.

C.I.J, A, 17 novembre 1953, Minquiers et Ecrehous.
Dans cette affaire, la Cour se réfère à une lettre du Ministre français de la Marine adressée au Ministre français des Affaires Etrangères dans laquelle ces îles sont présentées comme possédées par l'Angleterre. J. Basdevant, dans son opinion individuelle, relève que la Cour n'aurait pas dû tenir compte d'une déclaration faite par une autorité qui n'était pas compétente pour engager l'Etat sur une question relative à la souveraineté.

La Cour Internationale de Justice, dans l'affaire des essais nucléaires français dans le Pacifique, prend en compte différentes déclarations notamment celles du Président de la République et du Ministre de la Défense.

C.I.J, A, 20 décembre 1974, Essais nucléaires français dans le Pacifique.

"Parmi les déclarations du gouvernement Français en possession desquelles la cour se trouve, il est clair que les plus importantes sont celles du Président de la République. Etant donné ses fonctions, il n'est pas douteux que les communications ou déclarations publiques, verbales ou écrites, qui émanent de lui en tant que chef de l'Etat, représentent dans le domaine des relations internationales, des actes de l'Etat Français."

Il existe une certaine souplesse en matière d'imputation de l'acte unilatéral quand on tient compte du fait qu'il existe des représentants privilégiés de l'Etat qui n'ont pas à produire de pleins pouvoirs. Selon les dispositions de la Convention de Vienne sur le droit des traités conclus par les Etats, il s'agit du Président de la République, du Chef du Gouvernement, du Ministre des Affaires Etrangères et des diplomates accrédités.

II. La forme de l'acte unilatéral.

L'acte unilatéral doit consister en l'intention non équivoque de s'engager manifestée par le sujet qui l'élabore dans des formes adéquates. Cette volonté doit être exprimée librement sans être entachée de vices du consentement. L'on peut, dans une certaine mesure, transposer la théorie des vices du consentement consacrée dans le droit des traités. La forme de l'acte unilatéral peut être variable, elle peut être écrite ou orale. Ce qui est déterminant, c'est l'intention de l'auteur de l'acte car le Droit international public n'est pas formaliste ainsi que l'affirme le professeur Reuter : *" le Droit International dans son principe [n'étant] pas formaliste, s'attache donc à la volonté comme pivot de sa théorie de l'acte juridique"*. Son point de vue est partagé par la Cour Internationale de Justice, dans l'affaire des essais nucléaires français dans le Pacifique :

C.I.J, A, 20 décembre 1974,Rec. 1974, p.276-268, Essais nucléaires français dans le Pacifique.
«Pour ce qui est de la forme, il convient de noter que ce n'est pas là un domaine dans lequel le Droit International impose des règles strictes ou spéciales. Qu'une déclaration soit verbale ou écrite, cela n'entraîne aucune différence essentielle, car de tels énoncés faits dans des circonstances particulières peuvent constituer des engagements en Droit International sans avoir nécessairement à être consignés par écrit. La forme n'est donc pas décisive. »

A - Les actes unilatéraux oraux.

Ils consistent en une déclaration formulée par l'organe compétent. Ce principe a été affirmé par le juge international :

C.P.J.I, A,5 avril 1933, série A/B, n° 53, Groenland Oriental Rec.1933, p.71.
La Cour constate que la déclaration du Ministre des affaires étrangères de la Norvège, M° IHLEN faite en réaction à la demande du Gouvernement danois suffit à engager la Norvège.

C.I.J, A, 18 novembre 1960, Sentence arbitrale rendue par le Roi d'Espagne Rec.1960, p.213.
La Cour constate que le Nicaragua «par ses déclarations expresses et par son comportement, a reconnu le caractère valable de la sentence ».

B - Les actes unilatéraux écrits.

Ils consistent en une variété d'instruments notamment la lettre, le communiqué, la déclaration écrite, et la note verbale.

III – La publicité des actes unilatéraux

Quelle que soit sa forme, l'engagement unilatéral doit faire l'objet de mesures de publicité adéquates. Le défaut de publicité affecte la validité de l'acte. Tant que la publicité de l'acte unilatéral n'est pas réalisée, son auteur a la possibilité de le modifier. Dès qu'il est publié, il acquiert toute force juridique et, il ne peut être modifié ou abrogé qu'à certaines conditions.

IV - La liceité de l'objet et du but.

L'acte unilatéral consiste en la création d'obligations pour son auteur et de droits pour d'autres sujets de droit. Ces droits et obligations doivent être matériellement possibles sinon l'acte unilatéral est dépourvu de validité juridique. L'objet de l'acte doit être précis.

C.I.J, A, 20 décembre 1974, Essais nucléaires français dans le Pacifique :
"Des déclarations de cette nature peuvent avoir et ont souvent un objet très précis (...). L'objet des déclarations étant clair (...) la cour tient qu'elles constituent un engagement comportant des effets juridiques."

La succession de deux actes unilatéraux contradictoires relatifs au même objet est possible. Les deux actes unilatéraux sont valables juridiquement, cependant, la responsabilité internationale de l'Etat qui n'exécute pas l'un des deux actes unilatéraux peut être engagée. Un acte unilatéral, pour être valide, ne doit pas avoir un objet contradictoire avec une norme de jus cogens.

V - L'abrogation et la modification des actes unilatéraux

L'acte unilatéral peut être modifié ou abrogé conventionnellement suite à l'accord exprimé par les destinataires. Il s'agit plutôt de s'interroger sur l'abrogation et la modification unilatérales d'un tel acte juridique et surtout sur les conditions dans lesquelles elles peuvent s'opérer. Car s'il existait une totale liberté, ces Etats, pourraient se délier très facilement de leurs obligations. Le Doyen Dehaussy admet, pour son auteur, la possibilité d'abroger ou de modifier l'acte unilatéral. A cet effet, il reconnaît un tel pouvoir au Président égyptien à propos du Canal de Suez. La Cour Internationale de Justice dans l'affaire des essais nucléaires français adopte une démarche contraire et précise : *« la cour estime que l'engagement unilatéral résultant de ces déclarations ne saurait être interprété comme ayant comporté l'invocation d'un pouvoir arbitraire de révision ».* Ainsi si la révision demeure possible ; elle est, cependant, soumise à certaines conditions et ne doit pas être arbitraire. Le juge international a eu l'occasion de le préciser lors de la révocation par les Etats Unis d'Amérique de leur déclaration d'acceptation de la juridiction de la cour.

C.I.J, A, 26 novembre 1984, Activités militaires et paramilitaires des USA au Nicaragua, Rec.1984, p.418.
Le pouvoir de révocation des Etats-Unis a été admis, toutefois, la Cour a relevé que les Etats-Unis d'Amérique auraient dû respecter le préavis de six mois qu'ils s'étaient fixé : « les Etats-Unis ont certes le droit, inhérent à tout acte unilatéral d'un Etat, de changer la teneur de leur déclaration ou d'y mettre fin ; ils ont néanmoins assuré une obligation irrévocable à l'égard des autres Etats qui acceptent la clause facultative, en déclarant formellement et solennellement que tout changement semblable ne prendrait effet qu'après l'expiration des six mois de préavis. »

En définitive, il apparaît difficile de modifier ou d'abroger un acte unilatéral et les chancelleries devraient tenir compte de ces contraintes lors de leurs prises de position ainsi que l'affirme J.D. Sicault *« les dirigeants politiques auraient-ils probablement intérêt, lorsqu'ils envisagent d'utiliser ce moyen pour engager leur Etat sur le plan international, à mesurer avec soin toutes les implications juridiques des déclarations qu'ils ont l'intention de faire. »* in J.D. Sicault « Du caractère obligatoire des engagements unilatéraux en Droit international public », RGDIP 1979, tome 83, p. 656.

La problématique de l'abrogation des actes unilatéraux des Etats s'est posée de nouveau avec la reprise des essais nucléaires français en 1995. Le Président François Mitterand, en avril 1992, décide d'un moratoire sur les essais nucléaires souterrains. Cette décision a été remise en cause par le Président Jacques Chirac le 13 juin 1995. Le Chef de l'Etat français recourre à une argumentation détaillée afin de justifier cette abrogation :

- les essais sont nécessaires avant le passage à la simulation en laboratoire ;
- il n'existe aucune menace pour l'environnement du Pacifique Sud ;
- les essais sont entrepris avant l'achèvement des travaux relatifs au traité portant interdiction générale des essais.

L'Australie et la Nouvelle-Zélande ont essayé de faire revivre le contentieux en invoquant l'arrêt du 20 décembre 1974 de la Cour Internationale de Justice. Dans une ordonnance du 22 septembre 1995, la Cour Internationale de Justice, constate l'absence d'une base de compétence pour connaître de l'affaire.

Chapitre II - Les actes unilatéraux des organisations internationales.

- *G. BALLADORE-PALLIERI, « Le droit interne des organisations internationales », RCADI, 1969, II, p. 1-38 ;*
- *P. BUIRETTE-MAURAU, La participation du tiers monde à l'élaboration du Droit International, Paris, 1983 ;*
- *Ph. CAHIER, « Le droit interne des organisations internationales », RGDIP 1963, p.563-602 ;*
- *J. CASTANEDA, « La valeur juridique des résolutions des nations-Unies », RCADI, 1970, I, p. 205-331 ;*
- *J.F.FLAUSS, « Les réserves aux résolutions des Nations-Unies », RGDIP 1981, p. 5-37 ;*
- *M.VIRALLY, « La valeur juridique des recommandations des organisations internationales », AFDI. 1956, p. 69-96.*

L'organisation internationale est une association d'Etats créée par un traité, dotée de la personnalité juridique internationale et d'une structure permanente. Les organisations internationales sont des sujets dérivés. Créations des Etats, elles ne peuvent, en principe, qu'adopter des actes juridiques qualifiés de résolutions qui sont des invitations faites aux Etats membres, et parfois aux tiers, d'agir dans un sens déterminé. Il faut, toutefois, distinguer les actes relatifs au droit interne des organisations internationales qui présentent, très souvent, un caractère obligatoire.

Section 1 - Les actes relatifs au droit interne de l'organisation internationale
Section 2 - Le pouvoir réglementaire externe des organisations internationales

Section 1. Les actes relatifs au droit interne de l'organisation internationale.

L'organisation internationale est instituée par l'acte constitutif qui détermine ses organes et ses conditions de fonctionnement. Dans ce cadre, l'organisation internationale élabore des normes de droit dérivé afin de régler diverses questions administratives notamment : l'adoption du budget, l'admission d'un Etat au sein de l'organisation internationale, la gestion du personnel, la création d'organes subsidiaires, les relations entre organes. Ces résolutions présentent un caractère contraignant. Elles s'imposent aux Etats membres de l'organisation. Ces principes ont été affirmés par la Cour Internationale de Justice.

C.I.J, AC, 13 juillet 1954, Jugements du Tribunal Administratif des Nations Unies (TANU) accordant une indemnité. La cour est amenée à préciser si les opérations entreprises dans le cadre de l'opération Union pour le Maintien de la Paix décidée par l'Assemblée Générale sont légales et à l'origine d'obligations financières pour les Etats. Ce que la France et l'Union Soviétique contestent. La Cour Internationale de Justice affirme que ces dépenses doivent être prises en charge car elles sont destinées à réaliser les buts poursuivis par l'Organisation des Nations Unies.

Les décisions sont adoptées selon les procédures propres à chaque organisation. Il s'agit selon les hypothèses, de l'unanimité, de la majorité et du consensus. Les institutions financières internationales (FMI, BM) recourent au système du vote pondéré. L'accord de Marrakech sur l'Organisation Mondiale du Commerce (OMC) du 15 avril 1994 consacre le consensus.

Section 2- Le pouvoir réglementaire externe des organisations internationales.

- *M.BEDJAOUI, « Du contrôle de légalité des actes du conseil de sécurité », Mélanges Rigaux, Nouveaux itinéraires en droit, Bruxelles, Bruylant, 1993, p.69-110 ;*
- *M.BEDJAOUI, « Un contrôle de la légalité des actes du conseil de sécurité est-il possible ? », in colloque de la SFDI de Rennes, le chapitre VII de la Charte des Nations Unies, Paris, A. Pedone, 1995, p.255-297 ;*
- *J.COMBACAU, Le pouvoir de sanction de l'ONU, Paris, Pedone, 1974, 394 p.*
- *M.P LANFRANCHI, « La valeur juridique en France des résolutions du conseil de sécurité », AFDI 1997, p. 31-57 ;*
- *A. PELLET, « Rapport introductif : Peut-on et doit-on contrôler les actions du Conseil de Sécurité ? », in colloque de la SFDI de Rennes, le chapitre VII de la charte des Nations Unies, Paris, A. Pedone, 1995, p. 221-238.*

Dans leurs relations avec les Etats, les organisations internationales détiennent un pouvoir de recommandation. Toutefois, certains actes constitutifs leur confèrent un pouvoir de décision.

I –Le pouvoir de recommandation des organisations internationales
II – Le pouvoir de décision des organisations internationales

I - Le pouvoir de recommandation des organisations internationales

Dans leurs relations avec les Etats, les organisations internationales ne peuvent formuler que des recommandations qui constituent des invitations faites aux Etats à agir dans un sens déterminé. Les recommandations ne sont pas obligatoires pour leurs destinataires. Il existe, toutefois, des exceptions, qui résultent généralement des actes constitutifs.

II – Le pouvoir de décision des organisations internationales.

Le pouvoir de décision des organisations internationales est prévu de manière exceptionnelle par certains actes constitutifs. C'est ainsi que le Traité portant création de l'Organisation de l'Aviation Civile Internationale (OACI) confère un pouvoir de décision au Conseil (article 38) et, la Constitution de l'Organisation Mondiale de la Santé (OMS) accorde un pouvoir de décision à l'Assemblée Générale (article 21). Toutefois, dans ces deux organisations, l'Etat qui ne veut pas être lié peut le manifester au moyen d'une notification, d'un refus ou d'une réserve. La Charte de l'ONU attribue au Conseil de Sécurité le pouvoir d'adopter des décisions dans le cadre du maintien de la paix et de la sécurité internationales. L'exercice de cette compétence suscite quelques observations.

Article 25 de la Charte de l'Organisation des Nations Unies :
« Les Membres de l'Organisation conviennent d'accepter et d'appliquer les décisions du Conseil de Sécurité conformément à la présente Charte. »

A - Un pouvoir exorbitant

On a pu constater que le recours à un acte unilatéral a constitué un moyen aisé pour le Conseil de Sécurité de contourner la lenteur de la procédure conventionnelle. L'urgence peut, entre la convention et la résolution, justifier le recours à la seconde. En outre, la convention est caractérisée par le principe de l'effet relatif des traités et ainsi, elle peut ne pas concerner tous les Etats ; tandis que, la résolution adoptée par un organe déterminé et à certaines conditions possède un champ d'application plus large. La prise en compte de cette alternative explique le choix opéré en 1993 par le Conseil de Sécurité de l'Organisation des Nations Unies dans le cadre du règlement de la crise en ex Yougoslavie.

« La méthode normalement utilisée pour créer un tribunal international consisterait à conclure un traité par lequel les Etats parties établiraient un tribunal et approuveraient son statut. Ce traité serait rédigé et adopté par un organe international approprié (...) après quoi il serait ouvert à la signature et à la ratification. Une telle méthode aurait l'avantage de permettre un examen détaillé et approfondi de toutes les questions ayant trait à la création du tribunal international. Elle permettrait aussi aux Etats participant à la négociation et à la conclusion du traité d'exercer pleinement leur souveraineté et en particulier de décider s'ils souhaitent ou non devenir partie au traité(...).La méthode conventionnelle présente cet inconvénient qu'il faut beaucoup de temps pour établir un instrument puis pour obtenir le nombre de ratifications requis pour son entrée en vigueur. De plus, rien ne peut garantir que le traité sera ratifié par les Etats qui devraient y être parties pour qu'il soit vraiment efficace (...). Etant donné les inconvénients de la méthode conventionnelle dans ce cas particulier et la nécessité indiquée dans la résolution 808 (1993) d'exécuter effectivement et rapidement la décision de créer un tribunal international, le Secrétaire Général croit que le tribunal international devrait être crée par décision du Conseil de Sécurité prise sur la base du chapitre VII de la Charte des Nations Unies (...).Cette méthode aurait l'avantage d'être rapide et d'être immédiatement effective puisque tous les Etats seraient tenus de prendre toute mesure nécessaire pour exécuter une décision prise à titre de mesure coercitive en vertu du chapitre VII. », in Rapport du Secrétaire Général établi conformément au paragraphe 2 de la résolution 808 (1993) du Conseil de Sécurité, p.8 parag 19 à 24, S/25 704 du 3 mai 1993.

Tenant compte de la pratique suivie par le Conseil de Sécurité, la doctrine pose la question du contrôle de légalité des actes du Conseil de Sécurité.

B - Le contrôle de légalité des actes du Conseil de Sécurité

Le Conseil de Sécurité élabore des normes qui sont soumises dans leur principe au contrôle de légalité. Bien que la Charte des Nations Unies ne comporte pas de disposition relative au contrôle de légalité des décisions du Conseil de Sécurité, le Conseil de Sécurité est tenu d'agir conformément aux buts et principes des Nations Unies (article 24 de la Charte des Nations Unies) et au Droit International même si la Cour Internationale de Justice a fait preuve d'une certaine prudence en la matière.

Dans l'affaire des Conséquences juridiques pour les Etats de la présence continue de l'Afrique du sud en Namibie, CIJ, AC, 21 juin 1971, parag 88, la Cour rappelle les limites de son pouvoir : *« Il est évident que la Cour n'a pas de pouvoir de contrôle judiciaire ni d'appel en ce qui concerne les décisions prises par les organes des Nations Unies dont il s'agit. »*

La prudence de la Cour n'a pas toujours été suivie par les juges qui dans des opinions dissidentes et individuelles n'ont pas manqué de rappeler la nécessité du contrôle de légalité des décisions arrêtées par les organes de l'Organisation des Nations Unies. En définitive, *« le contrôle judiciaire de la légalité des actes des organes internationaux reste encore rudimentaire et précaire ; ses contours sont flous et ses limites assez vite atteintes »,* in M. Bedjaoui, « Du contrôle de légalité des actes du Conseil de Sécurité, » in Mélanges Rigaux, op. cit, p. 107.

Les Etats se sont aussi préoccupés de la question des effets des décisions du Conseil de Sécurité dans les ordres juridiques internes en dépit de l'obligation d'exécuter les décisions du Conseil de Sécurité affirmée par le juge international.

C.I.J, A.C, 11 avril 1949, Réparations des dommages subis au service des Nations Unies, Recueil 1949, p. 178.
« La charte (...) a défini la position des membres par rapport à l'organisation en leur prescrivant de lui donner une pleine assistance dans toute action entreprise par elle (...) d'accepter et d'appliquer les décisions du Conseil de Sécurité ».

Certains auteurs, à l'instar de Alain Pellet, soutiennent que le caractère obligatoire des décisions du Conseil de Sécurité résulterait de la valeur supra légale de la Charte et de l'article 103 de la Charte des Nations Unies. Cette interprétation découle notamment du silence des constitutions qui ne se prononcent pas en général, en dehors du droit communautaire européen, sur l'introduction du droit dérivé des organisations internationales dans les ordres internes. Les Pays Bas constituent une exception avec l'article 93 de leur constitution amendée en 1953 qui dispose : *«les décisions des organisations de Droit international public qui peuvent engager chacune par leur teneur ont force obligatoire après leur publication. Et, elles sont supérieures à la loi »* (article 94 de la constitution des Pays Bas). L'exemple français atteste des difficultés qui résultent du silence des constitutions. Relevant du Droit International, les décisions du Conseil de Sécurité s'appliquent à la France qui déclare se soumettre au Droit International (préambule de la constitution de 1946). En cas de conflit entre les décisions du Conseil de Sécurité et la loi, c'est l'article 55 de la constitution qui s'applique c'est-à-dire que l'autorisation de l'exécuter ne pourra intervenir qu'après modification de la constitution. Dans l'hypothèse d'un conflit entre une décision du Conseil de Sécurité et des actes réglementaires, la première prime. Par ailleurs, le conflit entre une décision du Conseil de Sécurité et la Constitution se résout par l'impossibilité de recourir au contrôle de constitutionnalité et par le refus du juge constitutionnel de connaître de ces actes considérés comme des actes de gouvernement insusceptibles de contrôle juridictionnel.

III - La méthode du faisceau d'indices

La pratique permet de considérer que, bien qu'à priori une résolution d'une organisation internationale ne soit pas obligatoire, le texte peut présenter un caractère obligatoire suite à la présence de certains critères relatifs aux conditions d'adoption de l'acte, à son objet et aux mesures d'application. La sentence arbitrale du 18 décembre 1974 Texaco calasiatic contre le gouvernement Lybien rendue par le professeur R.J. Dupuy apporte une contribution notable à la théorie des actes unilatéraux des organisations internationales.

L'arbitre unique affirme en effet que : *« Le refus de reconnaître toute valeur juridique aux résolutions des Nations Unies doit être cependant nuancé en fonction des différents textes émis par l'organisation. Ceux-ci sont très divers et sont affectés d'une valeur juridique inégale »*. Et le recours à la méthode du faisceau d'indices permet de considérer qu'une résolution présente un caractère obligatoire et de dénier cette nature à une autre résolution. *« Le tribunal de Céans constate que seule la résolution 1803 (XVII) du 14 décembre 1962 a été votée par une majorité d'Etats membres représentant l'ensemble des groupes qualifiés. (...) En fonction des conditions de vote précédemment évoquées et traduisant une « opinio juris communis », la résolution 1803 (XVII) paraît au Tribunal de Céans refléter l'état du droit coutumier existant en la matière»*. Tandis que *« les conditions d'adoption de la résolution 3281 (XXIX) proclamant la Charte des droits et devoirs économiques des Etats indiquent également sans ambiguïté l'absence d'un consensus de la généralité des Etats sur les dispositions les plus importantes et notamment sur celles qui concernent les nationalisations »*.

A - Les conditions d'adoption de la résolution

Les conditions d'adoption d'une résolution témoignent du consensus qui existe entre les Etats ou des divergences qui les opposent. Ces prises de position se traduisent par un vote favorable à l'unanimité, à une forte majorité ou par un vote contre ou par un taux élevé d'abstention ainsi que l'affirme le professeur R.J. DUPUY : « *la résolution 1803 (XVII°) du 14 décembre 1962 a été adoptée à une forte majorité y compris celle des pays occidentaux dont les Etats Unis (87 voix contre 2, 12 abstentions).*
Tandis que les conditions de vote des résolutions 3201 (S. VI) et 3281 (XXIX°) sont différentes. Elles témoignent des contradictions profondes, existant entre les différents groupes. La résolution 3281 (XXIX°) a été adoptée par 108 voix, contre une et 16 abstentions. Toutefois, un vote séparé est intervenu sur la disposition relative aux nationalisations. Les pays développés ont, en effet, exprimé leur opposition à l'application du droit national au contentieux des nationalisations, aux règles de calcul des indemnités ainsi qu'aux modalités de versement de celles-ci. Ce paragraphe a été adopté à la suite d'un vote par appel nominal par 86 voix contre 11 et 28 abstentions. La RFA, la Belgique, les Etats Unis, la France et le Japon ont voté contre. Tandis que l'Afrique du Sud, l'Australie, l'Autriche, le Luxembourg et la Norvège se sont abstenus ».

B - L'objet de la résolution

L'objet de la recommandation est le second critère qui permet de conclure à son caractère obligatoire. Les dispositions sur lesquelles il n'existe pas d'opposition et pour lesquelles les Etats manifestent leur accord (*lege lata*), ne créent pas la coutume mais la confirment en la formulant et en précisent la portée. Les dispositions nouvelles sur lesquelles existent des divergences (*lege feranda*) créent le droit, elles expriment le droit souhaité.

C - Les mesures d'évaluation et de suivi

Les mesures d'évaluation et de suivi de l'application de la recommandation constituent le troisième critère qui permet de conclure au caractère obligatoire des recommandations.

En conclusion, les résolutions ne sont pas, en principe, obligatoires, sauf disposition contraire de l'acte constitutif. Il faut, cependant, s'interroger si la présence des trois critères (conditions d'adoption, objet de l'acte et mécanismes de suivi) ne tend pas à leur conférer un caractère obligatoire *(lege lata)*. Enfin, il faut se demander dans quelle mesure la résolution ne constitue pas une étape dans l'apparition d'une nouvelle norme coutumière internationale. Elle serait, par conséquent, un élément de la stratégie destinée à accélérer le processus coutumier et ainsi à réformer le Droit international public.

TITRE V. LA DOCTRINE ET LA JURISPRUDENCE

- *J.P.A. François, « L'influence de la doctrine des publicistes sur le développement du Droit International », Mélanges Gidel, 1961, p.275-281 ;*
- *G. Guillaume, « La direction des affaires juridiques du ministère des affaires étrangères. Conseil juridique », Mélanges Lacharrière, 1989, p.267-278 ;*
- *M. Lachs, Le monde de la pensée en Droit International. Théories et pratiques, Paris, Economica, 1989, 265 p ;*
- *A. Oraison, «Réflexions sur la « doctrine des publicistes les plus qualifiés des différentes nations « (flux et reflux relatifs des forces doctrinales académiques et finalisées) », Revue Belge de Droit International, 1991, n°2, p. 507-586.*

Outre les conventions internationales, la coutume internationale et les principes généraux de droit, la Cour Internationale de Justice applique « *les décisions judiciaires et la doctrine des publicistes les plus qualifiés des différentes nations, comme moyens auxiliaires de détermination des règles de droit* ». (Article 38 paragraphe 1-d du Statut de la CIJ). La référence à la jurisprudence et à la doctrine dans l'article 38 suscite plusieurs questions. L'une d'elles consiste à s'interroger si la jurisprudence et la doctrine constituent des sources formelles du Droit international public et partant, si elles sont susceptibles de modifier l'ordonnancement juridique. Force est de constater qu'elles ne constituent que des moyens de détermination du droit.

Chapitre I. La doctrine : une opinion

Les internationalistes, en tentant de définir la doctrine, se sont heurtés à la diversité de sens qu'est susceptible de présenter ce concept univoque qui renvoie à de multiples significations. En dépit de son caractère non obligatoire, la doctrine contribue à la détermination du Droit international public.

Section 1 - La doctrine : une institution polysémique.
Section 2 - La doctrine et la détermination du Droit international public.

Section 1. La doctrine : une institution polysémique

La définition de la doctrine varie selon les auteurs. Cependant, une tentative de systématisation peut être réalisée.

I – Définition
II – Unité et diversité de la doctrine
III – Les différentes formes de doctrine
IV – La doctrine individuelle et collective

I - Définition

Les propositions relatives à la définition de la doctrine peuvent être regroupées en deux catégories. Elles revêtent d'une part, un sens politique et, un sens juridique, d'autre part.

A - Le sens politique

La première définition de la doctrine résulte de la pratique internationale qui permet de relever les prises de position de divers responsables politiques sur de multiples questions de la vie internationale. C'est ainsi qu'en matière de reconnaissance, la doctrine Tobar a déterminé la politique des Etats latino-américains.

La doctrine Brejnev aura contribué à l'affirmation de la théorie de la souveraineté limitée des démocraties populaires à l'égard de l'Union Soviétique. Elle a notamment justifié l'intervention de l'URSS en Tchécoslovaquie en 1968. En d'autres périodes, on a parlé notamment des doctrines Monroe, Estrada et Stimson. Ces propositions sont de nature politique et elles justifient les choix de politique étrangère arrêtés par les Etats. Bien que présentant un intérêt évident en matière de relations internationales, cette approche est inopérante en Droit international public.

Une autre définition de la doctrine peut être faite et, elle revêt *« un sens plus technique »* et s'inscrit dans le cadre de l'article 38 du Statut de la Cour Internationale de Justice(A.Oraison, réflexions sur la doctrine des publicistes, op. cit, p. 508).

B - Le sens technique

Tenant compte de la pratique internationale, le professeur J. Basdevant fournit une définition de la doctrine en rapport avec le Droit international public. La doctrine est une *« conception et interprétation du droit présentées par les auteurs dans leurs ouvrages de science juridique »* in Dictionnaire de la Terminologie du Droit International, Paris, Sirey, 1960, p. 218. La doctrine constitue, par conséquent, un point de vue émis par un auteur sur une question posée par le Droit international public. Cette question peut être suscitée par les sources formelles du Droit International et, consister en une interprétation, en une détermination ou une systématisation de celles-ci. L'interrogation peut aussi résulter de l'observation de la pratique internationale qui conduit *« les maîtres »* à se référer au Droit International et à déterminer les normes applicables.

La variété des propositions doctrinales met en évidence l'unité et la diversité de la doctrine.

II - Unité et diversité de la doctrine

Le Droit International est au départ européocentrique. Ce caractère marquera à l'origine la doctrine. L'évolution de la société internationale et la succession de l'homogénéité à l'hétérogénéité qui en découlent permettent d'observer l'apparition de plusieurs courants doctrinaux. Ces auteurs développent une conception du Droit international public basée d'une part, sur la théorie du droit naturel, extérieur aux Etats et déterminant leurs comportements (Francisco De Victoria (1480-1546), Francisco Suarez (1548-1617) et Hugo De Goot Grotuis (1583-1645)). D'autres auteurs se réfèrent d'autre part, au positivisme et au volontarisme ; le Droit International étant le résultat de la volonté des Etats (Selden (1548-1654), Moser (1701-1885), G.F. De Martens (1756-1821)).

Aujourd'hui, la frontière sépare les réformateurs, qui ont une lecture dynamique du Droit international public et qui veulent le réformer et, les conservateurs, qui entendent le maintenir en état.

III - Les différentes formes de doctrine

La définition du professeur J. Basdevant est restrictive dans la mesure où elle ne s'étend pas aux opinions émises oralement par les auteurs. La doctrine présente, en effet, plusieurs formes : elle est écrite et orale.

A - La doctrine écrite

La pensée du *« maître »* est exprimée généralement dans un document. Selon les auteurs, il peut s'agir de traités généraux, de manuels, de thèses de doctorat, de monographies, d'articles ou de notes de jurisprudence. Les traités généraux de Droit international public ont fait la faveur des internationalistes du XIXe siècle et du XXe siècle à l'instar de l'Américain Henry

Wheaton, du Britannique Lawrence Oppenheim et du Français Charles Rousseau.

Le professeur Rousseau, dans un ouvrage en cinq tomes, passe en revue les sources du Droit International (tome I), les sujets de Droit (tome II), les compétences (tome III), les relations internationales (tome IV) et les rapports conflictuels (tome V). Aujourd'hui, on déplore l'absence d'ouvrages généraux embrassant l'ensemble des domaines d'intervention du Droit international public. Les thèses de doctorat et autres documents interviennent de plus en plus sur des domaines précis. Et, on observe, au sein de la doctrine, une tendance à la spécialisation qui ne permet plus aux auteurs d'avoir une vision globale.

Au Congo, on déplore la pauvreté de la doctrine. Les universitaires, bien que formés dans les universités étrangères parmi les plus prestigieuses, ne produisent pas de publications scientifiques. Les thèses ne sont pas toujours éditées en dépit des très bonnes mentions obtenues lors de leur soutenance. Le niveau actuel de la recherche s'explique aussi par l'absence de revues et de périodiques spécialisés. Ainsi, les auteurs ne disposent-ils pas de l'espace dans lequel ils peuvent s'exprimer. A la faculté de droit, après l'expérience des annales universitaires, pendant plusieurs années, la revue congolaise de droit a permis aux juristes dont les internationalistes de publier divers articles de doctrine et des notes de jurisprudence. Cette revue n'est plus éditée, suite au non-renouvellement du financement accordé par la coopération française ; l'Etat congolais n'ayant pas pu prendre le relais. La recherche, aujourd'hui, est donc embryonnaire et la prise de conscience de cette situation justifie les efforts entrepris afin de la redynamiser. Ils visent notamment la reprise de l'édition des annales universitaires, l'augmentation de la prime de recherche des enseignants et une réflexion approfondie sur l'état actuel de la recherche en vue de la renaissance scientifique.

C'est dans ce contexte que le colloque national sur la renaissance scientifique s'est tenu à Brazzaville du 28 au 30 juin 2001. A l'actif de la faculté de droit, on doit, cependant, mentionner le manuel de droit public Congolais édité aux éditions Economica, en 1985, sous la direction du professeur Jean-Marie Breton et auquel ont participé plusieurs enseignants notamment les professeurs N.Mayetela, M. Mabounda. Récemment, le juge Iloki, président de la chambre administrative et constitutionnelle de la Cour suprême a publié aux éditions l'Harmattan un ouvrage sur le droit du licenciement au Congo. L'absence d'ouvrages généraux ou spécialisés édités par les auteurs congolais ne signifie pas pour autant l'absence de doctrine congolaise. Cette doctrine existe bel et bien, toutefois, elle présente souvent un caractère oral.

B - La doctrine orale

Les auteurs participent à travers leurs enseignements magistraux, leurs conférences débats, focus et autres à la diffusion d'une doctrine orale. Sur la base des notes de cours, les juristes transmettent leurs opinions dans les amphithéâtres. Il arrive, toutefois, que certains cours et conférences donnent lieu à des supports écrits qui sont remis aux étudiants ou au public participant à ces conférences. Ainsi, le pont se trouve-t-il établi entre la parole et l'écrit. Néanmoins, un tel écrit n'étant pas protégé et édité selon les normes classiques est destiné à disparaître. A la faculté de droit de Brazzaville, tous sont unanimes pour affirmer la contribution décisive apportée à la doctrine congolaise par les cours des magistrats Alexis Gabou, Placide Lenga et du professeur Nestor Makoundzi Wholo. Alexis Gabou et Placide Lenga ont su, dans leurs enseignements traduire le dualisme juridique qui caractérise le Congo. Aussi bien en droit constitutionnel qu'en droit civil, le système juridique congolais connaît l'application d'un droit moderne d'inspiration française altéré par un droit coutumier. Il en résulte un système sui généris qui mériterait d'être connu, au titre du droit comparé. Alexis Gabou est, par ailleurs, l'auteur *des*

Constitutions congolaises, ouvrage publié à la Librairie Générale de Droit et de Jurisprudence. Le professeur Makoundzi Wholo a le mérite d'avoir systématisé le droit constitutionnel congolais en relevant son particularime ainsi que le rôle particulier des acteurs politiques. L'instabilité politique et institutionnelle se traduit par la succession des régimes politiques et des constitutions. D'autres enseignants, à l'instar du Doyen Narcisse Mayetela auront fait toute leur carrière d'universitaire en enseignant le Droit International ou d'autres disciplines, sans pour autant que cette œuvre féconde qui aura formé plusieurs générations de juristes ne soit traduite par des ouvrages scientifiques. Aujourd'hui, cette œuvre est quasiment tombée dans l'oubli et les jeunes générations de juristes formés à la faculté de droit ne la connaissent toujours pas.

Les limites de la doctrine orale justifient la prédilection manifestée pour la doctrine écrite.

IV - La doctrine individuelle et collective

D'un point de vue organique, la doctrine se caractérise par sa diversité. L'opinion émise peut provenir d'un auteur et être individuelle. Elle peut aussi émaner d'un organe, et partant être collective.

A - La doctrine individuelle

Un individu, sur la base de sa compétence, peut émettre, librement, son opinion sur une question déterminée. L'intérêt manifesté à son point de vue sera fonction de la confiance que lui manifestera le public. C'est ainsi qu'un professeur d'université, formé dans une université prestigieuse dispose, à priori, d'un capital de confiance lié d'une part, aux diplômes obtenus dans le cadre de ses études universitaires et, à la mention obtenue, d'autre part. C'est avec autorité qu'il interviendra et presque religieusement, qu'il sera écouté. En dehors des amphithéâtres, le juriste peut, avec la même autorité, fournir ses prestations en qualité de jurisconsulte.

Exemple : *Grotius a servi comme conseiller à la Compagnie Néerlandaise des Indes et auprès de plusieurs Gouvernements.*

L'histoire témoigne de l'institutionnalisation des *consilia*, des *tractati* et des *doctores*. Les *consilia* constituent des réponses apportées aux questions soumises par les autorités ecclésiastiques ou laïques. Les *tractatis* sont des monographies qui portent sur un point précis soumis au juriste. C'est en 1511, en Grande Bretagne, qu'apparaît la consultation des « *doctors* » qui conseillent le Gouvernement sur diverses questions notamment le Droit international public et qui sont réunis dans un collège le *« Doctors Commons »*. Au Congo, tous reconnaissent une telle qualité notamment au Président Placide Lenga, Président de la Cour suprême dont la verve traduit l'érudition. Ces qualités expliquent la sollicitude dont est l'objet cet éminent juriste qui a assuré des fonctions d'enseignement à l'Université Marien Ngouabi. Les juristes, professeurs d'université sont très souvent nommés conseillers dans les départements ministériels notamment au ministère des affaires étrangères. Ils fournissent aussi leurs prestations au niveau du cabinet du chef de l'Etat.

B - Les organes d'experts

L'opinion doctrinale peut être présentée par plusieurs auteurs regroupés dans le cadre d'un organe. Cet organe peut être d'origine intergouvernementale ou de caractère privé sans pour autant que sa nature ne produise un impact sur l'indépendance de ses membres et sur leur liberté d'opinion.

1 - L'Institut de Droit International

L'Institut de Droit International est créé au XIXe siècle (1873) par onze éminents juristes d'Europe et d'Amérique. Il s'agit de Gustave Rolin-Jacquemyns, de Gand, Pascales Stanislas Mancini, de Rome, Tobias Artur Asser, d'Amsterdam, Vladimir Besograsov, de Saint Petersbourg, Jean Gaspard Bluntschli, de Heildelberg, Carlos Calvo, de Buenos Aires, David Duddley, de Liège, James Lorimer, d'Edimbourg, Gustave Moinier, de Genève et Augusto Pierantoni, de Naples. Aujourd'hui encore, on retrouve au sein de cette institution, les personnalités les plus importantes du Droit International. L'institut de Droit International, organe scientifique indépendant des Etats, qui regroupe 132 membres et associés joue un rôle déterminant dans la réflexion sur le Droit international public. Et, certaines de ses prises de position sur des questions de droit sont entérinées par les Etats.

2 - Le Comité d'Experts de la Société des Nations

Créé dans le cadre de la Société Des Nations, le Comité d'experts réunit dix sept personnalités représentant les diverses formes de civilisation ainsi que les principaux systèmes juridiques (résolution de l'Assemblée de la SDN du 12 décembre 1924). Il est chargé de procéder à la codification et au développement progressif du Droit International.

3 - La Commission du Droit International

La Commission du Droit International est compétente en matière de codification et de développement progressif du Droit International. Elle regroupe des personalités possédant une compétence reconnue en Droit International, présentées par leurs Etats et élues par l'Assemblée Générale de l'ONU.

La contribution de la Commission du Droit International au développement du Droit international public est aujourd'hui établie. Les efforts de codification ont conduit à l'élaboration de conventions internationales, depuis lors entrées en vigueur, de résolutions ainsi qu'à l'émergence de nouvelles normes coutumières.

Plurielle dans ses manifestations, la doctrine ne constitue pas, cependant, une source formelle du Droit international public.

V - Le caractère non obligatoire de la doctrine

L'analogie avec le droit interne permet de noter que dans le passé, la doctrine a constitué formellement une source de droit. Progressivement, ce caractère obligatoire a disparu. Au niveau international, « *la doctrine ne s'est jamais vue attribuer un pouvoir normatif.* » in A.Oraison, « La doctrine des publicistes les plus qualifiés des différentes nations », op. cit. p. 515. Dans une société internationale caractérisée par la souveraineté des Etats, les « *maîtres* » n'ont pas reçu une telle compétence. Ainsi quelle que soit l'autorité du « *Maître* », formellement, il ne détient pas le pouvoir de modifier l'ordonnancement juridique. Ce constat est partagé par de nombreux auteurs ainsi que par des juges internationaux. Le juge français André Weiss dans une opinion dissidente suite à l'arrêt de la Cour Permanente de justice internationale (CPJI) le 7 septembre 1927, Lotus série A, n° 10, p. 43 affirme : *« le Droit International ne naît pas de l'accumulation des opinions et des systèmes. Il ne tire pas non plus sa source de l'addition d'arrêts de justice même lorsqu'ils sont concordants. Ce ne sont là que des moyens d'en découvrir quelques aspects, d'en dégager quelques principes et de donner à ces principes une formule satisfaisante ».*

Toutefois, bien que dépourvue de caractère obligatoire, la doctrine produit, indéniablement, certains effets.

Section 2. La doctrine et la détermination du Droit international public.

Le développement de la doctrine intervient au XVIᵉsiècle avec l'apparition de l'Etat moderne. A une période où le Droit international public est embryonnaire, « *les premiers fondateurs du droit des gens* » déterminent la règle de droit et partant, en comblent les lacunes. C'est ainsi que, observant la société internationale, ils ont pu identifier la coutume comme une source de Droit International et affirmer le fondement coutumier du Droit International. A partir du XIXᵉsiècle et avec l'évolution de la pratique conventionnelle, de la jurisprudence internationale, la fin de la diplomatie secrète et la publication de répertoires sur la pratique des Etats, on assiste à la diminution de l'importance de la doctrine. Aujourd'hui, la doctrine, sans être une source obligatoire du Droit international public, contribue à sa systématisation et à sa diffusion. Elle participe aussi au règlement des différends internationaux.

I – La systématisation et la diffusion du Droit international public
II– L'influence de la doctrine sur le règlement juridictionnel international

I. La systématisation et la diffusion du Droit international public

Les auteurs ont le mérite, face à un système juridique lacunaire, épars et aux sources multiples, de saisir la règle internationale et d'en déterminer le contenu. Cette entreprise n'est pas des plus aisées, car le « *maître* » court le risque périlleux de créer volontairement ou involontairement du droit. Il doit se référer au droit existant *(lege lata)* et ne pas tenir compte du droit souhaité *(lege ferenda)*. Toutefois, une démarche passéiste peut conduire à un exposé stérile et dénué d'intérêt du droit. A cela s'ajoute le fait que, quel que soit le niveau d'objectivité recherché, le *« maître »* est marqué par une certaine vision du droit qui résulte de la combinaison de facteurs politiques, économiques, culturels et sociaux. Ainsi, l'œuvre doctrinale participe-t-elle à la réflexion et, à la diffusion du Droit International ainsi qu'à son évolution. Car, au-delà de la simple description, le *« maître »* relève les limites du droit et dégage les perspectives d'évolution. A ce sujet, Jacques Dehaussy affirme : *« la doctrine des publicistes les plus qualifiés des différentes nations ne doit pas hésiter au besoin à dénoncer les inadéquations qu'elle aperçoit entre les réalités sociales –qui évoluent sans cesse- et les règles juridiques* », in « Travaux de la commission du Droit International des Nations Unies », AFDI 1960, p. 636.

II - L'influence de la doctrine sur le règlement juridictionnel international

Quelle que soit son autorité, un point de vue doctrinal ne peut fonder une décision jurisprudentielle et ne peut contribuer à l'émergence d'une coutume internationale. On relève, cependant, que la doctrine participe au règlement juridictionnel par la fourniture du « *personnel judiciaire* », d'une part et, par les références faites par le juge international à la doctrine, d'autre part.

A - Le « personnel judiciaire »

Par *« personnel judiciaire »,* l'on se réfère à deux types d'institutions. Il s'agit d'une part, des conseils des Etats et, des juges, d'autre part.

1 - Les avocats conseils des Etats

De nombreux internationalistes servent les Etats en qualité d'avocats-conseils devant les juridictions internationales. M. Lachs, ancien Président de la Cour Internationale de Justice affirme : *« les maîtres du Droit International constituent l'essentiel de ce que l'on pourrait appeler le barreau international : c'est en leur sein que les conseils sont choisis dans la plupart des cas »* in, le Monde de la Pensée en Droit International, op. cit, p. 206. La pratique internationale révèle que les Etats africains hésitent à recourir à leur expertise nationale dans des affaires qui sont pendantes devant les juridictions internationales. Ils préfèrent très souvent des compétences externes. Il arrive aussi cependant que, parmi les avocats-conseils d'un Etat, on trouve des juristes originaires de cet Etat auxquels s'ajoutent des juristes étrangers, très souvent occidentaux.

2 - Les juges internationaux

Le Statut de la Cour Internationale de Justice précise que les juges sont élus parmi les personnalités détenant les plus hautes compétences. Devenus juges internationaux ou arbitres, les *« maîtres »* passent d'une approche théorique du Droit international public à une démarche pratique, pragmatique. Ainsi à la rhétorique succède la réalité. Cette évolution met très souvent en évidence l'écart qui les sépare comme l'affirme M. Lachs : *« en tant que juge, le maître descend dans l'arène de la vie, où les principes de droit établis par lui subissent l'épreuve des faits ; ou homme contre homme, Etat contre Etat, chacun présente sa défense »,* in Le Monde de la Pensée en Droit International, op. cit p. 208.

B - Le juge international et la référence à la doctrine.

De manière générale, on constate la référence à la doctrine par les juridictions internationales. Les commissions arbitrales instituées dans le cadre du traité de Jay (1794) ont rendu diverses sentences qui ont recouru aux contributions de la doctrine représentée notamment par Grotuis et Vattel. La Cour Permanente de Justice Internationale et la Cour Internationale de Justice ont utilisé la doctrine comme un moyen auxiliaire auquel il est fait recours en cas d'insuffisance ou de manque de clarté des sources du droit. La doctrine a aussi permis de conforter l'intime conviction du juge.

C.P.J.I, A, 7 novembre 1927, Lotus, série A, n° 10, p. 26.
« Pour établir la base de compétence de l'Etat du pavillon, à l'égard des actes délictieux commis sur un navire, la Cour s'est référée notamment aux précédents et à la doctrine ».

C.P.J.I, A, 25 mai 1926, Certains intérêts allemands en haute Silésie polonaise, série A, n° 7, p. 20.
« c'est une question vivement controversée dans la doctrine des auteurs et dans la jurisprudence des principaux Etats, que celle de savoir si la litispendance (...) peut être invoquée dans les rapports internationaux ».

L'usage modéré de la doctrine par les juridictions s'oppose aux nombreuses mentions faites par les opinions individuelles et dissidentes. Toutefois, quelles que soient les références utilisées par les juges internationaux, elles ne contribuent en aucune façon à l'apparition d'une norme coutumière. Elles ne sont pas, néanmoins, dénuée d'effet car elles permettent, de fixer la règle internationale et ainsi de contribuer au développement du Droit international public. Ainsi, *« l'omni présence des maîtres dans une variété de fonctions « constitue-t'-elle un réel atout dans la mesure où, » le Droit International demande à être appliqué, interprété, codifié ou développé »,* M. Lachs, Le Monde de la Pensée en Droit international public, op. cit. p. 221.

Chapitre II - La jurisprudence

- *J. BOULOUIS, "A propos de la fonction normative de la jurisprudence. Remarques sur l'œuvre jurisprudentielle de la cour de justice des communautés européennes", Mélanges Waline, 1974, p. 149-162 ;*
- *Ph. CAHIER, "Le rôle du juge dans l'élaboration du Droit International, Melanges Skubiszewski, p. 353-366 ;*
- *A.P. SERENI, "Les opinions individuelles et dissidentes", RGDIP, 1964, p. 819-857 ;*
- *E. SUY, "Contribution de la jurisprudence internationale récente au développement du droit des gens", (I) RBDI, 1965, p. 315-34 ;*
- *E. SUY, "Contribution de la jurisprudence internationale récente au développement du droit des gens", (II) RBDI, 1966, p. 66-93.*

A l'instar de la doctrine, la jurisprudence constitue un moyen de détermination du Droit international public. Le recours au juge international résulte de l'existence d'un différend juridique.

Section 1 - Le différend international
Section 2 - Le règlement juridictionnel
Section 3 – L'impact de la jurisprudence.

Section 1 - Le différend international.

La saisine du juge ou de l'arbitre international se justifie par l'existence d'une contradiction entre plusieurs Etats. L'échec des diverses tentatives de règlement peut conduire à la mise en œuvre de la procédure contentieuse, pour peu que les Etats en aient exprimé le consentement.

I. Définition
II. Un différend juridique.

I - Définition

La Cour Permanente de Justice Internationale apporte à la définition du différend international une contribution décisive confirmée par la Cour Internationale de Justice.

C.P.J.I, A, 30 août 1924, exceptions préliminaires, Concessions Mavrommatis en Palestine, Série A, n° 2, p. 11.
"Un différend est un désaccord sur un point de droit ou de fait, une contradiction, une opposition de thèses juridiques ou d'intérêts entre deux personnes".

Le différend qui oppose deux Etats doit pouvoir être constaté objectivement.

C.I.J, A, 21 décembre 1962, exceptions préliminaires, Sud Ouest Africain, Rec. 1962, p. 328.
"Il ne suffit pas que l'une des parties à une affaire contentieuse affirme l'existence d'un différend avec l'autre partie. La simple affirmation ne suffit pas pour prouver l'existence d'un différend, tout comme le simple fait que l'existence d'un différend est contestée ne prouve pas que ce différend n'existe pas".

C.I.J, A, 2 décembre 1963, exceptions préliminaires, Cameroun Septentrional, Rec. 1963, p. 27.
"Il suffit de constater que, eu égard aux faits déjà exposés dans le présent arrêt, les positions opposées des parties pour ce qui concerne l'interprétation et l'application des articles pertinents de l'accord de tutelle révèlent l'existence entre la République du Cameroun et le Royaume-Uni, à la date de la requête, d'un différend au sens admis par la jurisprudence de la cour actuelle et de l'ancienne cour".

Le différend ne doit pas seulement exister, il doit aussi être de nature juridique.

II - Un différend juridique

Les divergences entre les Etats, qui sont à l'origine d'un différend, peuvent revêtir un caractère politique et juridique. Le contentieux politique relève du domaine de la diplomatie et les Etats peuvent recourir à des négociations pour tenter de le régler. Toutefois, le caractère politique n'est pas exclusif de l'aspect juridique. En effet, un différend politique peut aussi présenter un caractère juridique. Mais, ce n'est qu'en vertu de son caractère juridique qu'il peut être soumis à un organe juridictionnel.

Section 2. Le règlement juridictionnel

Le règlement juridictionnel peut s'opérer selon deux modalités : d'une part, au moyen de l'arbitrage, et, d'autre part, en recourant à la Cour Internationale de Justice. Il suppose, au préalable, le consentement des Etats opposés par un différend, compte tenu du caractère consensuel du règlement juridictionnel au niveau international.

I. L'arbitrage
II. La Cour Internationale de Justice.

I - L'arbitrage

L'Arbitrage est un mode de règlement des différends qui permet aux Etats de recourir au juge de leur choix et de fixer la procédure et le droit applicables.

A - La génèse de l'Arbitrage

Dans le passé, l'arbitrage est un mode de règlement des différends internationaux qui a permis de recourir aux monarques et aux chefs d'Etat en fonction compte tenu de leur autorité et de leur prestige moral.

Exemples : *- Sentence rendue par le Roi d'Espagne le 23 décembre 1906 dans un litige qui oppose le Honduras au Nicaragua.*

- Sentence rendue par la Reine d'Angleterre dans l'affaire du Canal de Beagle le 22 avril 1977.

Ce mode de règlement des différends internationaux est utilisé au XVIIIème siècle dans le cadre du règlement du contentieux qui oppose les Etats-Unis d'Amérique à la Grande-Bretagne au lendemain de la guerre d'indépendance. C'est dans ce cadre que le traité de Jay est élaboré le 19 novembre 1794. Il prévoit la création de commissions paritaires et, en cas de partage des voix des arbitres, on procède au tirage au sort. C'est en 1882, avec l'affaire de l'Alabama soumise à un tribunal de cinq arbitres que naît l'arbitrage moderne. Les conférences de la Haye de 1899 et de 1907 poursuivent cette dynamique. Et, en 1907, on note l'institutionnalisation de la Cour Permanente d'Arbitrage (CPA), liste préétablie d'arbitres désignés par les Etats.

B - L'organe arbitral

L'Arbitrage est au départ ad hoc, puis, on observe la tendance à son institutionnalisation avec le Centre International pour le Règlement des Différends relatifs aux Investissements Internationaux (CERDI) en 1965. Dans le cadre de l'arbitrage ad hoc, le tribunal arbitral peut être constitué d'un juge unique.

Exemples : - *Max Huber dans l'affaire de l'Ile de Palmas, SA, 4 avril 1928.*

- René Jean Dupuy dans l'affaire Texaco Calasiatic, SA du 19 janvier 1977.

Il peut être composé d'un nombre impair d'arbitres; le surarbitre étant désigné par les deux Etats. L'arbitrage va enregistrer une évolution qualitative durant le XXème siècle. En effet, d'interétatique, il va devenir transnational et permettre le règlement des différends qui mettent en cause les Etats et les investisseurs étrangers, personnes privées.

C - La saisine du tribunal arbitral

La saisine de l'organe arbitral est subordonnée au consentement des Etats. Celui-ci s'exprime avant ou après l'apparition du différend.

1 - Avant la naissance du différend

Les Etats ont la possibilité d'insérer une clause compromissoire dans un traité en vertu de laquelle ils s'engagent à recourir à l'arbitrage en cas d'apparition d'un conflit de nature juridique. Ils peuvent aussi, avant la naissance du différend, élaborer un traité d'arbitrage, accord international ayant pour objet de fixer le recours éventuel et futur à l'arbitrage.

2 - Après la naissance du différend

Les Etats décident au moyen d'un compromis de soumettre leur différend à un tiers choisi par eux. Le compromis détermine, le cas échéant, la procédure, le droit applicable et les effets attachés à la sentence.

D - La portée de la sentence

La sentence arbitrale est obligatoire pour les parties et elle est investie de l'autorité relative de la chose jugée. Les sentences arbitrales ne sont pas, toutefois, dépourvues de certains recours.

Elles peuvent être interprétées, (Plateau Continental de la Mer d'Iroise SA, 30 juin 1977), elles peuvent être révisées ou soumises à la Cour Internationale de Justice (Délimitation de la frontière maritime entre la Guinée Bissau et le Sénégal, SA, 31 juillet 1989).

II - La Cour Internationale de Justice

La Cour Internationale de Justice constitue l'organe judiciaire des Nations Unies (article 9 de la Charte de l'ONU). Elle succède à la Cour Permanente de Justice Internationale créée dans le cadre de la Société des Nations.

A - L'Organisation de la Cour

La Cour Internationale de Justice se compose de 15 juges élus pour neuf ans par l'Assemblée Générale de l'ONU et le Conseil de Sécurité, en tenant compte du critère de la représentation géographique et, sur la base de leurs compétences. Ces juges remplissent les conditions exigées dans leurs pays pour exercer les plus hautes fonctions judiciaires ou sont des jurisconsultes possédant une compétence notoire en matière de Droit International (article 2 du Statut de la CIJ). La Cour statue en Assemblée plénière ou en chambres ad hoc, à la demande des Etats.

B - Les compétences de la Cour

La Cour Internationale de Justice détient une double compétence : elle est contentieuse et consultative.

1 - La compétence contentieuse

La procédure contentieuse devant la Cour Internationale de Justice est ouverte aux Etats. Son caractère facultatif résulte de la structure actuelle de la société internationale composée d'Etats souverains dont le consentement est requis. Les Etats expriment leur volonté de soumettre leurs différends à la Cour Internationale de Justice au moyen d'une déclaration d'acceptation de la juridiction obligatoire de la Cour, au moyen d'une clause de règlement des différends ou au moyen d'un compromis.

a - L'acceptation de la compétence de la cour avant l'apparition du différend

Avant l'apparition du différend, les Etats peuvent souscrire à une déclaration facultative d'acceptation de la juridiction obligatoire de la cour. Par cet acte unilatéral, ils expriment leur consentement à soumettre tout différend futur à la compétence de la Cour Internationale de Justice.

Article 36 paragraphe 2 du statut de la CIJ :
"Les Etats parties au présent statut pourront à n'importe quel moment, déclarer reconnaître comme obligatoire de plein droit et sans convention spéciale, à l'égard de tout autre Etat acceptant la même obligation, la juridiction de la cour sur tous les différends d'ordre juridique (...)".

En cas de conflit, si le différend oppose l'Etat à un autre Etat qui a souscrit à une déclaration de même nature, la saisine de la Cour se fait au moyen d'une requête unilatérale. La pratique révèle que les Etats n'ont pas manifesté un réel intérêt pour cette institution qui s'est transformée en "*une véritable peau de chagrin*" (Emmanuel Decaux, Droit international public, Paris, Dalloz, 1999, p. 168). Les Etats ont, en effet, contesté la compétence de la Cour en multipliant les exceptions d'irrecevabilité ou d'incompétence. Ils ont refusé de se présenter devant la Cour ou de faire valoir leurs moyens. Certains ont décidé de retirer leur déclaration d'acceptation de la juridiction obligatoire de la Cour à l'instar des Etats-Unis d'Amérique, en 1984, affaire des activités militaires et paramilitaires des USA au Nicaragua, et de la France, en 1974, affaire des essais nucléaires français dans le Pacifique. Les Etats peuvent aussi organiser la compétence de la Cour au moyen d'une clause de règlement des différends insérée dans un traité (article 36 paragraphe 1 du Statut de la Cour) en vertu de laquelle les parties au traité conviennent de soumettre tout différend relatif à l'application et à l'interprétation de la convention à la compétence de la Cour.

b - L'acceptation de la compétence de la cour après l'apparition du différend

Après la naissance du différend, les Etats peuvent convenir au moyen d'un compromis de saisir la cour. La saisine de la cour s'opère, dans ces conditions, au moyen d'une requête conjointe.

2 - La compétence consultative

En dehors de sa fonction contentieuse, la cour détient une fonction consultative. Aux termes de l'article 65 du Statut de la Cour :

"La cour peut donner un avis consultatif sur toute question juridique, à la demande de tout organe ou institution qui aura été autorisé par la Charte des Nations Unies ou conformément à ses dispositions, à demander un avis".

La procédure consultative est, cependant, solidement encadrée par la Charte de l'ONU. En dehors de l'Assemblée Générale et du Conseil de Sécurité qui peuvent demander un avis sur toute question juridique, toute autre institution est tenue d'obtenir l'autorisation de l'Assemblée Générale de l'ONU (article 96 de la Charte de l'ONU). Dans le cadre de la procédure consultative, la Cour émet une opinion qui porte sur la question juridique qui lui est soumise. En principe, l'avis n'est pas obligatoire. Toutefois, en matière de réformation des jugements des

Tribunaux Administratifs de l'ONU (TANU) et de l'OIT (TAOIT), elle émet des avis obligatoires.

Section 3- L'impact de la jurisprudence

La sentence arbitrale et l'arrêt sont investis de l'autorité relative de la chose jugée. Ce qui signifie que leurs effets ne se produisent qu'à l'égard des parties à l'instance. La pratique révèle, cependant, que les sentences arbitrales et les arrêts exercent une portée plus large. Face à une situation déterminée, le juge est amené à identifier le droit applicable et à la confronter à la réalité. Au cours de cet exercice, il peut parfois, face aux lacunes du Droit International, être amené à faire œuvre prétorienne et ainsi créer du Droit International. Le juge international a ainsi contribué à l'identification de certains principes fondamentaux du Droit International notamment :

- le principe de l'intangibilité des frontières ;
- la théorie des pouvoirs implicites des organisations internationales ;
- la protection fonctionnelle des agents des organisations internationales ;
- le critère de la compatibilité de la réserve avec l'objet et le but du traité.

La contribution notable de la jurisprudence internationale à la détermination des règles du Droit International suscite quelques critiques au sein de la doctrine qui relève, entre autres, que la Cour Internationale de Justice apparaît comme "*la cour suprême de l'ordre juridique international*" (Ph. Cahier, "Le rôle du juge dans l'élaboration du Droit International", Mélanges Skubiszewski, p. 364). Il est difficile d'admettre un tel point de vue car même s'il est indéniable que la jurisprudence a apporté une contribution décisive à l'identification des sources du droit et, a su adapter les règles de Droit International en tenant compte des mutations profondes de la société internationale, ces règles ont été finalement acceptées par les Etats, malgré une certaine réticence manifestée au départ par ceux-ci.

CONCLUSION

Le Droit international public est un droit évolutif qui porte l'empreinte des diverses civilisations qui se sont succédées depuis l'origine de l'Humanité. Droit de la société internationale, il témoigne, dans son contenu, des mutations enregistrées à ce niveau. Apparu dans une société internationale homogène, le Droit international public classique répond aux besoins des Etats, sujets originaires. Il régit au départ leurs relations pacifiques et règlemente la conduite des conflits armés. Il est, par conséquent, le « *droit de la paix* » et le « *droit de la guerre* ». Progressivement le nombre d'Etats augmente et le caractère interétatique s'atténue avec l'apparition des organisations internationales. Les changements quantitatifs et qualitatifs qui en résultent produisent un impact direct sur son contenu. Le Droit international public concerne désormais une société hétérogène et, son champ d'application se diversifie.

Les normes de Droit international public traduisent cette évolution du milieu international. Les mutations profondes qui en résultent permettent à la doctrine de relever la crise du Droit International classique. Celle-ci découle notamment de la volonté des anciens pays socialistes et des pays en voie de développement de réformer le contenu du Droit International classique. Leur stratégie normative consiste à formuler des normes nouvelles qui tiennent mieux compte de leurs intérêts spécifiques. Il en découle un droit volontariste et une prise de position à l'égard des sources du droit. Ces Etats manifestent, en effet, une nette prédilection pour le traité et les recommandations, au détriment de la coutume et des principes généraux de droit. Ces deux sources préservent le mieux leur consentement.

De multiples conventions sont initiées aux Nations Unies et discutées au sein des conférences diplomatiques dans lesquelles ces Etats détiennent la majorité. Elles représentent les nouveaux besoins des Etats et selon les hypothèses, elles suscitent l'assentiment, l'attentisme voire l'hostilité des Etats développés. La longueur du processus de négociation et les difficultés qui s'y rattachent seront fonction de l'attitude des pays développés.

La position des nouveaux Etats à l'égard de la coutume est plus mitigée. Ils procèdent à une critique sélective du Droit International général. La coutume internationale résulte, en effet, d'une pratique suivie par les Etats occidentaux à un moment où ils n'avaient pas, pour la majorité d'entre eux, le statut d'Etat. Les normes ainsi constituées correspondent aux besoins spécifiques des pays développés. Les nouveaux Etats critiquent la coutume classique qui ne tient pas compte de leurs intérêts. Cette contestation n'est pas, cependant, absolue. En effet, certaines normes coutumières sont aussi bien favorables aux pays développés qu'aux pays en voie de développement à l'instar de celles qui organisent le statut juridique de l'Etat (la souveraineté, l'égalité, la non-ingérence, la non-intervention et l'intégrité territoriale). Aussi, ne seront remises en cause que les normes qui ne répondent pas aux aspirations de ces Etats. Les autres, par contre, obtiendront leur assentiment.

Les résolutions des organisations internationales illustrent le mieux le *« poids du nombre »*. Numériquement, les Etats en voie de développement détiennent la majorité automatique. Cet avantage leur permet de susciter l'adoption de recommandations dont les conditions d'adoption et la répétition sont censées établir l'existence d'une nouvelle coutume. Ces Etats manifestent une certaine réserve à l'égard des principes généraux de droit, compte tenu du fait qu'ils résultent de principes générés par les systèmes juridiques des pays occidentaux.

Les divergences d'intérêts mettent en évidence un droit caractérisé par son unité et par sa diversité. L'unité du régime juridique constitue la règle. Cependant, selon les hypothèses, la pluralité des normes est organisée.

Après plusieurs décennies, la stratégie normative des nouveaux Etats peut être appréciée avec un certain relativisme. Ces Etats contestent beaucoup plus le contenu du Droit International qu'ils n'en réfutent les sources. Cette appréciation permet d'affirmer que les sources formelles du Droit international public telles que fixées par l'article 38 du Statut de la Cour Internationale de Justice ont un bel avenir devant elles sous réserve des amendements à opérer afin d'abroger certaines formules désuètes et de tenir compte des nouvelles sources du Droit international public à l'instar des actes unilatéraux des Etats et des organisations internationales.

Index analytique

Table des matières

www.ingramcontent.com/pod-product-compliance
Lightning Source LLC
LaVergne TN
LVHW050627051026
849532LV00002B/300